方李邦琴北京大学人文学科文库出版基金赞助

北京大学	北大马克思主义哲学
人文学科文库	研究丛书

马克思国家治理思想与中国国家治理现代化

Marx's Thoughts on State Governance and the
Modernization of China's State Governance

刘军 著

图书在版编目(CIP)数据

马克思国家治理思想与中国国家治理现代化 / 刘军著. -- 北京：北京大学出版社, 2024.8. -- (北京大学人文学科文库). -- ISBN 978-7-301-35346-2

Ⅰ. A811.64；D630.1

中国国家版本馆 CIP 数据核字第 2024VF6048 号

书　　　名	马克思国家治理思想与中国国家治理现代化 MAKESI GUOJIA ZHILI SIXIANG YU ZHONGGUO GUOJIA ZHILI XIANDAIHUA
著作责任者	刘　军　著
责任编辑	吕秀丽　陈相宜
标准书号	ISBN 978-7-301-35346-2
出版发行	北京大学出版社
地　　　址	北京市海淀区成府路 205 号　100871
网　　　址	http://www.pup.cn
新浪微博	@北京大学出版社　　@未名社科-北大图书
微信公众号	北京大学出版社　　北大出版社社科图书
电子邮箱	编辑部 ss@pup.cn　　总编室 zpup@pup.cn
电　　话	邮购部 010-62752015　　发行部 010-62750672 编辑部 010-62765016
印　刷　者	北京中科印刷有限公司
经　销　者	新华书店
	730 毫米×980 毫米　16 开本　19 印张　220 千字 2024 年 8 月第 1 版　2024 年 8 月第 1 次印刷
定　　　价	79.00 元

未经许可，不得以任何方式复制或抄袭本书之部分或全部内容。
版权所有，侵权必究
举报电话：010-62752024　电子邮箱：fd@pup.cn
图书如有印装质量问题，请与出版部联系，电话：010-62756370

总 序

袁行霈

  人文学科是北京大学的传统优势学科。早在京师大学堂建立之初,就设立了经学科、文学科,预科学生必须在五种外语中选修一种。京师大学堂于1912年改为现名,1917年,蔡元培先生出任北京大学校长,他"循思想自由原则,取兼容并包主义",促进了思想解放和学术繁荣。1921年北大成立了四个全校性的研究所,下设自然科学、社会科学、国学和外国文学四门,人文学科仍然居于重要地位,广受社会的关注。这个传统一直沿袭下来,中华人民共和国成立后,1952年北京大学与清华大学、燕京大学三校的文、理科合并为现在的北京大学,大师云集,人文荟萃,成果斐然。改革开放后,北京大学的历史翻开了新的一页。

  近十几年来,人文学科在学科建设、人才培养、师资队伍建设、教学科研等各方面改善了条件,取得了显著成绩。北大的人文学科门类齐全,在国内整体上居于优势地位,在世界上也占有引人瞩目的地位,相继出版了《中华文明史》《世界文明史》《世界现代化历程》《中国儒学史》《中国美学通史》《欧洲文学史》等高水平的著作,并主持了许多重大的考古项目,这些成果发挥着引领学术前进的作用。目前北大还承担着《儒藏》《中华文明探源》《北京大学藏西汉竹书》的整理与研究工作,以及《新编新注十三经》等重要项目。

与此同时,我们也清醒地看到,北大人文学科整体的绝对优势正在减弱,有的学科只具备相对优势了;有的成果规模优势明显,高度优势还有待提升。北大出了许多成果,但还要出思想,要产生影响人类命运和前途的思想理论。我们距离理想的目标还有相当长的距离,需要人文学科的老师和同学们加倍努力。

我曾经说过:与自然科学或社会科学相比,人文学科的成果,难以直接转化为生产力,给社会带来财富,人们或以为无用。其实,人文学科力求揭示人生的意义和价值,塑造理想的人格,指点人生趋向完美的境地。它能丰富人的精神,美化人的心灵,提升人的品德,协调人和自然的关系以及人和人的关系,促使人把自己掌握的知识和技术用到造福于人类的正道上来,这是人文无用之大用!试想,如果我们的心灵中没有诗意,我们的记忆中没有历史,我们的思考中没有哲理,我们的生活将成为什么样子?国家的强盛与否,将来不仅要看经济实力、国防实力,也要看国民的精神世界是否丰富,活得充实不充实,愉快不愉快,自在不自在,美不美。

一个民族,如果从根本上丧失了对人文学科的热情,丧失了对人文精神的追求和坚守,这个民族就丧失了进步的精神源泉。文化是一个民族的标志,是一个民族的根,在经济全球化的大趋势中,拥有几千年文化传统的中华民族,必须自觉维护自己的根,并以开放的态度吸取世界上其他民族的优秀文化,以跟上世界的潮流。站在这样的高度看待人文学科,我们深感责任之重大与紧迫。

北大人文学科的老师们蕴藏着巨大的潜力和创造性。我相信,只要使老师们的潜力充分发挥出来,北大人文学科便能克服种种障碍,在国内外开辟出一片新天地。

人文学科的研究主要是著书立说,以个体撰写著作为一大特点。除了需要协同研究的集体大项目外,我们还希望为教师独立探索、撰写、出版专著搭建平台,形成既具个体思想,又汇聚集体智慧的系列研究成果。为此,北京大学人文学部决定编辑出版"北京大学人文学科文库",旨在汇集新时代北大人文学科的优秀成果,弘扬北大人文学科的学术传统,展示北大人文学科的整体实力和研究特色,为推动北大世界一流大学建设、促进人文学术发展做出贡献。

我们需要努力营造宽松的学术环境、浓厚的研究气氛。既要提倡教师根据国家的需要选择研究课题,集中人力物力进行研究,也鼓励教师按照自己的兴趣自由地选择课题。鼓励自由选题是"北京大学人文学科文库"的一个特点。

我们不可满足于泛泛的议论,也不可追求热闹,而应沉潜下来,认真钻研,将切实的成果贡献给社会。学术质量是"北京大学人文学科文库"的一大追求。文库的撰稿者会力求通过自己潜心研究、多年积累而成的优秀成果,来展示自己的学术水平。

我们要保持优良的学风,进一步突出北大的个性与特色。北大人要有大志气、大眼光、大手笔、大格局、大气象,做一些符合北大地位的事,做一些开风气之先的事。北大不能随波逐流,不能甘于平庸,不能跟在别人后面小打小闹。北大的学者要有与北大相称的气质、气节、气派、气势、气宇、气度、气韵和气象。北大的学者要致力于弘扬民族精神和时代精神,以提升国民的人文素质为己任。而承担这样的使命,首先要有谦逊的态度,向人民群众学习,向兄弟院校学习。切不可妄自尊大,目空一切。这也是"北京大学人文学科文库"力求展现的北大的人文素质。

这个文库目前有以下17套丛书:

"北大中国文学研究丛书"

"北大中国语言学研究丛书"

"北大比较文学与世界文学研究丛书"

"北大中国史研究丛书"

"北大世界史研究丛书"

"北大考古学研究丛书"

"北大马克思主义哲学研究丛书"

"北大中国哲学研究丛书"

"北大外国哲学研究丛书"

"北大东方文学研究丛书"

"北大欧美文学研究丛书"

"北大外国语言学研究丛书"

"北大艺术学研究丛书"

"北大对外汉语研究丛书"

"北大古典学研究丛书"

"北大古今融通研究丛书"

"北大人文跨学科研究丛书"①

---

① 本文库中获得国家社科基金后期资助或入选国家社科基金成果文库的专著,因出版设计另有要求,因此加星号注标,在文库中存目。

这 17 套丛书仅收入学术新作,涵盖了北大人文学科的多个领域,它们的推出有利于读者整体了解当下北大人文学者的科研动态、学术实力和研究特色。这一文库将持续编辑出版,我们相信通过老中青学者的不断努力,其影响会越来越大,并将对北大人文学科的建设和北大创建世界一流大学起到积极作用,进而引起国际学术界的瞩目。

2024 年 3 月修订

"北大马克思主义哲学研究丛书"序言

北京大学是马克思主义在中国传播的发源地,具有悠久的马克思主义理论研究传统。五四新文化运动中,李大钊、陈独秀发起成立"马克思学说研究会",最早开设唯物史观课程,宣传马克思主义。中华人民共和国成立后,北京大学一直是马克思主义哲学教学、研究和宣传的重要阵地,冯定教授等对马克思主义哲学学科的建设起了重要的组织、推动作用。1978年以来,黄枬森教授等在原有的基础上,开创了马克思主义哲学史学科,拓展和完善了马克思主义哲学研究领域,使其成为首批全国重点学科。

多年来,北京大学马克思主义哲学学科在其研究中逐渐形成了自己的传统,这就是重视马克思主义哲学基础理论研究。"史"(马克思主义哲学史)与"论"(马克思主义哲学基本原理)成为研究的重点。特别是改革开放以来,伴随马克思主义哲学史方向的成功开创,形成了鲜明的研究特色。由黄枬森等教授主持编写的以及与国内同行共同编写的各种版本的《马克思主义哲学史》在全国学界产生了重要影响。20世纪90年代以来,本学科在保持原有传统优势的基础上,又根据新的发展需要,逐渐拓宽了研究领域,形成了这样几个主要的研究方向:一是文本研究,包括文献研究和文本内容研究;二是基本原理的专题性、分支性研究,特别是历史哲学的研究;三是国外马克思主义研究,重点是西方马克思主义研究;四是马克思主义人学和社会发展理论研究,主要结合当代社会发展变化的实际,对相关重大理论和现实问题从人学和发展理论的视角予以新的探讨。这些研究方向的确立,意味着研究不再仅仅限于传统教科书的框架,而是拓展视野,走向新的交叉、融合。

在新的历史条件下,要推进马克思主义哲学研究,必须处理好传承与发展的关系。这里讲的传承,既指马克思主义哲学理论本身的传承,同时也指马克思主义哲学研究传统、研究成果的传承;这里讲的发展,既指马克思主义哲学理论本身的不断创新,同时也指马克思主义哲学研究水平的突破与提升。要加强马克思主义哲学的研究,无疑需要继承本学科的优良传统,但更需要推进理论创新。严格说来,只有在创新中才能得到真正的传承。就以基础理论研究来说,同样是马克思主义哲学史的研究,不能仅仅限于通史式的描述与阐释,应当调整和改变原有的研究范式和研究方法,加强断代史、专题史、问题史的研究,使其焕发生机、走向当代;同样是哲学原理的研究,不能将其做僵化、固定化的理解,应当善于根据新的情况、新的研究成果,不断调整和完善原有的理论,因为基本原理也是发展的、开放的。总之,唯有探索和创新,才能弘扬和传承学科传统,切实加强马克思主义哲学学科的建设。

现在我们所处的时代是一个社会大变革的时代,这是一个需要理论而且能够产生理论的时代。社会的深刻变革,实践的重大创新,给马克思主义哲学研究提出了许多新的课题,同时也提供了强大动力和广阔空间。这是马克思主义哲学繁荣、发展的大好机遇。研究应当面向现实,强化问题导向、问题意识,在问题研究中凸显马克思主义哲学的价值与魅力,同时也给新的实践提供一定的理论支撑。因此,加强基本理论研究与加强问题研究应当是统一的,而不应是分离的。我们的哲学研究应当有这样的理论自觉,也应当有这样的责任担当。

推进马克思主义哲学的发展,不仅要加强基本理论和现实问题的研究,而且要加强"对话"研究。加强与国内外相关哲学、思想流派的对话、交流,这是深化马克思主义哲学研究的一个内在环节和重要渠道。马克思主义哲学本来就是一个开放的思想体系,它正是在同其他哲学和思想流派的对话、交锋中不断形成和发展起来的。今天,在新的历史条件下,要深化马克思主义哲学研究,同样需要加强对话。通过对话,可以加强沟通,消除隔阂和误解;可以打开思路,促进深入思考;可以相互启发,互为借鉴。就此而言,我们的研究必须有宽广的学术视野,注意吸收借鉴人类文明的有益成果,使马克思主义哲学在世界文化的发展中发挥更大的作用,做出新的更大的理论贡献。

"北大马克思主义哲学研究丛书"是"北京大学人文学科文库"的一个组成部分。它为从事马克思主义哲学研究的北大学者搭建了一个开放的研究平台,可以汇聚马克思主义哲学学科的学术骨干力量,形成整体性的发展优势,奉献能够代表北大水平的研究成果,展示北大马克思主义哲学学科的研究业绩和特色,为拓展和深化马克思主义哲学研究、加强学科建设发挥重要的促进作用。我们将努力把本套丛书打造成为体现北大马克思主义哲学研究水平和特色的标志性品牌。

  本套丛书的策划和出版得到了北京大学、北京大学哲学系以及北京大学出版社的大力支持,在此表示衷心的感谢和诚挚的敬意。

丰子义

2018 年 5 月 1 日

目　录

导　论 ………………………………………………………………… 1

上　编　马克思的国家理论与国家治理思想

第一章　马克思国家理论的思想渊源 ……………………… 19
　一、马克思与古希腊政治思想传统 ……………………… 20
　二、马克思与近现代政治思想传统 ……………………… 32
　三、法国复辟时代的历史学家对马克思的影响 ………… 37
　四、黑格尔国家理论对马克思的影响 …………………… 47

第二章　国家与市民社会 ……………………………………… 53
　一、马克思对黑格尔国家观的质疑 ……………………… 53
　二、马克思"市民社会决定国家"思想的形成过程 …… 55
　三、"市民社会决定国家"思想对国家治理的方法论意义 … 71
　四、在国家与社会的良性互动中推进国家治理 ………… 75

第三章　政治统治与社会公共管理 ………………………… 82
　一、对国家的政治经济学考察 …………………………… 82

二、国家的阶级本质及其二重属性 …………………………… 88
　　三、国家的政治统治和社会公共管理双重职能 ……………… 93
　　四、资产阶级民主的二重性及其当代意义 …………………… 99

第四章　国家的消亡及过渡形态 ……………………………… 108
　　一、国家的消亡 …………………………………………………… 109
　　二、无产阶级专政与无产阶级民主 …………………………… 117
　　三、现代国家治理中如何看待专政与民主？ ………………… 124

第五章　国家治理的未来形态：自由人联合体 ……………… 133
　　一、自由人联合体的理想诉求 ………………………………… 133
　　二、对自由主义和国家主义传统的双重超越 ………………… 138
　　三、自由人联合体中的公共治理和社会自治 ………………… 144

下　编　中国国家治理现代化

第六章　中国国家治理现代化的四重架构 …………………… 157
　　一、国家治理的核心原则和价值目标：以人为本和
　　　　促进人的全面发展 ………………………………………… 157
　　二、国家治理的主体架构：从单一主体到多元复合主体 …… 165
　　三、国家治理的主要方式：从政治统治走向社会治理 ……… 170
　　四、国家治理的未来方向：实现社会自主治理 ……………… 173

第七章　中国国家治理的制度韧性 …………………………… 179
　　一、制度韧性的内涵与双重维度 ……………………………… 180
　　二、中国国家治理制度韧性的发展历程 ……………………… 183
　　三、不断强化制度韧性的实践路径 …………………………… 194

第八章　中国国家治理的最大制度优势 …………… 203
　　一、党的领导是中国国家治理的最大制度优势 ………… 203
　　二、全面把握党的历史方位和历史使命的变化 ………… 207
　　三、党执政的合法性资源及其变化 ……………………… 222
　　四、积极拓展党的领导的制度优势 ……………………… 229

第九章　中国国家治理的意识形态战略 …………… 237
　　一、意识形态建设的新形势 ……………………………… 238
　　二、意识形态话语的复杂格局 …………………………… 250
　　三、意识形态话语批判 …………………………………… 255
　　四、构建中国化时代化的马克思主义意识形态 ………… 262

第十章　全球治理的中国方案 ………………………… 269
　　一、当前全球治理的挑战 ………………………………… 270
　　二、全球治理中国方案的理论建构 ……………………… 274
　　三、全球治理中国方案的实践探索 ……………………… 282
　　四、全球治理中国方案的重要意义 ……………………… 286

导 论

党的十八届三中全会通过的《中共中央关于全面深化改革若干重大问题的决定》正式提出了"推进国家治理体系和治理能力现代化"的重大命题,这是"国家治理"第一次出现在党的文件中。习近平在新进中央委员会的委员、候补委员和省部级主要领导干部学习贯彻习近平新时代中国特色社会主义思想和党的二十大精神研讨班开班式上强调:"概括提出并深入阐述中国式现代化理论,是党的二十大的一个重大理论创新,是科学社会主义的最新重大成果。"①国家治理现代化是中国式现代化的重要组成部分。加强国家治理现代化研究,是谱写马克思主义中国化时代化新篇章的必然要求。

"国家治理"作为学术概念由来已久。国内外学术界关于国家治理问题的研究,取得了诸多积极成果。这些研究主要集中于政治学、管理学等学科领域,从哲学包

---

① 《习近平在学习贯彻党的二十大精神研讨班开班式上发表重要讲话强调　正确理解和大力推进中国式现代化》,《人民日报》2023年2月8日,第1版。

括政治哲学角度进行研究的成果相对较少。而且,目前关于国家治理的研究成果,在理论模型上偏重西方国家治理理论,对马克思的国家理论和国家治理思想的研究还有待深入。

马克思十分重视对国家问题的研究,并将之作为唯物史观研究的重要环节。作为一种科学的社会历史观,唯物史观必须回答"国家"这一人类史上最重要的社会组织是如何产生的、其本质和职能是什么、它的未来发展形态如何等问题。正因如此,马克思在他早、中、晚各个时期的著述中,对国家问题做了大量论述。马克思的著述中,并没有直接阐释"国家治理"问题。但是,马克思关于国家问题的论述,蕴含着国家治理的基本原则和重要方法,有待我们进行系统挖掘和深入研究。

马克思去世后,恩格斯根据马克思的笔记尤其是对摩尔根《古代社会》一书所做的笔记,写了《家庭、私有制和国家的起源》一书。在1884年第一版序言中,恩格斯指出,他的这本著作"在某种程度上是实现遗愿",是为了"补偿我的亡友未能完成的工作"。《家庭、私有制和国家的起源》一书,集中阐述了马克思主义的国家理论特别是国家起源理论,在马克思主义国家理论发展史上具有重要地位。

20世纪初到30年代中后期,列宁、卢森堡、葛兰西等人进一步丰富、发展了马克思主义国家理论。在这一时期,尤其要注意列宁的贡献。列宁的一些著述,如《国家与革命》、晚年"政治遗嘱"等,包含了丰富的国家观。《国家与革命》是一部系统阐述马克思主义国家学说的经典著作,在马克思主义国家理论发展史上具有举足轻重的地位。全书不仅回顾、总结了马克思关于国家问题的基本观点,还专章阐述了恩格斯的观点,并对伯恩斯坦、考茨基等人的国家观进行了批判。列宁对国家的阶级本质、如何打碎旧的国家机器、无产阶级专政和无产阶级民主,以及国家消亡尤其是国家消亡的经济基础等问题,进行了全面、系统的阐述。由此,《国家与革命》成为马克思主义国家理论发展史上的一座重要的里程碑。如果说《国家与革命》阐述的是一个革命政党及其领导人对国家问题的基本观点,那么,列宁晚年的"政治遗嘱"则包含了列宁对一个政党取得国家政权后如何进行社会主义建设,包括民主政治建设的思考。需要说明的是,当前学界对于"政治遗嘱"这一称呼,以及哪些文献可以归入"政治遗嘱"还有一些争论。但可以相对确定的是,列宁晚年重病缠身,从1922年12月23日一直到1923年3月2日,列宁口授了一些书信和文章。这些口授的著述包括三篇给即将召开的俄共(布)十二大的信件,以及《日记摘录》《论合作社》和评论苏汉诺夫《革命札记》的《论我国革命》《我们怎样改组工农检查院》《宁肯少些,但要好些》等五篇文章。在晚年口授的这些著述中,列宁思考的核心问题就是在一个落后的国家如何进行社会主义建设尤其是社会主义民主政治建设的问题。针对当时苏联和党内存在的各种问题,以及如何切实实现社会主义民主,列宁提出要"对我们的政治制度作一系列的变动"[①]。遗憾的是,天不假年,列宁的这些深邃思考随着他生命的结束而结束了。

这一时期,卢森堡的思想也是对马克思国家理论的极大发展,她的一些思想在今天尤其具有现实意义。她的诸多著述中,有两篇争议颇多,即写于1904年的《俄国社会民主党的组织问题》和1918年的《论俄国革命》。在这两篇著述中,出于对工人运

[①] 《列宁选集》第4卷,人民出版社2012年版,第743页。

动"自发性"的强调,她批评了列宁的民主集中制组织原则;出于对"最无限最广泛的民主和舆论"的强调,她批评了十月革命中采取的某些激进措施。但是,列宁和卢森堡之间的分歧是马克思主义阵营内部的分歧。所以,列宁认为,不管卢森堡犯过多少"错误","她始终是一只鹰"[①]。今天看来,卢森堡的一些观点尤其是对俄国革命的反思,值得我们重视。波兰的霍赫弗尔德就指出,卢森堡是较早对俄国革命进行反思的理论家,她当年提出的一些观点虽被批判,却具有强大的思想活力。譬如,卢森堡曾警示说,在社会主义革命过程中,如果法律和民主保障遭到破坏,或者哪怕受到限制,这个革命就不可避免地走向蜕化。无产阶级专政的实质就是无产阶级民主,如果缺乏社会主义民主,缺乏群众的参与和监督,无产阶级专政就会蜕化变质。再如,卢森堡反对把俄国无产阶级革命的经验当作战略和策略的样板向国际工人阶级推广,因为俄国革命仅是特定历史条件下工人阶级专政的一次试验而已,盲目推广是有害的。遗憾的是,和后来的葛兰西一样,卢森堡的思想在当时并没有引起足够的重视,甚至还遭到了激烈的批判。直至20世纪60年代,卢森堡的思想才获得应有的重视,在国际上引发了对其著述进行出版和研究的热潮。

这一时期值得重视的思想家还有意大利的葛兰西,他的《狱中札记》涉及领导权理论、国家和市民社会的关系、意识形态的作用等问题。葛兰西审视了斯大林式的苏联国家,批评了"苏联式马克思主义"的贫乏性,指出"俄国的试验"具有很大的局限性,不具有普遍价值。葛兰西认为,与政治斗争从"运动战"向"阵地战"的转变相适应,无产阶级要建构更为灵活的国家概念。它不同于

[①] 《列宁选集》第4卷,人民出版社2012年版,第643页。

传统的"国家是阶级统治的工具"这一概念,它需要平衡各种力量,要求达成各阶级之间的"妥协"。此外,葛兰西非常重视对文化和意识形态的研究。在马克思主义国家理论发展史上,葛兰西提出了极富原创性的"文化领导权"概念,并被誉为"上层建筑理论家"。葛兰西认为,领导阶级除了依靠强力来维持社会的政治和经济秩序外,还积极塑造其在文化意识形态领域的领导地位。在葛兰西看来,"国家是实践活动和理论活动的整体,领导阶级凭借这些活动不仅维护并辩护自己的统治,而且能够获得被领导者的积极认同"①。葛兰西的国家理论,尤其是文化领导权理论,是对传统无产阶级专政理论的继承和超越。20世纪70年代以来,"葛兰西研究"逐渐成为国际学界的显学。21世纪初,各国学者从知识分子理论与文化领导权、市民社会与国家关系、"民主集中制"的国家形式等不同视角对葛兰西的国家理论进行了深入研究,取得了一大批积极成果。

除了上述几位代表性人物外,布哈林对国家问题的研究也很有特色,其成果具有重要的理论价值和实践意义。布哈林曾被誉为苏共"党内头号思想家",他的著述除了广为人知的《共产主义ABC》外,还有两部对国家问题进行了深入研究,值得关注。一是1916年完成的《关于帝国主义国家理论》,该书代表了列宁写作《国家与革命》以前,马克思主义阵营对资本主义国家进行系统研究的最高成果。二是《社会主义及其文化》,此书稿一度遗失,在布哈林恢复名誉后回到其女斯维特兰娜手中,该书在当代被称为"布哈林预言"。布哈林对无产阶级专政国家的职能、官僚化

---

① 转引自〔意〕希尔维奥·彭斯:《葛兰西政治及思想历程》,《中国社会科学报》2010年4月29日,第6版。

危险以及政治领导的方法等问题进行了系统阐发。他是较早对在苏联可能出现一个"新的官吏国家"表示担忧的理论家,他的理论对研究无产阶级专政和社会主义民主具有重要的借鉴意义。由于政治原因,布哈林的著作长期被禁,对布哈林思想的研究一度成为禁区。然而,马克思主义国家理论发展史若没有布哈林的位置是不完整的。①

20世纪30年代末至60年代,对马克思主义国家理论的研究显得相对沉寂。这种沉寂有其特殊的内外部原因。在马克思主义阵营内部,以斯大林主义在意识形态领域对所谓"异端"的打压为标志,马克思主义国家理论失去了丰富和多元的土壤,表面上的一元化、系统化理论体系的确立,实际上压缩了马克思主义国家理论发展的空间。当然,一些被视为"异端"的人也曾论及国家问题。如托洛茨基写了《被背叛的革命》一书,批判了斯大林模式的各个方面,书中对斯大林模式的政治结构的批判性分析,是对马克思主义国家学说的又一次重大发展。此外,从总体来看,20世纪60年代以前,国家问题不是西方马克思主义关注的中心话题。佩里·安德森在《当代西方马克思主义》一书中指出,现代资本主义国家的结构和运行方式是西方马克思主义的理论空场。

就外部原因而言,行为主义政治学的发展也给马克思主义国家理论带来了较大冲击。行为主义政治学激烈批判传统政治学的国家理论。在行为主义学派看来,传统政治学把国家的政治制度作为主要研究对象,只对国家制度做静态的描述,使政治学研究具有严重的"价值偏向",无法保证其"科学性"。因此,他们主张对人的政治行为进行动态研究,奉行"价值中立"原则,确立分

---

① 参见郑异凡:《布哈林论(第2版)》,中央编译出版社2006年版,序言第3页。

析性、经验性和描述性的研究范式,力求研究的精确化、数量化。①戴维·伊斯顿是行为主义学派的代表人物,他甚至主张用"政治系统"(political system)一词代替"国家"这一概念。

20世纪60年代至80年代初,由于斯大林模式的"坍塌"以及凯恩斯主义在第二次世界大战后大行其道,马克思主义国家理论重新引起了人们的关注,并由此引发了国家理论的多次复兴。20世纪60年代中期,西方资本主义国家的新变化唤起了人们从理论上说明国家的兴趣,一些学者从马克思那里寻求理论资源,形成了战后马克思主义国家理论的"第一次复兴"。其中,多元决定论、国家的自主性等问题在普兰查斯和密里本德的论战中集中体现出来。以普兰查斯和密里本德为代表的西方马克思主义学者分别从结构主义和工具主义的角度出发,丰富、发展了马克思主义关于国家自主性的理论,强调了国家之于社会经济基础和统治阶级的相对自主性,在一定程度上突破了对国家的经济决定论解释。

20世纪70年代初,法国哲学家阿尔都塞在法共机关刊物《思想》上发表的《意识形态和意识形态国家机器》一文,在与镇压性国家机器相对应的意义上,提出了意识形态国家机器理论。阿尔都塞的意识形态国家机器理论是以马克思主义国家理论,尤其是葛兰西关于"国家=政治社会+市民社会"的理论为基础的。这一理论将意识形态领域的研究成果"嫁接"到国家理论中,带来了马克思主义国家理论的又一次大发展。马克思主义国家理论的第

---

① 参见郁建兴:《马克思国家理论与现时代》,东方出版中心2007年版,第2页。学界关于马克思国家理论的研究成果中,郁建兴教授的《马克思国家理论与现时代》一书是代表性成果。本书在写作过程中,对郁建兴教授的研究成果多有借鉴和引用,谨致谢忱。

二次复兴出现于20世纪70年代后期和80年代初,"使国家回到注意中心"成为这次复兴浪潮的标志。持有"以国家为中心"观点的理论家认为,国家具有一种来源于(从更加宽泛的经济和社会之中产生出来的)各种压力和势力的自主性,并且在民族生活和国际关系中,国家居于独特的、无可替代的中心地位,各种社会因素都是第二位的。①

20世纪80年代,西方马克思主义学界兴起了后现代主义的国家理论,代表性的研究成果包括拉克劳和墨菲的国家理论,以及女权主义的国家理论。拉克劳和墨菲在《领导权与社会主义的策略》中高举后马克思主义国家理论的旗帜。他们认为,随着传统意义上的阶级斗争的衰落以及各种新的社会斗争形式的出现,传统马克思主义国家理论的解释力受到极大削弱,马克思主义国家理论面临重大挑战。拉克劳和墨菲认为,由于时代的发展和变化,工人阶级在社会运动中的普遍主体地位已经丧失,取而代之的是一种差异化的、多元的非普遍主体。在激进民主进程中,社会主义的实践主体不能仅仅局限于无产阶级,而应包括社会关系系统中存在各种差异的多样性的主体。女权主义流派在试图使女权主义与马克思主义"联姻"的过程中触及了国家问题,其研究包含着使再生产理论和父权制理论与马克思主义对资本主义生产方式的批判分析结合起来的尝试。但是,严格地讲,女权主义并没有自己的国家理论,很多女权主义者认为无须甚至主动拒斥国家理论。艾伦就认为,女权主义者应当拒斥现存的各种国家理论,应当集中注意研究诸如家长作风、厌女症、身体、暴力以及快

---

① 参见〔英〕B. 杰索普、艾彦:《国家理论的新进展——各种探讨、争论点和议程》,《世界哲学》2002年第1期,第7页。

乐等问题,因为这些问题直接对女权主义者的各种政治关注产生影响。①

进入21世纪,伴随全球化进程的加剧,全球化与国家尤其是民族国家的关系成为学界关注的重要问题。以2002年马克·鲁伯特和哈泽尔·史密斯编辑的论文集《历史唯物主义与全球化》与杰索普的《资本主义国家的未来》的出版为标志,马克思主义国家理论实现了在新世纪的复兴。正如对论文集《历史唯物主义与全球化》的报道所述:"正当自由资本主义似乎已经得到一种全球崇拜的时候,国际关系研究见证了与马克思及其诸多的、各种各样解释者相联系的思想传统的复兴。"②在《资本全球化和跨国国家》一文中,威廉·罗宾逊指出,马克思主义国家理论不仅要包括传统的民族国家,还应涵盖跨国国家。在资本全球化进程中,传统的民族国家遭受了巨大挑战,但并没有"萎缩"和边缘化。相反,民族国家已经成为跨国国家的一个组成部分。在全球化进程中,国家的功能正发生变化,成为跨国资本统治的传送带。艾伦·伍德在《全球资本,民族国家》一文中则指出,在全球化时代,民族、地域国家并没有被一些超国家的主权所取代,全球化不会导致民族国家的消亡。全球化进程中,民族国家的离心力仍然在起作用,世界一体化和国家主权之间的冲突是极其明显的。伍德还认为,全球化资本主义可能导致经济扩张主义与政治权威的地域性限定形式之间的矛盾激化。③

---

① Judith Allen, "Does Feminism Need a Theory of 'The State'?" in *Playing the State: Australian Feminist Interventions*, London: Verso, 1990, p. 22.

② Mark Rupert and Hazel Smith, ed., *Historical Materialism and Globalisation*, London: Routledge, 2002, p. 1.

③ 参见郁建兴:《马克思国家理论与现时代》,东方出版中心2007年版,第16页。

杰索普在《资本主义国家的未来》一书中,总结了马克思主义国家理论在战后复兴的进程及产生过的激烈争论。杰索普认为,各种形式的马克思主义国家理论在方法上大致可分为两种类型:资本理论方法与阶级理论方法。这些国家理论要么是"资本中心",要么是"阶级中心"。为超越资本理论和阶级理论的局限,杰索普提出了策略关系理论。他主张把国家看成"一个社会关系,它事实上可以作为策略的场所、产生者和结果来分析"①。唯如此,才能对资本主义国家的现实和未来做出解释和预测。按照杰索普的概括,当代国家理论的五个主要论题是:国家身份(或者国家状态)的历史可变性;国家所具有的相对实力或者弱点;民族国家在全球化时代所具有的未来;有关规模、空间、领土权以及国家的争论点;各种治理机制及其明确表达的兴起。②

2016年,杰索普编写出版了《国家权力:过去、现在与未来》一书,系统总结了自己的国家理论。他提出,国家理论必须走出欧洲中心论。现代国家和国家理论起源于西欧,欧洲中心论的国家理论具有一定的历史合理性。但是,当今时代存在大量非欧洲资本主义国家。要建构普遍性的国家理论,必须突破欧洲中心论的理论窠臼。他还指出,国家的职能和作用方式将发生重大变化。国家不会"走向终结",但是,国家的未来存在将转向"更复杂的、多空间维度的元治理形式","发达资本主义未来将进一步从民族福利国家向后民族福利政体转变","紧缩国家(the Austerity State)的发展趋势也将得到进一步强化"。面对当今时代资本主

---

① 参见 Bob Jessop, *State Theory: Putting the Capitalist State in its Place*, Cambridge: Polity, 1990, p. 260。

② 参见〔美〕B. 杰索普、艾彦:《国家理论的新进展(续)——各种探讨、争论点和议程》,《世界哲学》2002年第2期,第22页。

义国家的新变化,杰索普的国家理论致力于思考国家形式的变化以及全球治理问题的紧迫性,为应对国家治理挑战以及展望国家的未来发展提供了重要的理论借鉴。①

纵观马克思主义国家理论发展史,我们可以看到,以往研究在取得积极成果的同时,仍然需要进一步地深化和拓展。譬如,对马克思国家理论和国家治理思想的文本研究和理论阐释是基础性的工作,这方面的研究还有待夯实。再如,结合中国的国家制度和国家治理现代化问题,推进马克思主义国家理论和国家治理思想的中国化和时代化,为中国国家治理现代化的实践提供理论指导和方法论原则。

如何以马克思主义国家理论和国家治理思想为指导,积极推进中国国家治理体系和治理能力现代化?这既是一个理论问题,也是一个实践问题。一方面,我们在理论上要以马克思主义国家治理理论为基本指引,积极借鉴人类政治文明包括西方国家治理的有益成果;另一方面,我们又要理论联系实际,紧密结合中国国家治理面临的现实挑战,在化解国家治理危机的过程中不断推进国家治理体系和治理能力的现代化。这也是研究马克思国家治理理论和中国国家治理现代化问题的学术价值和现实意义所在。

就学术价值而言,伴随着政治哲学和国家理论研究的复兴,马克思主义国家理论日益受到关注。但是长期以来,马克思主义国家理论饱受误解和非议。一种较为常见的观点认为,马克思主义国家理论是革命和专政理论,不符合当代国家发展和国家治理现代化的要求。在这种背景下,从理论角度系统挖掘马克思主义国家治理理论,将有助于回应学术界尤其是西方学术界对马克思

---

① 参见 Bob Jessop, *The State: Past, Present, Future*, Cambridge: Polity, 2016, p.1.

主义国家理论的种种误解和责难,创造性地推进马克思主义政治哲学和国家治理理论的研究。

就现实意义而言,经过改革开放40多年的发展,中国特色社会主义现代化建设取得了举世瞩目的伟大成就。但是,在国家治理层面,也面临诸多亟须破解的难题。面对这些国家治理体制和治理能力方面的严峻挑战,我们必须采取突破性的改革举措加以化解。否则,这些局域存在的治理问题就有可能转化为执政危机。基于这样的现实挑战和要求,我们必须在马克思主义国家理论的指导下,积极探索推进中国国家治理体系和治理能力现代化的途径和举措,为中国国家治理现代化提供智力支持和现实借鉴。

为了实现上述两个方面的研究目标和价值,本书的研究主要集中于两点:一是全面阐发和逻辑概括马克思国家理论和国家治理思想的基本原则和主要内容。马克思没有撰写专著论述国家和国家治理问题,其对国家问题的相关论述散见于各个时期的政论文章、论战著述中。因此,需要全面梳理、概括马克思早、中、晚期著作中的国家理论和国家治理思想,对马克思的国家理论和国家治理思想进行系统挖掘和创造性阐发。

二是系统阐释中国国家治理现代化的基本架构和重要内容,尤其是马克思国家理论及其国家治理思想在当代中国国家治理体系中的作用方式和作用机制。马克思的国家理论是在批判总结19世纪西方资本主义国家的特点和局限、批判吸收巴黎公社等工人阶级政权的经验教训的基础上形成的,带有强烈的时代烙印和阶级特色。如何以马克思主义中国化时代化的最新理论成果,推动当代中国国家治理现代化,这是本书重点研究的问题。本书从马克思国家理论出发,理论联系实际,结合当代中国国家治理新情况、新问题、新挑战,着重分析了如何积极推进当代中国国家治理体系和治理能力现代化这一问题。这些研究包括了中国国家治理的基本架构、中国国家治理的意识形态战略、中国国家治理的制度优势以及中国的全球治理方案等。

上 编

马克思的国家理论与国家治理思想

在马克思的著述中,并没有直接、专门论述国家治理问题。但是,我们不能据此认为马克思没有国家治理思想。马克思的国家治理思想,蕴含在其国家理论之中。马克思十分重视对国家问题的研究,并将之作为唯物史观研究的重要环节和组成部分。作为一种科学的社会历史观,唯物史观必须回答"国家"这一人类史上最重要的社会组织是如何产生的、其本质和职能是什么、它的未来发展形态如何等问题。正因如此,马克思在他早、中、晚各个时期的著述中,对国家问题都做了论述。马克思这些关于国家起源、本质、职能、未来发展的论述,蕴含着国家治理的一些基本原则和重要方法,需要我们进行系统的挖掘、整理和阐述。遗憾的是,国内外学术界对马克思国家理论和国家治理思想的研究虽取得了一些积极成果,但在一些问题甚至基本问题上尚存争议,亟须明确。

马克思国家理论及国家治理思想的研究没有得到充分发展的原因很多。就理论方面的原因而言,马克思没有留下专门论述国家问题的著作,因而这一问题容易被人忽视。马克思撰写的与国家问题相关的著述,大多是针对特定历史事件的评论,或者是与他人论战的产物。杰索普指出,马克思"没有提供一种与《资本论》的见识和严密性相当的对资产阶级国家的理论分析。他对国家问题的探讨,由一系列片段的、不系统的哲学思考,当代历史分析,报刊文章,以及偶发事件的评论组成"[①]。马克思没有正面、系统地阐述自己的国家理论,这确实是影响马克思国家理论研究发展的一个原因。就实践方面的原因而言,由于社会主义运动史上的一些国家曾滥用无产阶级专政,马克思的国家理论被一些人视

---

① 转引自郁建兴:《马克思国家理论与现时代》,东方出版中心2007年版,第4页。

为极权主义的源头,从而饱受诟病。有论者提出,马克思的国家理论是革命和专政的理论,奉行马克思主义的国家在"自由""民主"这样的战场上"打了败仗"。波普、哈耶克等人甚至把马克思的国家理论直接等同于激进主义和极权主义。这些学者认为,马克思的国家理论既无助于当代国家的民主政治建设,更无助于推进国家治理现代化。

由此可见,研究马克思的国家理论及其蕴含的国家治理思想,具有重要的理论价值和实践意义。正如阿伦特所言,"赞成与反对马克思的学派斗争实在太激烈了,而且这种论争中产生的误解也实在太大了"。在讨论马克思的国家理论时,难度更大,"因为这种困难一开始就与政治有着紧密联系,不论赞成还是反对,都被还原成政党之间的冲突的立场。赞成马克思的都被看成进步的,反对马克思的都被看成反动的"。马克思国家理论的流传,"不仅传播了真实的马克思学说,同时也在某种意义上遮掩和隐灭了真实的马克思学说",甚至"连马克思自身不存在的东西都会受到赞赏或非难"[①]。因此,从理论角度系统挖掘、梳理马克思的国家理论和国家治理思想,是一件正本清源的基础性工作,它将有助于回应对马克思国家理论的各种误解和责难,推进马克思主义政治哲学和历史唯物主义研究,推进社会主义国家建设和国家治理现代化。

[①] 〔美〕阿伦特:《马克思与西方政治思想传统》,孙传钊译,江苏人民出版社 2007 年版,第 3—4 页。

第一章　马克思国家理论的思想渊源

马克思国家理论的思想渊源问题,是马克思国家理论研究的重要论题。这一问题不仅关涉马克思国家理论的历史地位,而且还涉及马克思国家理论的当代价值。由于马克思曾对黑格尔法哲学和国家学说进行过系统批判,所以学界在追溯马克思国家理论的思想来源时首先想到的就是黑格尔。但是,仅仅看到马克思国家理论的黑格尔起源是远远不够的。马克思国家理论的思想渊源,还应追溯到古希腊的亚里士多德和伊壁鸠鲁,以及近代政治思想家如洛克、卢梭等人的影响。此外,法国复辟时代的历史学家(如基佐、梯叶里、米涅等人)的思想对马克思的国家理论也产生了较大影响。马克思的国家理论,是欧洲政治思想史发展的理论结晶。正确把握马克思国家理论的丰富理论来源,对于我们科学分析和合理解决当代国家问题,包括国家治理问题,都有重要的指导意义。

一、马克思与古希腊政治思想传统

在求学时期,马克思深受古希腊思想的熏陶和影响。乔治·麦卡锡对马克思求学生涯的研究显示,从特里尔中学的早年岁月开始,直到其完成柏林大学的学业为止,马克思的求学生涯"一直沉浸在古典文化和哲学的熏陶当中。从他最初对古希腊罗马的历史与神话学的兴趣,到他完成论伊壁鸠鲁和德谟克利特物理学的博士论文,古典哲学构成了他理智生命的核心"[①]。

从马克思求学期间选修的课程和阅读的书目来看,他广泛涉猎古希腊罗马的政治、哲学、历史和神话等方面的课程和书籍。在特里尔中学时期,他就阅读了西塞罗、塔西佗、贺拉斯、柏拉图、修昔底德以及荷马等人的著作。在波恩大学,马克思延续了对古希腊罗马的兴趣。在波恩大学1836年发给马克思的学籍表中可以看到,他在波恩大学选修的十门课程中,有多门和古希腊罗马有关:"希腊罗马神话学""荷马""现代艺术史""普罗佩提乌斯的挽歌"。当时,德国浪漫派代表人物施勒格尔是马克思两门课程的老师,他给马克思写的课程评语是"勤奋和专心"。在柏林大学,马克思和鲍威尔等博士俱乐部成员广泛探讨古希腊作家的作品及其思想。其间,马克思还对古希腊的理想图景和德国的实际状况进行了对比,大量摘录了亚里士多德和色诺芬著作中关于古希腊社会的原始材料。马克思的私人藏书编目中,有超过90部古希腊和罗马作家的著作,其中三分之二是原始语

[①] 〔美〕麦卡锡:《马克思与古人——古典伦理学、社会正义和19世纪政治经济学》,王文扬译,华东师范大学出版社2011年版,第1页。

言的版本。①

我们现在能看到的马克思中学时期的文献共有九份。从这些文献中,可以看出古希腊罗马思想对马克思的重大影响。九份文献中,有两篇诗作——《人生》和《查理大帝》,这两首诗于1975年首次刊发于 MEGA^2、费尔巴哈第 1 部分第 1 卷;有三篇作文——宗教作文、德语作文和拉丁语作文,宗教作文为《根据〈约翰福音〉第 15 章第 1 至 14 节论信徒和基督的一体,这种结合的原因和实质,它的绝对必要性和作用》,德语作文为《青年在选择职业时的考虑》,拉丁语作文为《奥古斯都的元首政治应不应当算是罗马国家比较幸福的时代?》,这三篇作文于 1925 年首次发表于莱比锡出版的《社会主义和工人运动史文库》第 11 卷。此外,还有拉丁语即席翻译、希腊语翻译和法语翻译记录,数学试卷,高中毕业班功课表,以及中学毕业证书。马克思中学时期的文献中的拉丁语作文《奥古斯都的元首政治应不应当算是罗马国家比较幸福的时代?》值得注意。在该文中,马克思认真研究了古代罗马的历史,将奥古斯都元首统治时期与前两个历史时期进行了比较,并认为"奥古斯都所建立的国家"是"最适合他那个时代的国家"②。中学时期的马克思就已经显示出对古代国家和政治制度的研究热情和洞察能力。

在波恩大学,马克思曾参加一个学生诗歌小组。马克思创作了大量诗歌,现在保留下来的共有六册诗集:《爱之书》第一、第二部,《歌之书》和《献给父亲的诗册》,还有两册是马克思姐姐索菲

---

① 参见〔美〕麦卡锡:《马克思与古人——古典伦理学、社会正义和 19 世纪政治经济学》,王文扬译,华东师范大学出版社 2011 年版,第 26—27 页。
② 《马克思恩格斯全集》第 1 卷,人民出版社 1995 年版,第 464 页。

娅收录的。对于这些诗歌,研究者看法不一。梅林等人认为马克思早年"对诗歌的投入只不过是一个恋爱青年的刹那愉悦"之情的体现,没有思想史价值,只有在写作传记时才有意义。维塞尔则认为,这些诗歌"不应当仅仅在写作马克思的回忆录时才值得考虑",它们并非简单的爱情吟唱,"对青年马克思而言,这些诗歌是关于人的现实本质有意义的叙述"①。确实,我们应该看到,马克思这一时期的诗歌中,蕴含着深刻的浪漫主义的"复归"主题。勃兰兑斯指出,德意志民族情感里"包含有两种完全不同的成分:一种是历史的、回顾过去的倾向,它不久就发展成为浪漫主义;另一种是自由思想的、进步的倾向,它发展成为自由主义"②。作为启蒙精神面向未来乐观态度的"反题",几乎所有的浪漫主义者都有一种强烈的崇古冲动和复归情结。正是这一情结,赋予他们对于现存事物加以批判的尺度和能力。崇古是一种精神意义上的"复归",这种复归是对本根性的追寻和亲近。马克思早期的诗歌中,也蕴含着浪漫主义的"复归"主题。马克思的诗歌多次运用古希腊神话传说中的海妖形象——"塞壬"的意象来表达自己的思想。③ 在古希腊神话中,"塞壬"引诱人们偏离"返乡"之路,使人们迷失自己。在《海妖之歌》一诗中,青年歌手一直在经受海妖的引诱,"这些美丽的海上仙子/要用她们的风采和歌喉/引诱年轻的歌手堕入罗网"。最后,年轻的歌手"经过仔细的思量",还是幡然醒悟,"你们的深渊阴森凄凉/崇高精神不会出现在那种地方/

---

① 〔美〕维塞尔:《马克思与浪漫派的反讽——论马克思主义神话诗学的本源》,陈开华译,华东师范大学出版社2008年版,第2、6页。

② 〔丹〕勃兰兑斯:《十九世纪文学主流·青年德意志》,高中甫译,人民文学出版社1986年版,第15页。

③ 参见何中华:《马克思哲学与浪漫主义》,《山东社会科学》2007年第12期,第10页。

永恒之神也不会向那里投射光芒/你们卖弄姿色,引诱我陷入罗网"。海妖们不知道,"我胸中怀有凌云的志向/众神就在我的心中/时时掌握我的方向/使我的思想永不迷航"①。

在柏林大学,马克思留给我们的现存文献主要是《关于伊壁鸠鲁哲学的笔记》(以下简称《笔记》)和博士论文《德谟克利特的自然哲学和伊壁鸠鲁的自然哲学的差别》(以下简称《博士论文》)。马克思"为了选择博士论文的研究题目曾经犹豫了很长时间",最终"选中了古代哲学史中的一个题目"。1838年底,他开始了论文正式写作的资料收集工作。这些笔记虽然后来被命名为"关于伊壁鸠鲁哲学的笔记",但其实它们涵盖了整个古希腊晚期哲学和古罗马时期的哲学,包括斯多葛学派、怀疑论学派和伊壁鸠鲁学派。笔记里大量摘录了主要和上述三个哲学学派有关的一些古代作家的著作(多数是希腊文和拉丁文作品),同时也阐述了马克思自己的观点。流传至今的手稿有七本笔记,除第五、六本笔记外,其他五本笔记的封面上写着"伊壁鸠鲁哲学"这一标题;第二、三、四本笔记的封面上注有"1839年度冬季学期"的字样。② 遗憾的是,在笔记基础上写成的《博士论文》没有被完整保存下来,今天我们看到的只是论文的一部分。博士论文由两个主要部分和一个附录组成。第一个主要部分考察了德谟克利特原子论和伊壁鸠鲁原子论的认识论和方法论差别;第二个主要部分讨论了伊壁鸠鲁原子运动的性质以及自我意识等问题;附录是"评普卢塔克对伊壁鸠鲁神学的论战"。在马克思后来的自述中,

---

① 《马克思恩格斯全集》第1卷,人民出版社1995年版,第645、648页。
② 参见聂锦芳:《清理与超越:重读马克思文本的意旨、基础与方法》,北京大学出版社2005年版,第58页。

我们还看到马克思曾意图把《笔记》《博士论文》作为一部更大著作的基础,在新著中他将考察整个后亚里士多德哲学,包括伊壁鸠鲁主义、斯多亚主义和怀疑主义,但这一计划由于后来谋求大学教职的努力落空而流产。① 关于古希腊思想的研究专著虽没有完成,但古希腊思想的影响已经深植于马克思的头脑中。

在马克思离开学校后的著述中,我们可以发现有大量的古希腊思想的影响痕迹存在。麦卡锡认为,古希腊人的思想为马克思"提供了泉源,滋养了他对未来的梦想和希望,构造了他对人类的景象","古人也给他提供了一种对完整、和谐的人类存在的人类学洞见,这一点将融入他的《1844年经济学哲学手稿》,并且同样潜藏于《政治经济学批判大纲》和《资本论》的多数政治经济学当中。所有这些著作都从他早年大学岁月的哀歌精神和审美激进主义汲取了大量资源。试图抛开埃斯库罗斯(Aeschylus)或荷马来理解马克思无异于尝试抛开斯密或李嘉图来理解他"②。在体现马克思思想发展重要阶段的著述中,我们都可以找到马克思与古希腊思想家的重要关联。以亚里士多德的影响为例,马克思的《笔记》提到亚里士多德20次;《博士论文》提到亚里士多德30次;在《1857—1858年经济学手稿》中马克思把关于生产和消费的理论与亚里士多德的《形而上学》中关于潜能和现实的理论相联系;《政治经济学批判》中提到亚里士多德的《尼各马可伦理学》或《政治学》7次。③

---

① 参见 David McLellan, *Karl Marx: His Life and Thought*, New York: Harper & Row, 1973, p. 34。

② 〔美〕麦卡锡:《马克思与古人——古典伦理学、社会正义和19世纪政治经济学》,王文扬译,华东师范大学出版社2011年版,第27页。

③ 参见郁建兴:《马克思国家理论与现时代》,东方出版中心2007年版,第34页。

具体到国家理论,我们也能发现马克思的国家思想在很多方面受到古希腊政治思想传统的熏陶。譬如,马克思关于未来理想国家的构想,就深受雅典城邦政治的影响。阿伦特指出,马克思的理想国家模型不是乌托邦,而是雅典城邦国家的政治和社会状况的重生。这种政治和社会状况,是柏拉图和亚里士多德的经验模式,并因此是我们的传统所凭依的基础。① 具体而言,马克思关于国家问题的研究方法和基本观点,都可以从古希腊政治思想中找到根据。

从研究方法和思维方式来看,马克思对伊壁鸠鲁思想的解读和吸收,为他后来与黑格尔国家观的决裂埋下了种子。在马克思之前,思想史的通常观点认为,伊壁鸠鲁思想的多数核心范畴都攫取自德谟克利特的原子理论。马克思在《笔记》和《博士论文》中,驳斥了这种流见,深刻展现了二者的差异。马克思认为,伊壁鸠鲁与德谟克利特,尤其是与亚里士多德有根本性的不同与断裂。希尔曼据此提出,正是伊壁鸠鲁与亚里士多德的深刻断裂,为后来马克思对黑格尔的批判和断裂提供了所需的思想和心理力量。② 桑瓦尔德也指出,马克思之所以尤为关注伊壁鸠鲁,"是因为黑格尔没有为作为古代自由意识哲学家的伊壁鸠鲁找到一种恰当的关系。这位美学的追随者抱着坚定的信念要去解决一个古希腊哲学史中尚未解决的问题。黑格尔对原子物理学家,特别是伊壁鸠鲁的判断成为了马克思分析的起点"③。一般认为,马克思迟至《莱茵报》时期才对黑格尔的思想尤其是其国家观产生

---

① 参见郁建兴:《马克思国家理论与现时代》,东方出版中心2007年版,第31页。
② 参见〔美〕麦卡锡:《马克思与古人——古典伦理学、社会正义和19世纪政治经济学》,王文扬译,华东师范大学出版社2011年版,第34页。
③ 同上书,转引自第28页。

怀疑。但笔者认为,在柏林大学的《笔记》和《博士论文》中,马克思就已经在思想深处埋下了与黑格尔冲突的种子,虽然这种冲突在当时只是处于潜意识中。确实,黑格尔严厉批判伊壁鸠鲁主义,认为伊壁鸠鲁的思想琐碎、乏味,伊壁鸠鲁的原子论"既缺乏思想又没有一个总体的运动法则"①。但马克思却将伊壁鸠鲁视为古希腊启蒙思想的最伟大代表,这是后来马克思与黑格尔决裂的原因之一。②

从马克思国家观的一些基本观点来看,古希腊思想的影响也随处可见。"从论伊壁鸠鲁自然哲学的博士论文及其对德谟克利特和亚里士多德的批判开始,进而扩展至其后来的历史著作,马克思将古希腊社会生活的伦理典范和价值观念融入了他对现代工业社会的理解和评估当中。"③

关于古希腊政治思想,尤其是伊壁鸠鲁和亚里士多德的政治思想对马克思国家理论的影响,有几个问题需要辨析清楚。对这几个问题的回应,关涉马克思国家思想的当代价值问题,尤其是马克思的国家思想能否为当代国家治理提供思想资源的问题。

第一,马克思是不是复古主义者,他的国家思想如何在古代价值理想中接入现代性因素?

阿伦特等人认为,马克思的国家理论受古希腊政治思想传统影响很大,这种影响甚至以牺牲现代性为代价;同时,这一理论忽视了现代政治经验,这是他的国家理论不能成功的根源。豪斯特·缪思批驳了这种观点,他指出,马克思是处于过去和未来之间、已经丧失能力阐明我们当前生活的古代与需要分析性的富有

---

① 〔美〕麦卡锡:《马克思与古人——古典伦理学、社会正义和19世纪政治经济学》,王文扬译,华东师范大学出版社2011年版,第34页。

② 同上。

③ 同上书,第2页。

意义的新概念的现代之间日益增大的裂缝中的关键性思想家。①我们认为,马克思的历史哲学和国家思想是古代和现代的结合。他的著作并没有停留于早期浪漫主义诗歌在文学和美学意义上的复归,而是对之进行了历史哲学的改造,赋予浪漫主义"复归"情结新的现代性内涵。

马克思在《〈政治经济学批判〉导言》指出:"一个成人不能再变成儿童,否则就变得稚气了。但是,儿童的天真不使成人感到愉快吗?他自己不该努力在一个更高的阶梯上把儿童的真实再现出来吗?在每一个时代,它固有的性格不是以其纯真性又活跃在儿童的天性中吗?为什么历史上的人类童年时代,在它发展得最完美的地方,不该作为永不复返的阶段而显示出永久的魅力呢?"②一方面,马克思揭示了古代的精神价值在现代性发展中面临被解构的命运:"《伊利亚特》能够同活字盘甚至印刷机并存吗?随着印刷机的出现,歌谣、传说和诗神缪斯岂不是必然要绝迹,因而史诗的必要条件岂不是要消失吗?"③正是从现代性角度出发,马克思反对浪漫主义那种直接退回原始状态的复古情结:"如果我们的自由历史只能到森林中去找,那么我们的自由历史和野猪的自由历史又有什么区别呢?"④另一方面,马克思又从价值尺度出发,指出古希腊的艺术和史诗"何以仍然能够给我们以艺术享受,而且就某方面说还是一种规范和高不可及的范本"⑤。马克思在这里想要表述的是:虽然从历史的角度出发,建基于特定历史

---

① 参见郁建兴:《马克思国家理论与现时代》,东方出版中心2007年版,第35页。
② 《马克思恩格斯选集》第2卷,人民出版社2012年,第711—712页。
③ 同上书,第711页。
④ 《马克思恩格斯选集》第1卷,人民出版社2012年版,第4页。
⑤ 《马克思恩格斯选集》第2卷,人民出版社2012年版,第711页。

条件的古希腊的精神价值必然解体,但从价值尺度而言,它仍然有作为"一种规范和高不可及的范本"的意义。在《笔记》和《博士论文》中,马克思通过考察伊壁鸠鲁对科学和宗教的批判,认为伊壁鸠鲁代表了古希腊启蒙的最高成就,同时也表明古代希腊城邦政治的丧钟已响、古希腊共同体的和谐已不复存在。理想政治生活的目标不是在一个新城邦中再现失落的古代希腊世界,而是要在克服和发扬古代以及现代的局限和成就之间建立一个新的共同体,这个共同体必须将古代的价值理想植入现代的社会结构中。

第二,马克思是不是抽象的道德论者,他如何在对(资本主义)国家的历史评价和道德批判中找到平衡点?

诺曼·杰拉斯认为,在马克思的思想中存在一个根深蒂固的矛盾:马克思一方面承认资本主义国家在历史和现实中的合理性,另一方面又用超历史的道德语言批判资本主义国家。比如,马克思一方面认为生产剩余价值的过程是正义的,他在《资本论》第3卷中说,资本主义契约的内容是正义的,"只要它符合并适应这一生产方式";另一方面,马克思又用道德语言谴责资本主义,如在《资本论》第1卷,马克思把获取剩余价值描绘成"抢劫""偷窃"。[①]

我们认为,对(资本主义)国家的分析中,历史性评价和道德性批判并不必然构成矛盾。在马克思对历史事件和国家形态的分析中,其评价标准是追求历史主义和道德相对主义的融合,这种融合,实际上也是古代性和现代性碰撞的结果。"一方面,古典

---

① 参见 Norman Geras, "Bringing Marx to Justice: An Addendum and Rejoinder," *New Left Review*, 1992, No. 195, pp. 37-69。

传统迫切渴望平等、共同体和社会正义,另一方面,后面这些价值观念不是仅仅死板地照单全收,而是在18世纪的政治哲学和法国大革命激发出了个人自由理想和人权保护意识之后,这些价值观才转而得以整合并转化。"① 历史主义和道德相对主义的融合,使得马克思对历史事件和国家形态的评价,总是坚持一种历史尺度和价值尺度的统一,而其中的价值尺度同样浸于历史之中。塞耶斯在《分析马克思主义与道德》一书中指出,马克思并不是用超历史的标准,而是用从资本主义自身中产生出来的社会主义标准来评价资本主义。他引用了马克思在《资本论》第3卷中的论述,马克思推测从"更高的社会经济形式"来看,总有一天财产私有制会显得荒谬,正如奴隶制在先进的资本主义社会中显得荒谬一样。塞耶斯的论证符合马克思的历史主义与道德相对论视角,马克思的这种视角得益于他接触古希腊思想——当然,还有黑格尔——而进步观念是其核心。实际上,亚里士多德正是从历史主义与道德相对论视角来论述人的本质的。在亚里士多德看来,在人类历史的各个时期都实现了人的本质,但并非完全实现,只有在之后的时期我们才能看到前一个时期的不足。这种历史主义和道德相对主义的融合,对亚里士多德、伊壁鸠鲁是如此,对马克思亦然。以马克思对资本主义劳动契约的评价为例,他认为,这种契约有其现实正义性,因为它符合当时的生产方式;但是,资本和劳动者作为契约双方的历史地位并不平等,而且资本还有原始积累的道德原罪难以赎清。马克思对两者之间的张力做出了辩证的表述,这一表述显示出资本主义正义是如何产生出其对立面,并

---

① 〔美〕麦卡锡:《马克思与古人——古典伦理学、社会正义和19世纪政治经济学》,王文扬译,华东师范大学出版社2011年版,第2页。

最终指向人的潜能的完全实现。①

第三,马克思是不是反个体论者,他如何界定个体在未来(国家)"共同体"中的地位?

学界尤其是西方学术界有种观点认为,马克思的国家理论在对国家的阶级性本质的强调中,以阶级主体淹没了个体主体,进而形成一种国家主义的意识形态,并容易导致缺乏个人自由空间的专制和极权主义。譬如,哈耶克等人将柏拉图、黑格尔和马克思做了串联,力图在思想发展史中找到专制主义的根源。实际上,西方自由主义思想家貌似详尽的理论溯源中,却有一个有意无意的疏漏,即伊壁鸠鲁思想对马克思国家理论的重要影响。就古希腊政治思想对马克思的影响而言,与其说是柏拉图毋宁讲伊壁鸠鲁的影响更大。

在《笔记》和《博士论文》中,马克思表达了这样一种观点:伊壁鸠鲁的思想在理论上重演了古希腊精神的整个发展过程,而伊壁鸠鲁代表的古希腊哲学精神在政治生活中必然带来这样一个结果:从古希腊城邦的社会世界中发展出自我意识的个体。自由个体从社会中产生出来,这正如伊壁鸠鲁哲学的发展出自并扬弃了亚里士多德的体系一样。在《笔记》和《博士论文》中,马克思把伊壁鸠鲁和普罗米修斯放在了同等重要的地位。在马克思眼里,前者是精神领域反对权威的启蒙人物,后者则是宗教和信仰领域反对宙斯式权威的代表人物。在《博士论文》的序言中,马克思将普罗米修斯放在了一个"哲学日历上最高尚的圣者和殉道者"的位置,并以此激励自己。伊壁鸠鲁和普罗米修斯代表了人类在自

---

① 参见〔英〕L. 王尔德:《重新思考马克思与正义:希腊的维度》,王鹏译,《世界哲学》2005年第5期,第15页。

我意识崛起过程中与神明和权威的斗争。在《博士论文》中,马克思批判了德谟克利特的机械决定论,肯定伊壁鸠鲁关于原子偏斜运动的观点,认为这体现了原子对命定式直线运动的独立,体现了原子独立性、个性和个体性的自由。由此出发,马克思设想了未来理想社会的人的状态,即理想之人最终除去自身之外不需要任何主人。但是,我们还应看到,马克思并没有从伊壁鸠鲁的思想中发展出一种激进的个体主体论。也就是说,我们虽然可以认为由于受古希腊思想对神秘主义和偶像崇拜的批判的深刻影响,马克思将对个体自由的追求置于其社会政治理论的核心地位,但在这个时期,马克思已经对伊壁鸠鲁的激进主体性观念产生了怀疑,尤其是对可能出现的抽象自我意识崇拜产生警惕。马克思已经意识到,"伊壁鸠鲁的激进主体论是一把双刃剑。就像普罗米修斯一样,伊壁鸠鲁把所有被抬高了的、反对人的意识的诸神从它们的天空中拉了下来,但用同样的手法他又拥立了自我意识的危险的抽象形式作为新的偶像"[①]。所以,马克思明确指出,对个体自由的追求不是抽象的、精神的,它在现实中体现为"定在中的自由",是同"他物""他者"的关系中的自由。马克思对个体自由的张扬和限定,回复到当时德国思想界的争论,其实就是力图在黑格尔的国家普遍主义和康德的自治个体之间达到一种理论上的平衡。片面地压制一方而抬高另一方,要么导致错误的个体论,要么导致专制的国家崇拜。在后来的理论建构中,马克思明确地表达了这样一种思想:只有在历史的、现实的社会(阶级)关系背景中,个体自由这个首要的政治生活目标才能被理解和实

---

① Patrick Murray, *Marx's Theory of Scientific Knowledge*, Atlantic Highlands: Humanities Press, Inc., 1988, p. 12.

现。这是从社会关系出发界定的人类个体自由,它包含着"每个人的自由发展要与理想共同体的发展协调一致"这一思想的萌芽。《1844年经济学哲学手稿》中,马克思描绘的共产主义力图解决诸多矛盾,其中之一就是个体和类的矛盾:"这种共产主义,作为完成了的自然主义,等于人道主义,而作为完成了的人道主义,等于自然主义,它是人和自然界之间、人和人之间的矛盾的**真正解决**,是存在和本质、对象化和自我确证、自由和必然、个体和类之间的斗争的真正解决。它是历史之谜的解答,而且知道自己就是这种解答。"①在《共产党宣言》(以下简称《宣言》)中,马克思、恩格斯结合资本主义阶级国家的现实,对未来国家的发展形态即"自由人共同体"做了如下经典描绘:"代替那存在着阶级和阶级对立的资产阶级旧社会的,将是这样一个联合体,在那里,每个人的自由发展是一切人的自由发展的条件。"②在这里,"每个人"和"一切人"的关系问题再一次成为马克思描绘的未来国家形态的核心问题。

二、马克思与近现代政治思想传统

马克思的国家理论,是综合古代和近现代政治思想的结果。马克思对古希腊政治思想的借重,始终服务于对近现代政治思想的分析梳理,服务于对近现代政治生活的批判建构。近现代政治思想传统,也是马克思国家理论形成和发展的重要理论渊源。

从马克思国家思想中占据重要地位的"市民社会"(civil so-

---

① 《马克思恩格斯文集》第1卷,人民出版社2009年版,第185—186页。
② 《马克思恩格斯文集》第2卷,人民出版社2009年版,第53页。

ciety)这一概念的历史发展来看,它的源头要追溯到古希腊城邦的政治生活。在亚里士多德的思想中,"市民社会"一词指的就是一种"城邦"(polis)生活。一方面,在古希腊城邦中,国家与社会是复合的,根本不存在国家与社会的区别;另一方面,亚里士多德又将城邦与家庭、村坊等加以区分,这蕴含了国家和社会二分的可能致思方向,也可看作是开了国家与社会关系研究的先河。但是,如果没有近代以降的思想家对市民社会概念的丰富和发展,马克思的市民社会观和"国家—社会的二分法"架构就无从谈起。霍布斯、洛克、卢梭、康德、黑格尔,都是马克思国家思想形成中重要的理论环节。①

在近代政治思想史上,霍布斯明确提出了自然状态(natural state)假说和国家源于契约的思想。在《利维坦》中,霍布斯描述了从自然状态到国家产生的过程。自然状态下人与人本是平等的,但是存在体质等方面的天然差别。生存压力导致了"一切人反对一切人的战争"(the war of all against all)状态的出现。为了逃避这种相互为战的"霍布斯丛林",避免竞争各方同归于尽,各方在预期有利的情况下签订契约,国家社会由此产生。国家拥有的绝对权力会干扰自由、平等的生活状态,但国家社会的不自由比自然状态下由战争所导致的悲惨境遇好多了。两害相权取其轻,国家作为一种必要的恶,是一种功利主义的产物。霍布斯关于国家出自契约而非自然的论断使他成为近代社会契约论的开创者。当然,霍布斯的理论也存在一个重大弱点,即对主权者的权力没有限制。伴随着1688年"光荣革命"的胜利,英国人在实

---

① 参见刘军:《国家起源新论:马克思国家起源理论及当代发展》,中央编译出版社2008年版,第20—22页。

践上和理论上都不再接受霍布斯的绝对主义国家学说。

受英国宪制改革的启发,洛克于光荣革命后写下《政府论》。其中心观点是:政府是人们自由契约的产物,统治者也是契约的一方;当统治者违反契约时,人民有权要求重新建立政府。在阐述国家权力的产生以及来源这一问题上,洛克和霍布斯并无二致,也是从人的"自然状态"出发,围绕"自然权利""契约"等范畴展开论述的。但是,洛克认为,个人通过契约让渡给政府的仅是为保证安全和秩序所需的管理和惩罚权,而生命、自由和私有财产始终属于个人。因此,政治权力"除了保护社会成员的生命、权利和财产以外,就不能再有别的目的和尺度"①,它绝不被容许"扩张到超出公众福利的需要"②。国家行为一旦超越人民的委托事项或权限,人民就有权收回通过契约赋予国家的权力。洛克的国家学说中,政治社会与国家仍然混同一体,没有被明确区分。但在他看来,夫妻社会、家庭社会还不是所谓的"政治社会",这已包含了国家与社会二分的朦胧意识。而且,洛克理论中出现了委托权的概念,并将立法权和执行权做了明确区分,这也奠定了自由主义的基础。洛克之后,孟德斯鸠沿着社会契约论和分权学说的思路,阐明限制国家权力、保护社会权力的思想,奠定了社会和国家权力的合理分界的理论基础。③

霍布斯和洛克的古典契约论有一个共同特点,即二者均以"自律"和"互惠"两大伦理原则作为立论基础。但是,自律和互惠

---

① 〔英〕洛克:《政府论——论政府的真正起源、范围和目的》,叶启芳等译,商务印书馆1964年版,第105页。
② 同上书,第80页。
③ 参见郭强:《社会与国家关系思想的历史演进——从亚里士多德到马克思》,《湖北行政学院学报》2009年第5期,第79页。

的原则之间存在着一个内在矛盾:只有在公开、平等的缔约环境中,缔约才是自愿而又公平的;但任何实际的缔约情境都是不完善的,当事人在信息、能力等方面都不可避免地存在着各种差别。这种差别往往使当事人处于二难困境:出于"自律",我应该承担履行自愿达成的契约义务,但契约包含着产生不公平结果的内容;出于"互惠",我应该承担履行具有公平结果的契约义务,但契约的最初缔结是不自由的,我当时没有选择的余地。①

为克服古典契约论的上述弊端,卢梭在《社会契约论》中做了新的探索。他极力反对古典契约论者从人的自然本性出发探究政治制度的始因。他将契约精神视为个人意志的内在组成部分,认为契约也是道德律令的必然要求。只有当缔约各方从道德上自觉服从契约,而不是依靠外部强力时,契约才真正具有价值。关于卢梭和马克思国家理论的关系问题,学界主要有两种观点。一种观点以苏联的某些学者为代表,他们一般将马克思政治哲学的思想渊源局限于德国古典哲学和欧洲空想社会主义思潮,而很少涉及卢梭的影响,甚至断然否认马克思与卢梭之间的思想联系。另一种代表性的观点是意大利"新实证主义的马克思主义"观点,以德拉-沃尔佩和科莱蒂为代表,他们否认马克思与黑格尔思想之间的联系,强调卢梭对马克思的重大影响。德拉-沃尔佩认为,马克思的《黑格尔法哲学批判》是"一部自始至终渗透着典型的卢梭人民主权思想的著作"②。科莱蒂认为,卢梭的政治思想是马克思主义政治思想的真正来源,甚至"在严格意义上的政治理论上,

---

① 参见姚大志:《国家是如何诞生的?——美国新自由主义与社会契约论》,《开放时代》1997年第2期,第49页。

② 〔意〕德拉-沃尔佩:《卢梭和马克思》,赵培杰译,重庆出版社1993年版,第136页。

马克思和列宁除了分析国家消亡的'经济基础'外,……并没有在卢梭思想的基础上增添任何东西"①。笔者认为,马克思与卢梭的国家观具有二重关系:继承和超越。一方面,卢梭的政治哲学,尤其是国家思想,是马克思新型政治哲学形成和发展的重要理论来源之一;另一方面,马克思根本性地改造和超越了卢梭的政治哲学,并进行了重大的理论创新。

卢梭的观点引发了德国哲人康德的强烈共鸣。康德严格地划清了"是"与"应当"的界限,找到了社会契约的道德原则的哲学依据。康德认为,社会契约论者描绘的人们通过契约建立国家的图景有可能不是历史事实,但也不必是一种事实,它是一种理性的观念。卢梭和康德虽然批判了古典契约论的伦理缺陷,但他们二人都承继了洛克关于社会先于国家的理论。卢梭追问国家权力的合法性基础,认为它必须植根于基于"公意"的社会契约,这其实是一种社会先于国家的理论逻辑。康德从一种原始的自然状态出发,认为存在一种前国家社会,这种社会并不通过公法对"你的"和"我的"进行保护,这也就等于承认社会先于国家。

在近现代政治思想史上,黑格尔是在理论上自觉把握国家和市民社会分化的历史趋势,进而将市民社会作为与政治国家相对的概念而做出明确学理区分的第一人。黑格尔具体分析了市民社会的特征和不足。在分析市民社会局限的基础上,黑格尔提出了"国家决定市民社会"的理论。这一理论是黑格尔国家观思想的核心。黑格尔的"国家和市民社会相分离"的理论具有一种生动的辩证性质。黑格尔汲取洛克和卢梭关于自由的原则,认为市民社会是实现自由的必要但非充分条件。市民社会的特殊性需

---

① 参见郁建兴:《马克思国家理论与现代》,东方出版中心2007年版,第31页。

要代表普遍性的国家出现,国家以保护市民社会、克服市民社会的不自足为存在前提。市民社会虽是特殊性领域,但也在不断生成着普遍性,克服市民社会的特殊性而达到国家的普遍性的力量源于市民社会中。

上述分析以市民社会概念为例,展示了霍布斯、洛克、卢梭、康德、黑格尔等诸多政治思想家对马克思的影响。这样一条政治思想史链条,呈现了马克思国家理论的深厚底蕴。当然,这些政治思想家对马克思的影响不可能是均匀的。谁的影响更大些呢?比较一致的意见集中在黑格尔身上。确实,我们可以说,马克思的国家理论之所以能在人类政治思想史上熠熠生辉,一个重要的原因就是他的一只脚站在巨人的肩上,而这个巨人就是黑格尔。关于黑格尔对马克思的影响后续将做专门论述。

三、法国复辟时代的历史学家对马克思的影响

法国复辟时代的历史学家,主要指 1814—1830 年法国波旁王朝复辟时期以基佐、梯叶里、米涅为主要代表的法国资产阶级新史学派。一般认为,基佐、梯叶里、米涅等人的成就主要集中在史学研究方面,譬如他们留下了诸如《法国革命史》《欧洲文明史》《法国文明史》《第三等级史》等颇有史学价值的论著。在笔者看来,基佐、梯叶里、米涅等人在政治思想史上也具有重要地位。他们在政治哲学方面提出的一些真知灼见不仅推动了当时政治哲学的发展,而且对马克思唯物史观的创立尤其是国家观的建立提供了宝贵的思想材料,产生了不可忽视的影响。

对于这种影响,马克思、恩格斯本人在他们的一些书信中都

有直接的表述。1852年3月5日,马克思在致约·魏德迈的信中指出:"……至于讲到我,无论是发现现代社会中有阶级存在或发现各阶级间的斗争,都不是我的功劳。在我以前很久,资产阶级历史编纂学家就已经叙述过阶级斗争的历史发展,资产阶级经济学家也已经对各个阶级作过经济上的分析。我所加上的新内容就是证明了下列几点:(1)**阶级的存在仅仅同生产发展的一定历史阶段相联系**;(2)**阶级斗争必然导致无产阶级专政**;(3)这个专政不过是达到**消灭一切阶级**和进入**无阶级社会**的过渡……"①恩格斯在1894年1月25日致瓦·博尔吉乌斯的信中也写道:"如果说马克思发现了唯物史观,那么梯叶里、米涅、基佐以及1850年以前英国所有的历史编纂学家则表明,人们已经在这方面作过努力。"②

正是基于此,普列汉诺夫认为,马克思在创立唯物史观时利用了"复辟时代的法国历史学家所积累的理论材料"③。具体到我们研究的国家问题上,复辟时代的历史学家对马克思国家思想的影响主要体现在以下两个方面:第一,国家等政治组织和政治制度建立的基础是什么?第二,如何看待阶级和阶级斗争在国家政权更替和人类历史发展中的地位和作用?

第一个影响,关于国家等政治组织和制度建立的基础的思考。

在法国复辟时代的历史学家之前,人们在解释社会政治制度及其产生的缘由时往往陷入唯心主义的泥潭,即便是18世纪的法国唯物主义者也难以超越这一困境。一方面,18世纪的法国

---

① 《马克思恩格斯选集》第4卷,人民出版社2012年版,第425—426页。
② 同上书,第650页。
③ 《普列汉诺夫哲学著作选集》第3卷,生活·读书·新知三联书店1962年版,第156页。

唯物主义者们提出了"人是环境的产物"这样一个具有强烈唯物主义色彩的命题；另一方面，他们在解释什么是社会环境时又陷入了唯心主义。在他们看来，社会环境是由法律和执行法律的政治制度决定的，而法律和政治制度则决定于立法者的意志。这样，18世纪的法国唯物主义者便陷入了"二律背反"："人是环境的产物"-"意见支配世界"。① 这一二律背反的背后，实际上是如何正确理解人的意见、政治制度和社会环境三者之间的关系。

法国复辟时代的历史学家对这一问题进行了深入探讨，并得出极有价值的结论。基佐在《法兰西史论丛》中分析了政治制度和社会环境的关系。他首先批评了以往"大部分作家、历史家和政论家都力图用社会的政治制度来说明这个社会特定的状况，说明它的文明的水平或种类"。基佐提出，实际上恰好相反，"从研究社会本身开始来认识和理解它的政治制度，则会更合理些"。基佐认为，政治制度在成为原因以前首先是结果，社会在受到政治制度的影响而开始变化以前便创立了政治制度。因此，"不应当根据一个民族的政府形式来判断这个民族的状况，而应当首先研究这个民族的状况，以便判断它的政府应该怎样，可能怎样"②。

不能从政治制度，更不能从人的意见等因素出发来说明社会状况，而是相反，应该从社会环境中寻找决定政治制度的因素。这样，复辟时代的历史学家就找到了正确理解政治制度的基础的方向。但是，社会环境、民族状况这些都还是比较笼统的概念。必须进一步追问，社会环境中的什么是决定国家等政治制度的关

---

① 参见李占一、李澄：《基佐、米涅、梯叶里的历史哲学与唯物史观的形成》，《社会科学研究》1992年第1期，第39页。别处亦有参考，特致谢忱。
② 转引自〔俄〕普列汉诺夫：《论一元论历史观的发展问题》，王荫庭译，商务印书馆2012年版，第351页。

键因素。对此,米涅等人做了探讨。他指出,"政治制度在成为原因之前是结果。社会运动决定于占统治地位的利益,而且正是这个运动决定政府的形式"①。在法国复辟时代的历史学家看来,决定政治制度的不是立法者的意见,而是社会状况。而社会状况中的主要要素则是指"占统治地位的利益",譬如土地关系等财产关系。

基佐对此做了进一步的阐述。基佐在研究法国历史时指出,对各个历史时期民族的"公民生活"研究,应紧密联系其"土地关系"。他认为:"为着理解政治制度,应该研究社会中的不同阶层及其相互关系。为着理解这些不同的社会阶层,应该知道土地关系的性质。"②在《英国革命史》中,基佐的观点又前进了一步。在土地关系的基础上,他明确提出了财产关系概念。"财产关系是一个国家的政治制度、甚至是统治该国家的观点的最主要的、最深刻的基础。"③因此,"理解历史现象的钥匙应该在人们的财产关系中去找寻"④。

法国复辟时代的历史学家强调财产关系是政治制度的基础,主张从财产关系出发研究政治制度和人类发展史。这表明,法国复辟时代的历史学家不仅超越了18世纪法国唯物主义者,而且为马克思科学国家观和唯物史观的建立指明了方向。正如普列汉

---

① 转引自〔俄〕普列汉诺夫:《论一元论历史观的发展问题》,王荫庭译,商务印书馆2012年版,第352页。

② 转引自《普列汉诺夫哲学著作选集》第1卷,生活·读书·新知三联书店1959年版,第583页。

③ 转引自《普列汉诺夫哲学著作选集》第2卷,生活·读书·新知三联书店1961年版,第547页。

④ 转引自《普列汉诺夫哲学著作选集》第1卷,生活·读书·新知三联书店1959年版,第586页。

诺夫所言,财产关系决定国家制度的观点,是对18世纪法国唯物主义者的"历史观点的全盘革命"①。对于复辟时代历史学家的这一杰出观点,恩格斯在《反杜林论》中也做出了高度评价:"把重大政治历史事件看做历史上起决定作用的东西的这种观念,像历史编纂学本身一样已经很古老了,……这种观念曾支配已往的整个历史观,只是法国复辟时代的资产阶级历史编纂学家才使之发生动摇。"②

当然,对于法国复辟时代历史学家的上述观点给予积极评价的同时,也不能无限拔高,以至于认为他们的这一观点"同马克思、恩格斯的观点没有多大区别"③。财产关系是国家制度的基础,这一观点虽然接近了经济基础决定上层建筑这一唯物史观的基本原理,但是,对于财产关系由什么决定、它的根源是什么等问题,法国复辟时代的历史学家给出的答案就难以服众了。

对于财产关系的起源问题,基佐、米涅、梯叶里等人"用征服来解释财产关系"。在他们看来,"征服"是财产关系的根源。一切"从征服的时期便开始了,这一切都以征服为基础"④。由于征服,一个民族占有另外一个民族的财产,一部分居民占有另外一部分居民的财产。那么,"征服"又是由什么决定的呢?法国复辟时代的历史学家认为,"征服"源于人的天性中的"征服欲"和"统治欲"。笔者认为,用"征服欲"这类"人的本性"无法解释财产关

---

① 《普列汉诺夫哲学著作选集》第2卷,生活·读书·新知三联书店1961年版,第157页。

② 《马克思恩格斯选集》第3卷,人民出版社2012年版,第538—539页。

③ 转引自《普列汉诺夫哲学著作选集》第2卷,生活·读书·新知三联书店1961年版,第547页。

④ 转引自〔俄〕普列汉诺夫:《奥古斯丹·梯叶里和唯物史观》,中共中央马克思恩格斯列宁斯大林著作编译局编:《马列主义研究资料》第20辑,人民出版社1982年版,第18页。

系的起源。当基佐、米涅、梯叶里等人用"征服"来解释财产关系及其起源时,他们又回到了18世纪法国唯物主义者"意见支配世界"的唯心史观。复辟时代历史学家的这些局限,启发了马克思的思想。在以后的研究中,马克思逐渐认识到,征服背后的决定性因素是物质资料的生产方式,这为唯物史观的创立指明了方向。①

第二个影响,关于阶级和阶级斗争在国家政权更替和人类历史发展中的地位和作用的思考。

在前文中我们已经论及,马克思曾自述,"发现现代社会中有阶级存在或发现各阶级间的斗争,都不是我的功劳。在我以前很久,资产阶级历史编纂学家就已经叙述过阶级斗争的历史发展"②。这并非马克思的自谦之词。在马克思之前,法国复辟时代的历史学家就十分重视阶级斗争在社会历史发展中的作用,并试图揭示阶级斗争的经济根源。具体说来,法国复辟时代的历史学家关于阶级和阶级斗争的相关理论在以下几个方面影响了马克思的思想。

第一,法国复辟时代的历史学家从阶级斗争的角度重新梳理和解释中世纪以来的欧洲历史,这为正确把握原始社会解体以后的人类历史提供了"钥匙"。法国复辟时代的历史学家指出,封建贵族阶级和资产阶级构成中世纪以来欧洲社会最主要的社会力量,这两大阶级之间的斗争决定着近代欧洲历史发展的主要进程。在梯叶里和米涅看来,无论是17世纪的英国革命,还是18世

---

① 参见杨耕:《论法国复辟时代历史学派的历史观及其与历史唯物主义的关系》,《社会科学战线》1985年第4期,第260页。别处亦有参考,特致谢忱。

② 《马克思恩格斯选集》第4卷,人民出版社2012年版,第425—426页。

纪末的法国大革命,都是第三等级反对封建贵族阶级的斗争。基佐对此也有详尽的论述。对于英国革命的起因,他认为,随着资本主义生产关系的兴起和发展,"中等阶级"的财富不断累积,经济上的成功促使他们要求政治权利,并以此保障自己的经济利益。于是,他们联合起来力图推翻封建贵族阶级的统治并取而代之。法国大革命亦是如此。第三等级与封建贵族的斗争,构成法国大革命的主线。任何想要调和两个阶级之间的矛盾和斗争的行为都是不切实际的幻想,这一斗争只能以一个阶级彻底推翻另一个阶级为结局。对于基佐等人的阶级斗争学说,法国封建贵族阶级的代言人大加挞伐,指责阶级斗争理论是人为的谬论,是企图煽起人们之间的邪恶敌对情绪。对此,基佐回答说,阶级斗争既不是一种理论,也不是一种假定,而是历史事实。基佐指出:"我只想简述法国的政治历史。等级斗争充满,或者更正确地说,构成这整个历史。"[①]应该说,法国复辟时代的历史学家从阶级斗争角度对欧洲近代革命的理解是正确的,这也为后来的马克思和恩格斯从阶级斗争角度研究、阐述人类历史做了必要的理论准备。正是在法国复辟时代的历史学家的启发下,马克思和恩格斯认识到,不同阶级间的斗争和他们的利益冲突是英法等欧洲国家现代历史发展的基本图景。

第二,复辟时代的历史学家在探究阶级斗争的经济根源方面做了可贵的尝试。梯叶里在《历史研究十年》中明确指出,阶级斗争就是"为着真正的利益而进行战争。其余的一切都不过是掩饰

[①] 转引自〔俄〕普列汉诺夫:《奥古斯丹·梯叶里和唯物史观》,中共中央马克思恩格斯列宁斯大林著作编译局编:《马列主义研究资料》第20辑,人民出版社1982年版,第12页。

或者借口"①。米涅也认识到了阶级斗争现象背后的经济根源,他在《法国革命史》一书中"清楚地了解到革命时期各种政党的斗争只是表现了各种阶级利益的矛盾"②。米涅指出,全部法国革命史都在论证一个公式,即"变化破坏利益;利益产生政党;政党进行斗争",这一公式是整个"文明社会进步的公式"③。米涅还深刻地指出,由于涉及切身利益,阶级间的矛盾只能通过暴力斗争来解决。"迄今为止,各民族的编年史中还没有过这样的先例:在牵涉到牺牲切身利益时还能保持明智的态度。应当做出牺牲的人总是不肯牺牲,要别人做出牺牲的人总是强迫人家牺牲。好事和坏事一样,也是要通过篡夺的方法和暴力才能完成。除了暴力之外,还未曾有过其他有效手段。"④这表明,在法国复辟时代的历史学家看来,现实利益的冲突是阶级斗争的起因和归宿。这一点对马克思和恩格斯启发很大。恩格斯指出:"一切政治斗争都是阶级斗争,而一切争取解放的阶级斗争,尽管它必然地具有政治的形式(因为一切阶级斗争都是政治斗争),归根到底都是围绕着**经济**解放进行的。"⑤

第三,法国复辟时代的历史学家还分析了阶级斗争对文艺、宗教等意识形态的影响。以戏剧为例,基佐分析了戏剧命运背后的社会关系变化和阶级属性。基佐认为,在古希腊,由于没有出现大范围的阶级分化,社会事务是由全体人民掌管的,戏剧便成

---

① 转引自《普列汉诺夫哲学著作选集》第2卷,生活·读书·新知三联书店1961年版,第521页。
② 同上书,转引自第523页。
③ 同上书,转引自第524页。
④ 〔法〕米涅:《法国革命史》,北京编译社译,商务印书馆1977年版,第4页。
⑤ 《马克思恩格斯选集》第4卷,人民出版社2012年版,第257—258页。

为一种充满活力的"全民娱乐"。但是,随着阶级分化的加剧,社会日益成为各种不同阶级的复杂结合体,"上等阶级"把自己同其他阶级隔离开来,而戏剧也逐渐成为"上等阶级"的专属娱乐形式。这种变化使戏剧失去了依赖于广大人民的平实、广阔的社会生活土壤,在专属上等阶级的小圈子中逐渐变得狭窄、贫乏,充满矫揉造作的习气,不可避免地走向衰落。法国复辟时代的历史学家还分析了阶级斗争对宗教信仰的影响。梯叶里在论述英国的宗教斗争时指出,17世纪英国人的宗教信仰决定于他们的阶级地位。一般地说,"那些站在臣民行列的人大都是长老会派,就是说,他们在宗教方面也不希望有任何对自己的压迫。那些站在对立阵营进行斗争的人则是主教或教皇的拥护者,因为他们甚至在宗教的形式中也首先寻找他们能够加以利用的权利和他们能够从人们榨取的捐税"①。复辟时代历史学家的这一思想,对马克思、恩格斯的意识形态理论影响很大。马克思、恩格斯认为,哲学、宗教等意识形态本质上是一定时期阶级利益和阶级斗争的体现。"从15世纪中叶起的整个文艺复兴时期,本质上是城市的从而是市民阶级的产物,同样,从那时起重新觉醒的哲学也是如此。哲学的内容本质上仅仅是那些和中小市民阶级发展为大资产阶级的过程相适应的思想的哲学表现。"②宗教也是如此,"宗教一旦形成,总要包含某些传统的材料,因为在一切意识形态领域内传统都是一种巨大的保守力量。但是,这些材料所发生的变化是由造成这种变化的人们的阶级关系即经济关系引起的"③。

---

① 转引自《普列汉诺夫哲学著作选集》第2卷,生活·读书·新知三联书店1961年版,第521—522页。
② 《马克思恩格斯选集》第4卷,人民出版社2012年版,第260页。
③ 同上书,第263—264页。

法国复辟时代的历史学家关于阶级斗争的观点,在人类思想史上具有重要地位,为唯物史观的创立提供了重要的思想资源。众所周知,法国复辟时代的历史学家之前的欧洲传统史学,要么从思想动机中寻找历史的动因,要么将历史看成偶然事件的堆积。与之相对应,法国复辟时代的历史学家将基于经济利益之上的阶级斗争看成社会发展的基本线索和动力,并以此解释宗教和艺术等的历史变化,这为唯物史观的创立准备了良好的基础。

同时,我们也要看到,复辟时代的法国历史学家作为资产阶级利益代言人,其阶级和阶级斗争理论也存在阶级局限。譬如,基佐就明确表示其政治意图是"巩固'中产阶级'的统治"。基佐热情讴歌资产阶级反对封建贵族的斗争,但却极力否认无产阶级反对资产阶级的斗争,将之贬低为一种"灾难和耻辱"。所有这一切,都"非常清楚地表现出了资产阶级的阶级觉悟"[1]。再如梯叶里,更是毫不掩饰其资产阶级立场。他公开宣称自己是"第三等级的儿子",并将第三等级视为代表一切的普遍阶级,以此掩盖资产阶级和无产阶级的对立。对此,马克思做了深刻批判:"奇怪的是,这位先生,作为法国历史编纂学中的'阶级斗争'之父,在序言中竟对一些'新人物'感到愤怒,原因是他们现在也看到资产阶级和无产阶级之间的对抗,并且竭力从1789年以前的第三等级的历史中寻找这种对立的痕迹。他花了许多精力来证明,第三等级包括除了贵族和僧侣以外的所有等级,而资产阶级起着所有这些其他成分的代表者的作用。"[2]

---

[1] 《普列汉诺夫哲学著作选集》第2卷,生活·读书·新知三联书店1961年版,第531页。

[2] 《马克思恩格斯全集》第49卷,人民出版社2016年版,第590页。

总的说来,法国复辟时代的历史学家的思想既有重要价值,也存在诸多局限。这些思想资源从正反两方面启发了马克思,为马克思科学国家观的确立做了重要的理论准备。我们看到,马克思在后来的《克罗茨纳赫笔记》中,就开始研究和吸收法国复辟时代的历史学家的著作和思想。到后来对法国革命的研究中,马克思再一次系统研究基佐等人的著作,这些著述的"目的是把本阶级的历史追溯到11世纪,以便把中世纪以来的法国历史描述为一连串的阶级冲突。多亏这些历史家,——他特别指出其中的基佐和梯叶里——马克思获得了关于阶级和阶级斗争的历史本质的知识"①。

四、黑格尔国家理论对马克思的影响

马克思国家思想是继承发展古代、近现代政治思想传统的必然结果。在从古希腊直至近现代的政治思想史发展长河中,马克思最终奠定自己的一席之地,是在对黑格尔国家观的继承、批判和扬弃过程中实现的。

黑格尔的国家理论在政治思想史上具有重要地位,他是真正将市民社会与国家做出学理区分的历史第一人。他批评契约论者对市民社会与政治社会的混淆,认为"契约乃是以单个人的任性、意见和随心表达的同意为其基础的"②,通过契约建立起来的共同体不是真正的"政治国家",而只是人们基于私人利益而相互依赖的共同体,即市民社会。这样,黑格尔就将"市民社会"这个

---

① 〔德〕梅林:《马克思传》,樊集译,人民出版社1965年版,第98页。
② 〔德〕黑格尔:《法哲学原理》,范扬、张企泰译,商务印书馆2011年版,第319页。

概念明确界定为与国家相对的比较性范畴。

黑格尔国家理论的第二个重要内容,是具体分析了市民社会的特征和不足。黑格尔首先分析了市民社会的本质内容和特征。黑格尔认为:"市民社会含有下列三个环节:第一,通过个人和劳动与需要的满足,使需要得到中介,个人得到满足——需要的体系;第二,包含在上列体系中的自由这一普遍物的现实性——通过司法对所有权的保护;第三,通过警察和同业公会,来预防遗留在上列两体系中的偶然性,并把特殊利益作为共同利益予以关怀。"① 三个环节中,第一个环节即"需要的体系"构成市民社会及其活动的主要内容。黑格尔对"市民社会"的这一界定显示出明确的经济活动指向,即侧重从市场经济关系本身出发揭示市民社会的本质。黑格尔还分析指出了市民社会的不足和局限。他认为,市民社会追求的是以个人利益为主要内容的特殊利益,这些特殊利益不具有普遍性,所以不能自足。它们只能"通过成员的需要,通过保障人身和财产的法律制度,和通过维护他们特殊利益和公共利益的外部秩序而建立起来","在形式普遍性中的联合"才能加以实现。②

在分析市民社会局限的基础上,黑格尔提出了"国家决定市民社会"的论断。这一论断是黑格尔国家观的核心思想。黑格尔提出,市民社会自身"是个人私利的战场,是一切人反对一切人的战场"③,充满着自我与他人、个人与社会、特殊利益与普遍利益等各种矛盾。这些矛盾需要一种更普遍的力量来克服,这种力量便

---

① 〔德〕黑格尔:《法哲学原理》,范扬、张企泰译,商务印书馆 2011 年版,第 256 页。
② 同上书,第 220 页。
③ 同上书,第 378 页。

是处于市民社会之外而又高于市民社会之上的、能代表并反映普遍利益的理性国家。黑格尔提出"国家决定市民社会"的命题,并从"正-反-合"的辩证角度加以论证。① 他认为,社会伦理包含了三个环节,即家庭、市民社会和国家。"伦理的最初定在又是某种自然的东西,它采取爱和感觉的形式,这就是家庭。在这里个人把他冷酷无情的人格扬弃了,他连同他的意识是处于一个整体之中。但在下一阶段,我们看到原来的伦理以及实体性的统一消失了,家庭崩溃了,它的成员都作为独立自主的人来互相对待,因为相需相求成为他们的唯一纽带了。人们往往把这一阶段即市民社会看作国家,其实国家是第三阶段、即个体独立性和普遍实体性在其中完成巨大统一的那种伦理和精神。"② 在他看来,家庭(正)代表普遍性,是直接的伦理精神,市民社会(反)则代表特殊性,而国家(合)就是普遍性和特殊性的统一。国家以"普遍利益"为目的,是"伦理理念的现实",是人类社会生活关系的最高的、最完满的形式或样式。所以,国家是家庭和市民社会的"真实基础",是高于家庭和市民社会的力量,家庭和市民社会在伦理层面处于"不自足"的地位,它们必须以国家为前提并从属于国家。

黑格尔的国家理论,既明确了国家与市民社会的区别,又深刻阐述了现代市民社会的本质特征,开创了对社会与国家关系的现代理解。这对后来政治思想史的发展,尤其是马克思国家观的形成和发展带来重大影响。黑格尔长期主持柏林大学哲学讲座,

---

① 参见郭强:《社会与国家关系思想的历史演进——从亚里士多德到马克思》,《湖北行政学院学报》2009年第5期,第77—82页。

② 〔德〕黑格尔:《法哲学原理》,范扬、张企泰译,商务印书馆2011年版,第52页。

他的哲学思想对德国精神生活和政治生活产生了强烈影响,这一影响在1830—1840年间达到顶点。从大学时期一直到《莱茵报》时期,马克思总体上还是一个黑格尔理性国家观的信奉者。"**德国的国家哲学和法哲学在黑格尔**的著作中得到了最系统、最丰富和最终的表述。"①在进入柏林大学后,马克思不断学习并吸收黑格尔的哲学和国家理论。在柏林大学的第一个学期(1836—1837),马克思认真修习了黑格尔的学生爱德华·甘斯讲授的刑法和普鲁士国家法课程。在第二个学期,"黑格尔的哲学越来越明确地成为变换不息的现象中的一个固着点"②,马克思开始系统阅读黑格尔的著作。1837年4月,马克思在柏林郊外斯特拉劳夫村休养,再一次研究黑格尔哲学。通过认真研究,他深入到黑格尔哲学的大厦,在那里发现了无数的宝藏,"发现了最崇高的智慧,领会了它深邃的奥秘"③。在斯特拉劳夫休养的时候,马克思结识了青年黑格尔派的一些成员,加入了青年黑格尔派的博士俱乐部。这个团体的成员是一些年轻的大学和中学教师、新闻记者和著作家。其中主要人物有《耶稣传》的作者施特劳斯,《约翰福音批判》《新约翰福音批判》的作者布鲁诺·鲍威尔,历史学家、《弗里特利希大帝和他的敌人》的作者卡尔·科本等。马克思参加博士俱乐部后,更加专心致志地研究哲学。这个时期,他读了大量哲学著作,其中有黑格尔的《自然哲学》、亚里士多德的《论灵魂》、斯宾诺莎的《斯宾诺莎书信集》,以及莱布尼兹、休谟、康德和其他哲学家的著作。

---

① 《马克思恩格斯文集》第1卷,人民出版社2009年版,第10页。
② 〔德〕梅林:《马克思传》,樊集译,人民出版社1965年版,第20页。
③ 《马克思恩格斯全集》第1卷,人民出版社1995年版,第735页。

1841年4月中旬,马克思结束了大学生活,走向广阔的社会舞台,开始了新的生活。那时的马克思虽然还非常年轻,但在德国革命民主主义阵营中已享有很高声誉。莫泽斯·赫斯同马克思第一次见面后,向别人惊叹说:"我所崇拜的马克思博士还是一个很年轻的人(大概不到24岁)。他将给中世纪的宗教和政治以最后的打击。他把最机敏的才智与最深刻的哲学严肃性结合起来。你想一想,卢梭、伏尔泰、霍尔巴赫、莱辛、海涅和黑格尔在一个人身上结合起来(我说的是结合,不是混合),这就是你将得到的关于马克思博士的概念。"①本来,马克思打算大学毕业后发表《博士论文》,在波恩大学担任副教授,与布·鲍威尔共同编辑《无神论文库》。为此,他进行了认真的准备,阅读和摘录了许多哲学论著,如特伦德伦堡的《逻辑研究》、亚里士多德的《论灵魂》、斯宾诺莎的《神学政治论文》和《斯宾诺莎书信集》、休谟的《人生论》、罗生克兰茨的《康德哲学史》以及一些艺术史和宗教史作品。按照马克思当时的才识,如果他在大学担任教职,必然会"引起极大的轰动"。但由于政治形势发生变化,马克思在大学执教的计划最终流产。于是,马克思就以《莱茵报》为舞台,对专制制度进行批判。②

马克思说:"生活中往往有这样的时刻,它好像是表示过去时光结束的界标,但同时又明确地指出生活的新方向。"③马克思从大学毕业走向社会,正是他生活道路上一个重要的界标,也展示

---

① 〔德〕莫泽斯·赫斯:《一位真正的哲学家》,中共中央马克思恩格斯列宁斯大林著作编译局编:《回忆马克思》,人民出版社2005年版,第270—271页。
② 参见萧灼基:《马克思传》,中国社会科学出版社2008年版,第36页。
③ 《马克思恩格斯全集》第47卷,人民出版社2004年版,第5页。

了他思想发展的新方向。正是从《莱茵报》时期的政论文章开始，马克思在对现实的、具体的政治问题的思考中，开始对黑格尔的国家观产生怀疑，直到《黑格尔法哲学批判》对黑格尔国家观进行了彻底的批判和扬弃。可以认为，在马克思国家观形成、发展过程中，1842年至1844年，也就是从《莱茵报》时期一直到1844年《德法年鉴》被查封，具有十分重要的地位。正是在这一时期，马克思国家思想在批判吸收黑格尔国家理论的基础上，实现了涅槃新生。

第二章 国家与市民社会

国家与市民社会的关系问题,是政治思想史的核心论题之一。近现代国家理论与国家治理思想的诸多不同理论流派,皆源于对二者关系的不同理解。马克思国家思想是继承发展古代、近现代政治思想传统的必然结果。在近现代政治思想发展史中,黑格尔和马克思代表着对国家和市民社会关系的两种不同理解。马克思关于国家和市民社会的理论,是在对黑格尔国家观的继承、批判和扬弃过程中形成的。在批判、扬弃黑格尔"国家决定市民社会"理论的基础上,马克思提出了"市民社会决定国家"的重要命题。这一命题奠定了马克思国家思想的理论基础,也成为国家治理思想的逻辑起点。

一、马克思对黑格尔国家观的质疑

在政治思想史上,黑格尔是真正将市民社会与国家做出明确区分的第一人。黑格尔将"市民社会"界定为与国家相对的比较性范畴。在黑格尔看来,市民社会成员追求的是个人私利。市民社会体现以个人利益为主要内容的特殊利益,因而不具有普遍性,无法自足。市民社会充满着个人与社会、特殊利益与普遍利益等各种矛盾,这些矛盾的克服必须借助一种高于市民社会之上的力量,这种力量即代表普遍利益的理性国家。在区分市民社会和国家的基础上,黑格尔提出了"国家决定市民社会"的理论。黑格尔的这一理论开创了对社会和国家关系的新理解,对马克思国家观的形成和发展产生了重大影响。

马克思曾明确提出要注意研究"国家的起源和国家同市民社会的关系",并将市民社会视为"全部历史的真正发源地和舞台",因为"这个社会是以简单的家庭和复杂的家庭,即所谓部落制度作为自己的前提和基础的"①。马克思后来在1859年《〈政治经济学批判〉序言》中说:"1842—1843年间,我作为《莱茵报》的编辑,第一次遇到要对所谓物质利益发表意见的难事。……为了解决使我苦恼的疑问,我写的第一部著作是对黑格尔法哲学的批判性的分析,这部著作的导言曾发表在1844年巴黎出版的《德法年鉴》上。我的研究得出这样一个结果:法的关系正像国家的形式一样,既不能从它们本身来理解,也不能从所谓人类精神的一般发展来理解,相反,它们根源于物质的生活关系,这种物质的生活关系的总和,黑格尔按照18世纪的英国人和法国人的先例,概括为'市民社会'。"②根据马克思的这一段话,我们发现从马克思面临难题(即"使我苦恼的疑问")到难题的解决(即"得出这样一个结果"),正好构成一个相对独立的思想阶段。这一阶段中,"苦恼

---

① 《马克思恩格斯选集》第1卷,人民出版社2012年版,第167页。
② 《马克思恩格斯全集》第31卷,人民出版社1998年版,第411—412页。

的疑问"实际上就是市民社会与国家的关系问题。马克思对这个问题的研究得出的结果,就是"市民社会决定国家"这个命题。

二、马克思"市民社会决定国家"思想的形成过程

在马克思国家观形成、发展过程中,1842年至1844年,也就是从《莱茵报》时期一直到1844年《德法年鉴》被查封,具有十分重要的地位。在这一年多的时间里,马克思从一个黑格尔主义者,逐渐开始了对黑格尔国家观的批判和扬弃,找到了建立科学国家观的基础和通道,并逐步形成自己的国家观。马克思在对黑格尔法哲学的批判和扬弃中,提出了"市民社会决定国家"这一命题,这一过程大致经历了四个阶段:《莱茵报》时期的现实质疑、《克罗茨纳赫笔记》的历史确证、《黑格尔法哲学批判》的理论批判、《德法年鉴》时期的哲学升华。①

(一)《莱茵报》时期的现实质疑

1842年4月,马克思开始以自由撰稿人身份给《莱茵报》写稿,同年10月,24岁的马克思成为该报的主编。1843年3月,《莱茵报》被普鲁士政府查封。研究者通常把1842年4月—1843年3月称为马克思思想发展的"《莱茵报》时期"。

《莱茵报》时期,马克思发表了不少政论性文章,论述当时最重要的政治问题和社会问题。《莱茵报》时期马克思的思想在总

---

① 参见邓宏炎:《论马克思市民社会决定国家理论的形成——思想历程与研究方法的考察》,《华中师范大学学报》1999年第6期,第42—51页。别处亦有借鉴和参考,谨致谢忱!

体上带有浓厚的黑格尔色彩,在国家理论上更是一个黑格尔主义者。他吸收了黑格尔《法哲学原理》中的"理性法"思想,把法律看作正义和理性的化身,认为国家应超越各阶级的特殊利益,以实现普遍的理性。这一思想在他《第六届莱茵省议会的辩论(第一篇论文)》中有明确体现:"法律不是压制自由的措施……恰恰相反,法律是肯定的、明确的、普遍的规范,在这些规范中自由获得了一种与个人无关的、理论的、不取决于个别人的任性的存在。"①这完全照搬了黑格尔的理性法律观。与此同时,政治斗争和社会生活的现实,又使他对黑格尔的理性国家观产生了怀疑。这一时期,他的思想呈现出新旧观点的相互交织、冲突的情形。马克思敏锐地认识到阶级利益,尤其是统治阶级的利益在国家现实生活中具有支配性地位,能够"把自己最有限和空虚的形象宣布为国家活动的范围和准则",利益总是"占法的上风",国家则成为私人利益的工具。马克思如下这番话十分明确地反映了他当时的思想矛盾:"这里会得出截然相反的结果,有人会用同理性和法相抵触的手段来对付被告;因为高度重视狭隘的私有财产的利益就必然会转变为完全无视被告的利益。既然这里明显地暴露出私人利益希望并且正在把国家贬为私人利益的手段,那么怎能不由此得出结论说,**私人利益**即各个等级的**代表**希望并且一定要把国家贬低到私人利益的思想水平呢?"②

马克思在对经验事实的实证分析中,处处看到了与黑格尔理性国家观理论相反的现象。如马克思在《第六届莱茵省议会的辩论(第一篇论文)》中,对普鲁士检查法的具体条文做了分析后指

---

① 《马克思恩格斯全集》第 1 卷,人民出版社 1995 年版,第 176 页。
② 同上书,第 261 页。

出:"在书报检查法中,自由却是被惩罚者。书报检查法是对自由表示怀疑的法律。"①这与黑格尔关于法律的本质是自由的观点正好相反。在《关于林木盗窃法的辩论》的结尾,马克思写道:"我们的全部叙述表明,省议会怎样把行政权、行政当局、被告的存在、国家观念、罪行本身和惩罚降低为**私人利益的物质手段**。"②这实际上是对黑格尔国家观关于国家与私人利益关系的否定。国家并没有成为普遍利益的代表,而是成了林木占有者的工具:"**国家权威变成林木所有者的奴仆**。整个国家制度,各种行政机构的作用都应该脱离常规,以便使一切都沦为林木所有者的工具,使林木所有者的利益成为左右整个机构的灵魂。一切国家机关都应成为林木所有者的耳、目、手、足,为林木所有者的利益探听、窥视、估价、守护、逮捕和奔波。"③从大量的经验事实中,马克思得出如下结论:现实中的国家从来没有成为黑格尔所说的普遍利益的代表者,相反却处处是私人利益的工具。这一结论表明:物质利益与国家之间,是前者决定后者,而不是后者决定前者;不是国家决定市民社会,而是市民社会决定国家。

上述分析表明,马克思在《莱茵报》时期建基于现实的一系列经验认识,构成了他对黑格尔国家观进行理论批判的重要依据。特殊利益高于普遍利益,市民社会决定国家,这是经验事实所表明的。但由于马克思这一时期在理论上还没有摆脱黑格尔理性国家观的影响,他始终认为这一现象只是国家理念的异化,是对国家本质的暂时背离,它终究是要回到特殊利益服从国家利益,

---

① 《马克思恩格斯全集》第1卷,人民出版社1995年版,第175页。
② 同上书,第285页。
③ 同上书,第267页。

国家决定市民社会的真实本质之中的。理论的藩篱阻隔了正确的经验认识。可见,马克思要真正确立"市民社会决定国家"的观念,还须借助于历史材料,在理论上彻底荡除黑格尔理性国家观的影响,这是马克思在《克罗茨纳赫笔记》和《黑格尔法哲学批判》中要完成的任务。

(二)《克罗茨纳赫笔记》时期的历史确证

当马克思从《莱茵报》的"社会舞台"退回到克罗茨纳赫的"书房"后,他开始反思、批判自己原来信奉的黑格尔法哲学和国家观。在艰难的理论反思过程中,即在写作《黑格尔法哲学批判》的中间阶段(1843年7—8月),马克思阅读了大量的历史学著作和政治学著作,并写下了《克罗茨纳赫笔记》。这些笔记共有255页,摘录的对象是24本论著和一些文章,其内容主要是公元前600年到19世纪30年代近2500年的人类社会历史。1981年出版的 MEGA^2 第四部分第2卷第一次刊出了这一时期的笔记,计有:《历史-政治笔记》5册、《法兰西历史笔记》1册、《英国历史笔记》3册、《法兰西、德意志、英国、瑞典历史笔记》4册、《德意志和美国历史笔记和国家、宪法著作摘要》5册。在笔记的最后,还有马克思写下的主题索引,这表明马克思对笔记进行过认真思考和整理。笔记主要由摘录构成,其中也包含马克思的一些简短评论和观点,在第四册中有几段较长的评述。《克罗茨纳赫笔记》与《黑格尔法哲学批判》的主题相同,笔记中的批语、评述甚至被直接引用到《黑格尔法哲学批判》中。这些都充分说明《克罗茨纳赫笔记》是马克思早期思想发展中的重要环节。

需要注意的是,马克思曾有一篇《关于现代国家的著作的计划草稿》,写于 1844 年 11 月。这一计划草稿的基本点同马克思为《克罗茨纳赫笔记》所编的名目索引的要点基本一致。同年秋天,马克思抵达巴黎以后,重新研究了上述《克罗茨纳赫笔记》中所涉及的问题。可能是由于想写一部关于法国革命的著作《国民公会史》,他做了雅各宾党人勒瓦瑟尔回忆录的摘要,同时草拟了这篇《关于现代国家的著作的计划草稿》。当然,马克思的计划草稿并不完全是简单地重述《克罗茨纳赫笔记》所编的名目索引,在第 9 点中他还作了重要的补充,指出要"为消灭(Aufhebung)国家和市民社会而斗争"。这篇草稿于 1932 年首次刊发于 MEGA^1 第 1 部分第 5 卷。①

要探讨马克思如何在黑格尔基础上提出"市民社会决定国家"的命题,仅仅局限在《黑格尔法哲学批判》这一文本是远远不够的,必须关注马克思在《克罗茨纳赫笔记》时期如何用历史实证材料来进行确证的工作。

《克罗茨纳赫笔记》的基本内容都是围绕市民社会、国家及其相互关系展开的。在《克罗茨纳赫笔记》时期,马克思主要有两条显性的思考线索:一是社会结构中的阶级关系和政治结构;二是经济领域的财产关系和所有制结构。这两条显性线索背后隐藏着一个共同的主题,即国家与法的形成、发展,国家产生的共同主题将上述两条线索有机结合在一起,而《克罗茨纳赫笔记》则是在这两条线索的串引下,用不同时期的历史实证材料,从以下两个向度验证了在《莱茵报》和《黑格尔法哲学批判》时期提出的命题——"市民社会决定国家":

---

① 参见聂锦芳:《清理与超越:重读马克思文本的意旨、基础与方法》,北京大学出版社 2005 年版,第 60—61 页。

第一，资产阶级兴起、发展的历史证明了市民社会决定国家。马克思注意到，城市公社的形成，是资产阶级产生和地位提高的结果。他从《法国史》中摘录了这样一段话："对城市公社的事务的共同关心把他们彼此联合起来，正是在公社中要处理这些事务并适当地领导这些事务的任务，导致了管理艺术的产生。"①这实际是在探寻国家是如何具体地、历史地从市民社会中产生出来的。马克思还摘录了一些有关国家政策由有产阶级的经济利益所制约的论述。在《最近五十年的历史》的摘录中，马克思发现，法国大革命之前，由第三等级组成的国民议会虽然没收了教会财产，但仍然维护个人私有财产。马克思指出，这"其中包括重大矛盾，一方面宣布私有财产不受侵犯，另一方面又牺牲私有财产"②。马克思摘录了《威尼斯共和国史》中关于财富是参加城市公社管理的资格证的一段论述，这让马克思认识到，资产阶级的代议制是私有财产统治的政治表现。在默瑟尔的《爱国主义的幻想》一书中，马克思看到，"在上古时期的制度里只保障人身自由，这就是说，自由只同人本身相联系，后来国家为了有利于物质的自由而限制人身的自由，物质自由是同土地相联系"③。根据这些史料，马克思意识到自由是一个相对的概念。他开始反省自己《莱茵报》时期自由理性思想影响下的"自由主义的空谈"，他原有的自由主义政治立场被颠覆。

第二，法国大革命的历史证明了市民社会决定国家。马克思

---

① 《马列著作编译资料》第11辑，人民出版社1980年版，第49页。
② 〔德〕马克思：《马克思1843年克罗茨纳赫摘录笔记》，《马恩列斯研究资料汇编（1981年）》，书目文献出版社1985年版，第9页。
③ 王旭东、姜海波编著：《马克思〈克罗茨纳赫笔记〉研究读本》，中央编译出版社2016年版，第287页。

在分析法国大革命时期的史料时发现,经济是引起革命前冲突的重要因素,而在资产阶级革命过程中,财产问题始终是斗争的焦点。对于大革命中的复辟历史,马克思摘录了《论法国的复辟时期》一文,并得出一个结论:波旁王朝之所以无法完全恢复旧制度,是因为法国的所有制形式在革命前后已经发生了非常深刻的变化。在对波旁王朝的历史分析中,马克思最初关注的是革命进程中复杂的政治转变机制。旧法国的基础是王权与贵族,所以马克思一开始就写道:"在路易十八朝代,宪法是国王的恩赐(钦赐宪法),在路易·菲力浦时代,国王是宪法的恩赐(钦赐王权)。"①但是,在革命后的新法国,现实起点已经是革命所确立的新的所有权。即"一般的历史现实以及国家与法的基础都是财产关系"②。

值得注意的是,在这段全部《克罗茨纳赫笔记》中最长的注释的结尾处,马克思有一种历史研究基础上的哲学话语的突现。③在论述完法国复辟时期的所有制关系变化后,马克思写道:"一般说来,我们可以发现,主语变为谓语,谓语变为主语,被决定者代替决定者,这些变化总是促成新的一次革命,而且不单单是由革命者发动的。"④这表明马克思仍然在无意识地使用黑格尔的哲学术语来说明历史变革中的某种具体关系。他接下来继续写道:"国王创立法律(旧君主制),法律创立国王(新君主制)。"在对革命历史的描述中,马克思意识到此处涉及一个根本的哲学问题:

---

① 《马克思恩格斯全集》第40卷,人民出版社1982年版,第368页。
② 张一兵主编:《马克思哲学的历史原像》,人民出版社2009年版,第117页。
③ 参见张一兵:《青年马克思的第一次思想转变与〈克罗茨纳赫笔记〉》,《求是学刊》1999年第3期,第32页。
④ 《马克思恩格斯全集》第40卷,人民出版社1982年版,第368页。

"当黑格尔把国家观念的因素变成主语,而把国家存在的旧形式变成谓语时——可是,在历史真实中,情况恰恰相反:国家观念是国家存在的[旧]形式的谓语——他实际上只是道出了时代的共同精神,道出了时代的政治神学。"从这些反复出现的历史现象中,马克思深刻意识到所有制决定政治结构、现实存在决定思维观念。从这些反复出现的历史现象中,马克思深刻意识到所有制决定政治结构、现实存在决定思维观念。黑格尔的错误也就昭然若揭了:"原则上这里被当成决定性因素的在宗教方面是理性,在国家方面则是国家观念。这种形而上学是反动势力上的形而上学的反映,对于反动势力来说,旧世界就是新世界观的真理。"①

由此可见,正是在接触大量历史材料的过程中,马克思坚定了自己在《莱茵报》时期的"市民社会决定国家"这一经验认识。也正是在《克罗茨纳赫笔记》中,马克思借助历史实证材料才逐渐摆脱了黑格尔理性国家观的影响,开始了自己在国家及国家起源问题上的理论批判和理论建构工作。

(三)《黑格尔法哲学批判》的理论批判

《莱茵报》时期现实产生的"苦恼的疑问",以及 1843 年 4 月《莱茵报》被查封,促使马克思"从社会舞台退回书房",从理论上反思黑格尔的理性国家观。同时,借助《克罗茨纳赫笔记》时期大量的历史材料,马克思坚定了全面清算黑格尔国家观的立场。"为了解决使我苦恼的疑问,我写的第一部著作是对黑格尔法哲学的批判性的分析",即《黑格尔法哲学批判》。②

---

① 《马克思恩格斯全集》第 40 卷,人民出版社 1982 年版,第 368—369 页。
② 参见《马克思恩格斯选集》第 2 卷,人民出版社 2012 年版,第 2 页。

黑格尔在《法哲学原理》中的理性国家观,是马克思国家观和国家起源思想形成和发展的直接出发点。因此,在探索马克思国家起源思想的发展历程时,需首先分析黑格尔的理性国家观。

黑格尔《法哲学原理》中的第 257 节到第 313 节是关于国家观的内容（MEGA^2 中的《黑格尔法哲学批判》是从第 261 节开始的,因为马克思手稿的前几页已经佚失）,其构成体系如下:(1)客观唯心主义的哲学前提。在黑格尔哲学体系中,理性、绝对理念是第一性的,由它产生和决定个别和现实世界,现实世界从属于绝对理念。(2)国家决定市民社会的逻辑论证。黑格尔把家庭、市民社会和国家看作伦理发展的三个阶段。他认为,家庭是"直接的或自然的伦理精神"[①],其原则是"爱"。但它的缺点是压抑了个人的特性,因而必然被较高的阶段——市民社会所取代。市民社会是家庭的反面,它信奉"利己"的原则,使个人的特性得到充分的展示。但它在克服家庭缺陷的同时,又走向了只顾私人权益的自我中心主义。随着市民社会弊端的日益暴露,它必然要被更高的发展阶段——体现普遍性与特殊性相统一的国家所取代:"国家是伦理理念的现实"[②],它代表着最完满的伦理生活,它既把家庭和市民社会的优点包含其中,同时又超越了二者的局限。上述两点表明,黑格尔主要是从伦理、逻辑的角度来说明国家问题,而不是从现实、历史的角度阐释真实的国家。他用主观的概念运动的逻辑联系取代了客观的、真实的历史联系。

必须看到,黑格尔的国家观具有重要意义。第一,他在近代思想史上第一次明确地将市民社会从政治国家中独立出来。马

---

① 〔德〕黑格尔:《法哲学原理》,范扬、张企泰译,商务印书馆 2011 年版,第 220 页。
② 同上书,第 317 页。

克思认为,"黑格尔觉得市民社会和政治社会的分离是一种矛盾"①,这是他较为深刻的思想,也是他重要的理论贡献。第二,黑格尔对市民社会性质的分析以及他对社会历史的解释,"向我们暗中指出了唯物主义的历史观"②,为马克思研究市民社会奠定了一定的理论基础。黑格尔"国家的唯心主义的完成同时就是市民社会的唯物主义的完成"③,正是在这个意义上,黑格尔的"历史观是新的唯物主义世界观的直接的理论前提"④。

在《黑格尔法哲学批判》时期,马克思扬弃了黑格尔的国家观,并在此基础上提出了系统的"市民社会决定国家"的理论:

第一,批判黑格尔国家观的客观唯心主义前提。在《莱茵报》时期,马克思之所以感到矛盾和困惑,是因为他没能自觉清除黑格尔的影响。在写作《黑格尔法哲学批判》时,马克思利用他所接触到的费尔巴哈哲学思想把黑格尔思辨哲学颠倒的主客体关系重新颠倒过来,对黑格尔理性国家观进行了批判。

费尔巴哈认为,存在是主词,思维是宾词,而思辨哲学则将存在和思维的关系首尾倒置。因此,"我们只要经常将宾词当作主词,将主体当作客体和原则,就是说,只要将思辨哲学颠倒过来,就能得到毫无掩饰的、纯粹的、显明的真理"⑤。费尔巴哈"颠倒"的方法为马克思所借鉴,在《黑格尔法哲学批判》中,马克思明确指出:"黑格尔在任何地方都把观念当作主体,而把本来意义上的

---

① 《马克思恩格斯全集》第3卷,人民出版社2002年版,第94页。
② 《普列汉诺夫哲学著作选集》第1卷,生活·读书·新知三联书店1959年版,第482页。
③ 《马克思恩格斯文集》第1卷,人民出版社2009年版,第45页。
④ 《马克思恩格斯文集》第2卷,人民出版社2009年版,第602页。
⑤ 《费尔巴哈哲学著作选集》上卷,商务印书馆1984年版,第102页。

现实的主体……变成谓语。而发展却总是在谓语方面完成的。"①这一批判直指黑格尔在国家问题上的客观唯心主义前提,由此马克思指出,观念的东西并不是主体,它们的产生和发展都依赖于现实的主体,而不是相反。

第二,继承黑格尔"市民社会与政治国家相分离"的思想,并在二元分离的基础上提出了"国家最终回归市民社会"的一元目标理论,这蕴含着马克思关于国家起源的二重性理论的萌芽。首先,在黑格尔"市民社会和国家相分离"的基础上,马克思进一步概括出国家和市民社会的主要区别:国家是政治领域,市民社会是经济领域。国家一切活动最主要的特征是它的政治性质,在国家领域中,社会阶级关系主要表现为政治关系,政治是国家的主要职能。而市民社会的主要功能是提供经济活动场所,社会活动的基础是经济活动。因此,在把握国家的起源、性质等问题时,不仅要考察国家和阶级的关系,更重要的是,还要考察国家和社会的关系。这里,马克思对政治领域和经济领域的划分,已包含着国家起源和职能二重性理论的萌芽。

其次,马克思明确提出国家和社会二元化理论,并结合历史进行了描述。在整个古代社会和中世纪时代,由于生产力落后,商品经济也不发达,市民社会并没有完全取得相对于政治国家的独立地位,超强的政治力量使市民社会紧紧依附于政治权力实体。在古希腊时代,工商业经济有所发展,但城邦的主要经济支柱还是自然经济,这使得"社会"无法从城邦中分化出来。在中世纪,社会的基本组织——封建庄园——不仅是一个经济实

---

① 《马克思恩格斯全集》第3卷,人民出版社2002年版,第14页。

体,也是一个政治实体。政治体制的割据状态,限制了经济和社会生活的交流和发展,社会处于严重的停滞状态。"旧的市民社会直接具有**政治**性质,就是说,市民生活的要素,例如,财产、家庭、劳动方式,已经以领主权、等级和同业公会的形式上升为国家生活的要素。它们以这种形式规定了单一的个体对**国家整体**的关系……"①只有到了资本主义现代社会,市民社会才真正完成与国家的二元分离。

最后,马克思明确提出"市民社会决定国家",并指出"国家最终回归市民社会"。马克思认为:"家庭和市民社会使**自身**成为国家。它们是动力。……政治国家没有家庭的自然基础和市民社会的人为基础就不可能存在。它们对国家来说是必要条件。"②市民社会决定国家实际上已经预示着"社会把国家政权重新收回"的历史性方向,因为国家把本属于社会的经济权力重新还给了社会。在巴黎公社革命后,马克思对此有更清楚的表述:"把靠社会供养而又阻碍社会自由发展的国家这个寄生赘瘤迄今所夺去的一切力量,归还给社会机体。"③

在《莱茵报》时期,马克思的"市民社会决定国家理论"还只是基于一定的经验认识所做出的经验假设。按照唯物主义认识论的必然要求,"市民社会决定国家"是否正确,还须得到客观真实的人类历史材料的确证。这就是马克思在写作《黑格尔法哲学批判》的同时,花大量精力写作《克罗茨纳赫笔记》的原因。也正是在《克罗茨纳赫笔记》时期,马克思"市民社会决定国家"的命题才

---

① 《马克思恩格斯全集》第3卷,人民出版社2002年版,第186页。
② 同上书,第11—12页。
③ 《马克思恩格斯文集》第3卷,人民出版社2009年版,第157页。

得到历史材料的实证支持。所以,马克思在《黑格尔法哲学批判》中,坚定了他对黑格尔国家观的批判立场,旗帜鲜明地提出"市民社会决定国家"这一命题,并将之作为唯物主义哲学的思想前提。这样,这一命题最终在理论体系内部通过理论批判建立起来了。

综上所述,《莱茵报》时期的经验认识构成了黑格尔理性国家观的反例,这是马克思理论批判的突破口;《克罗茨纳赫笔记》中的历史实证材料的确证作用对"市民社会决定国家"理论的形成来说也是十分重要的。在《克罗茨纳赫笔记》之前,"市民社会决定国家"的思想还仅仅是一种经验假设,只有在经过了欧洲主要国家近2500年的历史材料的检验后,"市民社会决定国家"这一命题才是人类历史客观必然联系的真实反映。借助历史实证材料,马克思在《黑格尔法哲学批判》中试图从理论本身出发,去寻求让他感到困惑的根源,利用费尔巴哈哲学思想完成了对黑格尔国家观的彻底扬弃,实现了对"市民社会决定国家"的理论论证。

(四)《德法年鉴》时期的哲学升华

1844年2月,《德法年鉴》在巴黎出版了第1—2期合刊号。这一期撰稿人中包括德国民主主义阵营中最著名的人物,如卢格、费尔巴哈、海涅、赫斯、海尔维格等。恩格斯发表了两篇文章:《政治经济学批判大纲》和《英国状况》。马克思是这期刊物的主要撰稿人,他发表了给卢格的三封信和《论犹太人问题》《〈黑格尔法哲学批判〉导言》等论文。

就我们研究的国家问题而言,《论犹太人问题》和《〈黑格尔法哲学批判〉导言》两篇论文,是对《黑格尔法哲学批判》中论及的问题的哲学升华。在《黑格尔法哲学批判》中,马克思批判了黑格尔对市民社会与国家的关系的错误理解,并将之颠倒过来,这为科学研究国家问题找到了正确的方向和坚实的基础。在对市民社会的认识上,马克思既批判了黑格尔也继承了黑格尔。同黑格尔一样,马克思认识到市民社会存在诸多局限和不足。如何克服市民社会的不足?马克思将对这一问题的思考同当时的资产阶级政治解放结合起来,也就是在力图克服市民社会和政治解放的局限中,马克思提出了人类解放和无产阶级革命的问题。

具体而言,《论犹太人问题》和《〈黑格尔法哲学批判〉导言》主要探讨了以下四个问题。第一,承继《黑格尔法哲学批判》中的国家和市民社会相区别的观点,并阐述了二者的不同内涵。马克思指出,在资本主义社会之前,政治国家和市民社会二位一体,没有出现分离。只有到了资本主义社会时代,资产阶级革命打倒了专制权力,摧毁了一切等级、公会、行帮和特权,也就消灭了市民社会的政治性质。

第二,马克思分析了资产阶级市民社会的局限和不足。马克思认为,市民社会作为与国家这一普遍性相分裂的私人活动的领域,其特征是特殊性、利己主义和个人主义。在市民社会中,利己主义是基本法则。市民社会从政治中获得解放,仅仅意味着市民社会成员沦为利己的孤立的个人。粗看起来,马克思对市民社会不足的分析与黑格尔一样,都强调了市民社会的特殊性和私利性。但是,应当看到,马克思和黑格尔的市民社会观存在原则性的差别。城塚登指出,这一根本差异体现在他们对市民社会中的人的看法上。在黑格尔那里,人不过是精神发展过程中出现的一个阶段。市民社会成员作为"私人",把自身利益看成自己的目的,处于精神发展的低级阶段,因而市民社会中的人不是现实的存在。与此相反,马克思认为,尽管市民社会中的人是有种种缺陷应该加以克服的人,但是,这样的人才是现实的人。① 出于对市民社会中人的不同看法,黑格尔和马克思提出了各自不同的克服市民社会局限的方案。由于蔑视特殊性和个人主义,黑格尔提出了国家主义的解决方案,马克思则认为,只有依靠现实的人及其感性的活动才能克服市民社会的局限。②

第三,在批判市民社会时,马克思把克服市民社会和政治解放问题结合起来,揭示了政治革命的限度。其一,政治解放存在宗教缺陷。鲍威尔认为,只要犹太人放弃犹太教,犹太人就能作为公民而得到解放,即特殊的宗教的废除,意味着普遍的人类解放的实现。马克思批驳了鲍威尔的这种观点,并以已经完成了政治解放的北美仍然是一个宗教盛行的国家为例,分析了政治解放的局限。马克思指出:"政治解放的限度一开始就表现在:即使人还没有**真正**摆脱某种限制,**国家**也可以摆脱这种限制,即使人还不是**自由人**,国家也可以成为**自由国家**。"③ 其二,政治解放不能消除市民社会的不足。马克思指出,政治解放废除了政治不平等,这是一种进步。但是,政治解放并没有消除人们在社会上的普遍不平等,尤其是经济的不平等状况。在马克思看来,社会不平等的根源在于私有制。政治解放中建立的国家"不仅没有废除私有财产,反而以私有财产为前提……国家还是让私有财产、文化程度、职业以**它们固有的**方式,即作为私有财产、作为文化程度、作为职业来**发挥作用**并表现出它们的**特殊**本质。国家根本没有废

---

① 参见〔日〕城塚登:《青年马克思的思想——社会主义思想的创立》,尚晶晶、李成鼎等译校,求实出版社1988年版,第57—58页。
② 参见郁建兴:《马克思国家理论与现时代》,东方出版中心2007年版,第93页。
③ 《马克思恩格斯文集》第1卷,人民出版社2009年,第28页。

除这些**实际**差别,相反,只有以这些差别为前提,它才存在,只有同自己的这些要素处于对立的状态,它才感到自己是政治国家,才会实现自己的**普遍性**"①。在马克思看来,政治解放的局限主要体现在,它"**是市民社会的一部分**解放自己,取得**普遍**统治,就是一定的阶级从自己的**特殊地位**出发,从事社会的普遍解放"。这种解放的经济动力实际上就是市民社会的利己主义,"这种利己主义表现出自己的狭隘性,并用这种狭隘性来束缚自己"。马克思批评说,"**纯政治的革命**,毫不触犯大厦支柱的革命,才是乌托邦式的梦想"②。基于政治解放的局限,马克思提出了超越政治解放的人类解放理念。

第四,探讨实现人类解放这一宏大目标的历史主体与途径。如何实现"从政治解放到人类解放"的历史任务呢?马克思进行了哲学论证。在《〈黑格尔法哲学批判〉导言》中,马克思明确地把实现人类解放的使命赋予无产阶级这个历史主体。人类解放的实际可能性到底在哪里呢?"就在于形成一个被戴上**彻底的锁链**的阶级,一个并非市民社会阶级的市民社会阶级,形成一个表明一切等级解体的等级,形成一个由于自己遭受普遍苦难而具有普遍性质的领域,……在于形成一个若不从其他一切社会领域解放出来从而解放其他一切社会领域就不能解放自己的领域,总之,形成这样一个领域,它表明人的**完全丧失**,并因而只有通过**人的完全回复**才能回复自己本身。社会解体的这个结果,就是**无产阶级**这个特殊等级。"③无产阶级为什么能担当人类解放的历史重任

---

① 《马克思恩格斯文集》第 1 卷,人民出版社 2009 年,第 29—30 页。
② 《马克思恩格斯选集》第 1 卷,人民出版社 2012 年,第 12—14 页。
③ 同上书,第 15 页。

呢？这是由无产阶级的辩证特性决定的，即无产阶级诞生于市民社会之中，但又被剥夺了作为市民社会成员的资格和权利，因而具有既是市民社会的产物又是市民社会的否定力量这种二重特性。"无产阶级宣告**迄今为止的世界制度的解体**，只不过是揭示**自己本身的存在的秘密**，因为它就**是**这个世界制度的**实际解体**。无产阶级要求**否定私有财产**，只不过是把社会已经提升为**无产阶级**的原则的东西，把未经无产阶级的协助就已作为社会的否定结果而体现在**它身上**的东西提升为**社会的原则**。"①当然，必须承认的是，马克思虽然在这个时期已经发出无产阶级革命的时代呼求，但是，由于缺乏工人运动的实践经验和政治经济学研究的理论基础，马克思的无产阶级革命和人类解放思想更多是哲学和价值论层面的，换言之，其思想还有一定的抽象性和非现实性。譬如，马克思一方面宣布"**德国人的解放**就是**人的解放**。这个解放的**头脑**是**哲学**，它的**心脏**是**无产阶级**"，另一方面又宣称"德国唯一**实际**可能的解放是以宣布人是人的最高本质**这个理论为立足点的解放**"②。这里，"人是人的最高本质"还是一种典型的费尔巴哈式的人本主义论述方式，这表明这一时期的马克思还没能找到科学界定人的本质的锁钥。③

三、"市民社会决定国家"思想对国家治理的方法论意义

马克思早期著作中的国家思想，其核心就是科学阐述市民社

---

① 《马克思恩格斯选集》第 1 卷，人民出版社 2012 年，第 15—16 页。
② 同上书，第 16 页。
③ 参见郁建兴：《从政治解放到人类解放——马克思政治思想初论》，《中国社会科学》2000 年第 2 期，第 24—36+205 页。

会和国家的辩证关系。可以认为,"市民社会决定国家"是马克思国家观的第一命题。这一命题奠定了马克思科学国家观的逻辑基础,也蕴含着国家治理的重要方法论原则。

"市民社会决定国家"这一命题,充分体现了马克思在研究国家问题时对经验知识和实证方法的重视,这对国家治理具有重要的方法论意义。第一,马克思运用了以社会为本位的研究方法。马克思在人类思想史上第一次系统地论述了"市民社会决定国家"的历史观,探讨了国家和市民社会之间的辩证关系及其历史运动的基本规律,指明了国家和社会发展的方向,从而确立了国家治理必须以社会为本位的方法论原则。人们由此可以判定,决定历史发展的主要力量不是来自国家,而是来自市民社会。国家治理的主体力量,必须源于人民群众。

第二,要高度重视经验知识在国家治理中的作用。在"市民社会决定国家"理论的形成过程中,《莱茵报》时期的经验认识和《克罗茨纳赫笔记》中的历史知识(间接的经验认识)与《黑格尔法哲学批判》中的理论批判发挥了同等重要的作用。但是,目前我国学术界侧重于研究马克思思想形成中黑格尔哲学、费尔巴哈哲学的影响和作用,即侧重于研究理论知识的作用,而对经验知识的重要作用认识不够。在哲学史上,青年黑格尔派的大卫·施特劳斯、布鲁诺·鲍威尔等人都曾从宗教或哲学体系角度批判过黑格尔哲学。而马克思的《黑格尔法哲学批判》是从法哲学入手,主要是以黑格尔《法哲学原理》中的第三章"国家"为直接批判对象的。马克思批判对象的选择并非随意而为,这与他的思想发展历程密切相关。在《莱茵报》时期所获得的经验知识,是马克思能够对国家问题进行理论批判的重要基础。要提出科学的国家治理理论和思想,必须紧密联系国家治理的现实实践及其经验知识。

第三,要高度重视马克思对实证方法的运用。在"市民社会决定国家"理论的形成过程中,马克思同时运用了逻辑方法与实证方法,他对实证方法的运用至今没有得到应有的重视。马克思早期思想中对实证方法的运用,主要表现在两处。其一,在《莱茵报》时期,马克思对众多问题进行了实证解剖。虽然这种实证解剖受到黑格尔理性国家观的制约,但马克思从实际出发,得出了许多正确的结论。马克思做编辑时曾以身作则,向投稿者提出要求:"少发些不着边际的空论,少说些漂亮话,少来些自我欣赏,多说些明确的意见,多注意一些具体的现实,多提供一些实际的知识。"[①]这种注重实际的研究方法在他《莱茵报》时期的一系列文章中得到了体现。其二,马克思注重研究世界历史,历史是社会领域的经验知识,这一研究的直接成果就是《克罗茨纳赫笔记》。它主要是对历史史料的实证研究,而这种研究又是围绕市民社会与国家的关系这个理论问题展开的。[②]

正是由于马克思对经验知识和实证方法的重视,他才能够打破西方近代以来的思辨论国家研究传统,科学、历史地提出"市民社会决定国家"这一国家起源理论的第一命题,进而在中期著作中开始研究政治经济学,从经济的角度对市民社会和国家问题进行更深入的挖掘。

"市民社会决定国家"这一命题,科学预设了研究国家问题的入口和通道,找到了全部国家问题的奥秘所在。从《莱茵报》时期

---

① 〔德〕梅林:《马克思传》,樊集译,人民出版社1965年版,第62页。
② 参见邓宏炎:《论马克思市民社会决定国家理论的形成——思想历程与研究方法的考察》,《华中师范大学学报》1999年第6期,第42—51页。

到《德法年鉴》时期,马克思通过对黑格尔政治哲学的批判实现了重大思想转折。他不仅得出了"不是国家和法决定市民社会,而是市民社会决定国家和法"的结论,而且在对市民社会进行初步研究的基础上,看到了政治革命、政治解放的限度,进而提出了人类解放的目标,找到了无产阶级这一人类解放的担当者。建立历史唯物主义的科学国家观,已找到了正确目标和方向。在被誉为"包含着新世界观天才萌芽的第一个文件"的《关于费尔巴哈的提纲》中,马克思如是写道:"旧唯物主义的立脚点是市民社会,新唯物主义的立脚点则是人类社会或社会的人类。"①这里,政治解放和人类解放的区别被表述为市民社会与人类社会的区别。马克思以"人类社会"为新唯物主义的立脚点,表明他历史唯物主义国家观的理想目标就是要实现人类解放,而这正是他在《莱茵报》到《德法年鉴》时期通过黑格尔法哲学批判就确立了的目标和方向。

更重要的意义还在于,马克思通过这一时期的探索,深刻认识到,国家和法哲学的诸多问题,"根源于物质的生活关系,这种物质的生活关系的总和,黑格尔按照18世纪的英国人和法国人的先例,概括为'市民社会',而对市民社会的解剖应该到政治经济学中去寻求"②。这一论述表明马克思找到了建立科学国家观思想的正确通道和路径。这一思想促使马克思开始研究政治经济学,从经济的角度来分析国家和市民社会。

当然,从《莱茵报》到《德法年鉴》时期,马克思已经得出市民社会决定国家的结论。但是,这一时期的马克思由于缺乏经济学方面的知识,不能对市民社会进行经济学的分析。对国家与私有

---

① 《马克思恩格斯选集》第1卷,人民出版社2012年版,第136页。
② 《马克思恩格斯文集》第2卷,人民出版社2009年版,第591页。

财产的关系,也不能做出正确解析。马克思这一时期提出的很多思想,还停留在抽象的哲学层面。譬如,在《〈黑格尔法哲学批判〉导言》中,马克思虽然已经提出无产阶级是完成人类解放的担当者,但马克思此时的无产阶级概念几乎就是在黑格尔"普遍等级"的意义上使用的。它主要是一个哲学人类学概念,而不是经济学、社会学概念。① 因此,要使人的解放具体化、现实化,必须对市民社会和国家做出政治经济学的分析,即"对市民社会的解剖应该到政治经济学中去寻求"②。于是,马克思在巴黎时期第一次开始研究政治经济学,直至逝世。从政治经济学角度批判考察资本主义国家,一直是马克思的中心工作。

四、 在国家与社会的良性互动中推进国家治理

国家与社会的关系问题,是马克思国家理论的核心议题,也是国家治理理论的基本论域。在现代国家治理中,如何超越国家与社会的对立,建构一个政府、市场和社会各方力量良性互动的关系场,成为推进国家治理现代化的重要课题。对于国家与社会关系的理解,经历了一个历史演变过程。

近代以来,出现了国家与社会的二分走向。在这种国家与社会的二分框架下,形成了两大传统:一是洛克式的"社会先于国家"或"社会外于国家"的观念;二是黑格尔式的"国家高于社会"的观念。前者的要点在于,国家作为一种"必要的恶",是个人让

---

① 参见 Shlomo Avineri, "The Hegelian Origins of Marx's Political Thought," *The Review of Metaphysics*, 1967, 21(1), pp. 33-56。

② 《马克思恩格斯文集》第 2 卷,人民出版社 2009 年版,第 591 页。

渡部分权利的结果,但一些天赋的不可让渡的个人权利构成了国家权力的边界,这些边界成为社会自在自为的领域。黑格尔式观念的要点在于,家庭—市民社会—国家作为伦理精神的不同发展环节,具有伦理层次的高下之分。市民社会在伦理上的不自足必须依靠国家这样真正的道义力量才能克服。要言之,国家克服了市民社会的弊端并高于市民社会。

对应上述两种传统,西方国家治理主要有两种理论范式:一是继承洛克式的自由主义理论模式;二是继承黑格尔式的国家主义理论模式。自由主义理论模式与洛克式的"社会先于国家"或"社会外于国家"传统相联系,国家主义理论模式则与黑格尔式的"国家高于社会"传统相联系。从前者处大致可推演出"市民社会对抗国家"的论点,它强调国家对于社会而言只是一种"必要之恶",因此,市民社会对抗国家在某些时候是必要之举;而从后者处可推导出"国家宰制市民社会"的观点,它强调国家塑造社会的功能,社会处于被支配的地位。①

第二次世界大战以后,全球范围内包括欧美国家都出现了黑格尔式的国家全能主义。国家假挟现代化、国家振兴等宏大话语,以各种形式渗透、侵吞市民社会。为了对这种"国家全能主义"做出回应,人们重拾洛克主张的"社会外在于国家"的市民社会理念,力求通过重塑市民社会来对抗国家全能主义的冲击。确实,黑格尔的观念中隐含着国家重新吞噬市民社会的危险,因此在"市民社会"传统于20世纪中叶全球复兴后,欧美学界大都借

---

① 邓正来:《国家与社会——中国市民社会研究的研究》,邓正来、〔美〕杰弗里·亚历山大主编:《国家与市民社会:一种社会理论的研究路径(增订版)》,上海人民出版社2006年版,第493页。

重洛克式的"社会先于国家"或"社会外于国家"的观念。譬如,约翰·基恩就主张严格界定市民社会与国家的边界,通过限制国家的扩张来培育市民社会的民主力量。丹尼尔·贝尔也提出,要抵制无孔不入的国家科层制,就必须复兴市民社会,用社会的力量遏制国家的侵蚀。

由于中国传统社会长期处于国家全能主义体制下,难有生机与活力,中国国家治理现代化的任务之一就是要变革"全能国家本位"的状况。因此,中国学界的很多论者天然地对黑格尔式的全能国家主义模式具有排斥心理,进而倒向洛克式的自由主义来寻求理论资源。由此诞生的这些带有新自由主义色彩的理论认为,中国国家发展的未来方向就是建立有限政府,推动西方式的市民社会的发展。但是,新自由主义论者关于中国国家治理发展的理论主张,存在多方面的局限。其理论思维的根本局限,还在于没有超越"国家-社会"的二元对立思维。洛克式的自由主义模式并不适用于中国当下的国家建构,诺齐克式"最小国家"(the minimal state)在中国更难有生存空间。这除了历史传统和现实体制的考虑外,还有外部原因。从20世纪90年代起,自由主义模式在世界范围内的实践中已暴露了诸多弊端,这引起了中国越来越多学者的警惕和反思。

如何超越国家与社会的对立关系?这需要我们在国家与社会的良性互动中,推进中国的国家治理。第一,将西方理论和中国实际相结合,不能教条主义地简单移植。中国论者关于市民社会的研究,一开始就是在具有西方中心主义色彩的现代化理论背景下展开的。西方现代化理论一度被一些论者视为一种普适的发展目标和路径选择,即在市场经济基础上建构市民社会,进而在市民社会的基础上实现政治民主化。实际上,我们在借鉴西方的现代化分析模式时,需要对现代化的价值目标和路径选择进行认真的质疑和反思。譬如,市民社会这一观念基本上是西方历史经验与理论总结的产物,在中国并不存在直接的对应形态。就目前的研究来看,中国市民社会论者提出的市民社会构建之路更多地只是在简单移植西方经验,而没有认真考察中国作为一个东方国家的特殊情况。实际上,正如黄宗智所言,"国家与社会的二元对立是从那种并不适合于中国的近现代西方经验里抽象出来的一种理想构造"。在研究中,我们要破除具有西方特点的国家和市民社会二分理论框架,因为"中国实际的社会政治变迁从未真的来自对针对国家的社会自主性的持久追求","此一领域的内容和逻辑并不是从西方经验中抽取的理想构造所能涵括的,它迫切地要求我们赋予创造性的关注与研究"[1]。

第二,观照中国本土经验和知识传统,积极挖掘其正面意义。由于受西方中心主义的影响,中国市民社会研究大多数都否定中国以亲情血缘为基础的文化传统在构建中国市民社会中的正面意义,忽视中国本土经验对于形成中国市民社会的积极价值。当然,这方面的研究也有过有益的尝试。蒋庆曾在《儒家文化》一文中指出,儒家文化是构建中国式市民社会的深厚资源。但是,蒋庆的论述也是在使用西方公民社会概念的基础上相应地去寻求儒家文化的相关资源,这种研究容易导致在中国经验与西方概念

---

[1] 黄宗智:《中国的"公共领域"与"市民社会"?——国家与社会间的第三领域》,邓正来、〔美〕杰弗里·亚历山大主编:《国家与市民社会:一种社会理论的研究路径(增订版)》,上海人民出版社2006年版,第426页。

之间做简单比附。正如启蒙哲学之于旧有传统的重建和扬弃一样,中国的市民社会建构必须继承和发展中国的本土经验和知识传统,而不是简单的破坏和抛弃。"尽管启蒙哲学热衷于进步,并力图粉碎旧法律的框框,建立新的人生观,然而它所表现出来的基本特征,却是屡屡返回那些哲学的老问题上去……它在一切知识领域中与陈规、传统和权威的势力进行斗争。但它不认为这种斗争仅仅是否定和破坏;相反,它认为它是在清除旧时代的垃圾,从而使知识结构的坚实基础暴露出来。这些基础照它看来是不可移易、不可动摇的,它们跟人类本身一样源远流长。因此,启蒙哲学认为其任务不在于破坏,而在于重建。"① 同理,我国目前的市民社会研究虽是以西方社会为参照系的,但是这样的研究必须置身于绵延了五千多年的中国文化传统,必须观照中国既有的本土经验和知识传统。

第三,在"国家-市民社会"的分析模式中,既要看到全能国家主义的局限,也要深刻洞悉市民社会可能的局限性。中国市民社会的有关研究,是在反思"全能国家主义"的背景下展开的。所以,一开始就聚焦于限制国家主义的消极功用,发挥市民社会的积极功能。这样的研究思路使得我们对市民社会可能的局限性缺乏足够的认识。实际上,早在18世纪末,德国早期浪漫主义思潮就已经看到了市民社会的消极方面,并揭露了市民社会的种种失范。施莱尔马赫在他的《独白》中,就对市民社会的工具性和实利性进行了批判。黑格尔则从政治哲学角度揭示了市民社会的

---

① 〔德〕E·卡西勒:《启蒙哲学》,顾伟铭、杨光仲、郑楚宣译,山东人民出版社1988年版,第227页。

缺陷和对人性的可能的压迫,他认为,"在市民社会中,每个人都以自身为目的,其他一切在他看来都是虚无"①。事实上,马克思在分析资产阶级社会(bourgeois society)时就已经全面揭示了市民社会的欠缺性和压迫性。所以,市民社会和国家都有其正反两方面的性质、功能,我们不能只看到国家主义的压迫性,而忽略了市民社会可能的局限性。

第四,超越自由主义与国家主义的对立,寻求推动中国国家发展的"第三条道路"。有论者指出,市民社会与国家的关系,"绝非是时下许多人所片面强调的那种简单对立以至对抗的关系(所谓前者'vs'后者),恰恰相反,它所要建立的正是社会与国家之间的一种良性互动关系"②。有论者进一步阐释了国家与市民社会的"良性互动"说。这种"互动"体现在两个向度。国家对市民社会的功用主要表现在两个方面:一是国家承认市民社会的独立性,在自上而下的改革中,主动撤出不应干涉的社会经济领域,并为市民社会提供制度保障;二是国家对市民社会进行必要的干预和调节,对市民社会自身无力解决的矛盾或冲突进行协调。市民社会对国家的作用也主要表现在两个方面:在建构中国市民社会的第一阶段,市民社会维护独立、力争自由,使自己免受国家的干预和侵犯;在建构中国市民社会的第二阶段,市民社会的发展培育了多元利益社团,这些社团在继续发展和完善自身的同时,逐渐进入公域,参与和影响国家的决策,并与国家形成良性的互动关系。可见,当代中国国家发展既不能像一些新自由主义者那样

---

① 〔德〕黑格尔:《法哲学原理》,范扬、张企泰译,商务印书馆2011年版,第248页。
② 甘阳:《"民间社会"概念批判》,张静主编:《国家与社会》,浙江人民出版社1998年版,第28页。

简单移植西方公民社会的经验,也不能像极左派那样重回国家主义的怀抱。我们必须寻求一种市民社会与国家的良性互动、一种双向的制衡关系。通过二者的良性互动,双方能够较好地抑制各自的内在弊病,使国家所维护的普遍利益与市民社会所捍卫的特殊利益达到符合社会总体发展趋势的平衡。①

---

① 参见邓正来:《国家与社会:中国市民社会研究的研究》,邓正来、〔美〕杰弗里·亚历山大主编:《国家与市民社会:一种社会理论的研究路径(增订版)》,上海人民出版社 2006 年版,第 494 页。

第三章　政治统治与社会公共管理

如何看待国家的性质与职能？在国家治理中，如何正确处理政治统治与社会公共管理和服务的关系？如何看待西方国家和民主的二重性？在国家治理中，如何批判吸收西方国家治理的文明成果？这些都是国家理论和国家治理实践中必须探讨的重要问题。

一、对国家的政治经济学考察

近代以来的国家观，特别是黑格尔的理性国家观，带有浓厚的思辨和神秘主义色彩。如何祛除国家神秘主义，把握国家的本质？马克思认为，对国家的政治经济学分析，是我们打开国家之谜的锁钥。

在《1844年经济学哲学手稿》中，马克思提出了异化劳动理论。这一理论的提出，表明马克思在方法论上实现了重大转变，开始从政治经济学角度出发研究市民社会以及国家等问题。马克思指出，只有从对私有财产的分析出发,才能正确把握工人同生产的关系,以及人类社会的各种奴役形式。"社会从私有财产等等解放出来、从奴役制解放出来,是通过**工人解放**这种**政治**形式来表现的,这并不是因为这里涉及的仅仅是工人的解放,而是因为工人的解放还包含普遍的人的解放;其所以如此,是因为整个的人类奴役制就包含在工人对生产的关系中,而一切奴役关系只不过是这种关系的变形和后果罢了。"①马克思还发现了一条重要原理,即国家是生产的特殊方式,是受生产的普遍规律支配的,"宗教、家庭、国家、法、道德、科学、艺术等等,都不过是生产的一些特殊的方式,并且受生产的普遍规律的支配"②。这一原理的提出,表明马克思意识到对国家等问题的研究,必须从对生产方式的研究入手,这为后来提出科学的国家观找到了正确入口。在《1844年经济学哲学手稿》之后的《神圣家族》中,马克思第一次提出了"生产方式"的概念,并明确指出,物质生产是历史的发源地,经济状况与工业状况是国家的基础。一定时代有一定的经济结构,并产生与之相适应的一定的国家制度。当然,国家并不是消极地适应经济结构,它会运用种种政治手段去影响、改变自己建立其上的物质基础。

在《德意志意识形态》(以下简称《形态》)中,马克思延续了他在早期著作中对传统的思辨论神秘主义国家观的批判。"经验的观察在任何情况下都应当根据经验来揭示社会结构和政治结构同生产的联系,而不应当带有任何神秘和思辨的色彩。"马克思明确地提出,对国家问题的研究,必须奠基于"社会现实生活"。

---

① 〔德〕马克思:《1844年经济学哲学手稿》,中共中央马克思恩格斯列宁斯大林著作编译局译,人民出版社2000年版,第62—63页。

② 同上书,第82页。

"在思辨终止的地方,在现实生活面前,正是描述人们实践活动和实际发展过程的真正的实证科学开始的地方。"①对于"国家"(或"政治结构")形成过程的考察,应当去除笼罩其上的"神秘和思辨的色彩",将之与"生产"和"现实中的个人"联系起来。"社会结构和国家总是从一定的个人的生活过程中产生的。但是,这里所说的个人不是他们自己或别人想象中的那种个人,而是**现实中的个人**。"②

从这一立场出发,马克思确立了历史唯物主义国家观的历史前提,即"全部人类历史的第一个前提无疑是有生命的个人的存在。因此,第一个需要确认的事实就是这些个人的肉体组织以及由此产生的个人对其他自然的关系"③。"有生命的个人的存在"也成为马克思思考国家问题的历史前提。由此出发,马克思在《形态》中提出了萌芽状态的两种生产理论(一般认为,恩格斯迟至《家庭、私有制和国家的起源》才提出完整的两种生产理论):"生命的生产,无论是通过劳动而生产自己的生命,还是通过生育而生产他人的生命,就立即表现为双重关系:一方面是自然关系,另一方面是社会关系。"④这一论述表明,马克思是从以下两个角度来思考国家问题的:一是人与自然的关系角度,尤其侧重于生产力的发展水平,这突出表现为《形态》中的"分工"理论;二是人与人的社会关系角度,尤其侧重于生产关系形态,这突出表现为《形态》的"所有制"理论。

其一,"分工"理论。马克思在《形态》中谈到历史的第三个也

---

① 《马克思恩格斯选集》第1卷,人民出版社2012年版,第153页。
② 同上书,第151页。
③ 同上书,第146页。
④ 同上书,第160页。

是非"本体性"的因素——意识的产生和发展之后,他的哲学逻辑思维出现了断裂,生产性的"分工"突然出现了,"与此同时分工也发展起来"。马克思由此从哲学思维视角转为实证思维视角。在马克思的理解中,"分工起初只是性行为方面的分工,后来是由于天赋(例如体力)、需要、偶然性等等才自发地或'自然地'形成的分工。分工只是从物质劳动和精神劳动分离的时候起才真正成为分工"①。分工表征着生产力的发展水平,真正意义上的分工有两个历史阶段:"一个民族内部的分工,首先引起工商业劳动同农业劳动的分离,从而也引起**城乡**的分离和城乡利益的对立。分工的进一步发展导致商业劳动同工业劳动的分离。"②简言之,这两个阶段就是农业和工商业的分工、商业和工业的分工。国家的产生与第一次社会大分工有本质的联系,"城乡之间的对立是随着野蛮向文明的过渡、部落制度向国家的过渡、地域局限性向民族的过渡而开始的"③。这里所讲的"城乡之间的对立"与工商业和农业的分工指的是同一历史进程。

其二,在分工理论的基础上,马克思建立了他的所有制理论:由于分工"是以家庭中自然形成的分工和以社会分裂为单个的、互相对立的家庭这一点为基础的",所以它造成了生产力、社会状况和意识三个因素之间的客观矛盾。同时,与这种分工联系在一起的还有分配,"而且是劳动及其产品的不平等的分配(无论在数量上或质量上);因而产生了所有制"④。马克思认为,"分工发展的各个不同阶段,同时也就是所有制的各种不同形式"。在《形

---

① 《马克思恩格斯选集》第 1 卷,人民出版社 2012 年版,第 162 页。
② 同上书,第 147—148 页。
③ 同上书,第 184 页。
④ 同上书,第 163 页。

态》中,马克思分别分析了三种所有制形式。第一种所有制形式是部落所有制。它与生产的不发达阶段相适应,彼时,人们以狩猎、捕鱼、畜牧,或者最多以耕作为生。第二种所有制形式是古代的公社所有制和国家所有制。"这种所有制是由于几个部落通过契约或征服联合为一个城市而产生的。"这一阶段,分工已经比较发达,动产私有制以及后来的不动产私有制也已经发展起来。第三种所有制形式是封建的或等级的所有制。它的形成和国家所有制一样,也是基于统治阶级和被统治阶级的对立。"这种封建结构同古典古代的公社所有制一样,是一种联合,其目的在于对付被统治的生产者阶级。"① 唯一不同的是,在国家所有制中,与统治者共同体相对立的不是"奴隶",而是"小农奴"。

在提出"分工"理论和"所有制"理论后,马克思对"市民社会"进行了界定:"受到迄今为止一切历史阶段的生产力制约同时又反过来制约生产力的交往形式,就是**市民社会**。……这个社会是以简单的家庭和复杂的家庭,即所谓部落制度作为自己的前提和基础的。……这个市民社会是全部历史的真正发源地和舞台。"② 马克思进一步阐述了国家和市民社会的关系:"市民社会这一名称始终标志着直接从生产和交往中发展起来的社会组织,这种社会组织在一切时代都构成国家的基础以及任何其他的观念的上层建筑的基础。"③

市民社会决定国家,科学界定"市民社会"之后,马克思对国家问题的认识进一步深化,已触及国家的经济利益根源和阶级本

---

① 《马克思恩格斯选集》第 1 卷,人民出版社 2012 年版,第 150 页。
② 同上书,第 167 页。
③ 同上书,第 211 页。

质问题。马克思指出,随着分工的发展,"产生了单个人的利益或单个家庭的利益与所有互相交往的个人的共同利益之间的矛盾","正是由于特殊利益和共同利益之间的这种矛盾,共同利益才采取**国家**这种与实际的单个利益和全体利益相脱离的独立形式,同时采取虚幻的共同体的形式"。此外,在分工基础上还产生了不同的阶级,"这些阶级是通过每一个这样的人群分离开来的,其中一个阶级统治着其他一切阶级。从这里可以看出,国家内部的一切斗争——民主政体、贵族政体和君主政体相互之间的斗争,争取选举权的斗争等等,不过是一些虚幻的形式……在这些形式下进行着各个不同阶级间的真正的斗争……另一方面,这些始终**真正地**同共同利益和虚幻的共同利益相对抗的特殊利益所进行的**实际**斗争,使得通过国家这种虚幻的'普遍'利益来进行**实际的**干涉和约束成为必要"①。可见,国家的产生是统治阶级用来维护所谓的"共同利益"的需要,而这种共同利益是虚幻的,它仅仅是统治阶级的利益。因此,国家这种形式,就其本质而言是维护统治阶级利益的工具,"对于被统治的阶级来说,它不仅是完全虚幻的共同体,而且是新的桎梏"②。

由于把国家的产生同物质生产和社会分工联系起来加以考察,马克思第一次科学地指出了国家产生的经济利益根源和阶级本质。特定历史时代的对抗性生产关系,决定着一个阶级对另一个阶级的统治,国家就是这种统治的政治形式。马克思还以资产阶级国家为例进行了深入分析。在马克思看来,资产阶级国家"不外是资产者为了在国内外相互保障各自的财产和利益所必然

---

① 《马克思恩格斯选集》第 1 卷,人民出版社 2012 年版,第 163—164 页。
② 同上书,第 199 页。

要采取的一种组织形式"①。最完善的资产阶级国家,拥有最虚伪的国家形式。它披着保护"普遍人权"的外衣,实质上却是财产占有者满足自己利益的工具。由于触及了国家的阶级本质,在《德意志意识形态》中,马克思、恩格斯初步建立了唯物史观的国家理论。

二、 国家的阶级本质及其二重属性

《共产党宣言》是马克思科学社会主义思想和欧洲工人运动相结合的产物。在《宣言》中,由于科学地运用了阶级分析方法,马克思、恩格斯深刻阐述了国家的阶级本质。阶级分析方法是贯穿《宣言》始终的分析方法,恩格斯在《宣言》1888年英文版序言中指出,构成《宣言》核心的基本思想是:"每一历史时代主要的经济生产方式和交换方式以及必然由此产生的社会结构,是该时代政治的和精神的历史所赖以确立的基础,并且只有从这一基础出发,这一历史才能得到说明;因此人类的全部历史(从土地公有的原始氏族社会解体以来)都是阶级斗争的历史,即剥削阶级和被剥削阶级之间、统治阶级和被压迫阶级之间斗争的历史。"②正是从阶级分析角度出发,马克思、恩格斯科学阐述了国家的阶级实质:"原来意义上的政治权力,是一个阶级用以压迫另一个阶级的有组织的暴力。"③对现代资产阶级国家,《宣言》指出,其实质"不

---

① 《马克思恩格斯选集》第1卷,人民出版社2012年版,第212页。
② 同上书,第385页。
③ 同上书,第422页。

过是管理整个资产阶级的共同事务的委员会罢了"①。资产阶级国家是为资本主义服务的政治工具,资产阶级国家的实质是整个资产阶级专政,是资产阶级利益的维护者和压迫整个无产阶级的暴力工具。对于无产阶级国家,《宣言》也指出其实质:"国家即组织成为统治阶级的无产阶级。"②

但是,我们也要反对另一种流行的观点,即马克思关于国家性质的观点是单纯冲突论的。这种观点认为,马克思仅仅将国家视为统治阶级进行阶级压迫的暴力镇压工具。这种观点存在偏颇。实际上,马克思在19世纪50年代到70年代的著述中,对国家的起源和性质问题的论述,还有着全新的内容。譬如,在《路易·波拿巴的雾月十八日》一文中,马克思分析了波拿巴时期法国的阶级情况和国家性质。他指出,法国在向现代资产阶级社会转型的过程中,阶级分化和社会矛盾错综复杂,当时的资产阶级无力单独重新创立自己的国家机器。为了缓和激烈的阶级冲突,旧的国家机器被保存下来,成为各主要阶级的利益平衡工具。再如,从50年代起,马克思的理论视角延伸到东方国家,并建构了独具特色的东方社会理论。在关于印度等东方国家的叙述中,马克思指出,这些国家是建立在举办提供诸如灌溉、治水等社会公共工程基础上的,它在政治上的专制不是完全建基于阶级利益冲突,而是生产和社会的分散特征所致。

因此,我们可以概括出马克思国家性质的二重性理论,即国家权力的形成,既是阶级统治的需要,也是管理社会公共事务的要求。马克思的国家性质观是冲突论和融合论的统一,国家既是

---

① 《马克思恩格斯选集》第1卷,人民出版社2012年版,第402页。
② 同上书,第421页。

阶级统治和压迫的工具,也是平衡社会各阶级利益的工具。晚年马克思在《国家与文明起源笔记》中,借助当时最新的人类学研究成果,进一步深入研究了国家起源问题。马克思关于国家起源不同形式的研究成果,直接启发了恩格斯。在《家庭、私有制和国家的起源》一书中,恩格斯明确概括了国家的起源:"国家是社会在一定发展阶段上的产物;国家是承认:这个社会陷入了不可解决的自我矛盾,分裂为不可调和的对立面而又无力摆脱这些对立面。而为了使这些对立面,这些经济利益互相冲突的阶级,不致在无谓的斗争中把自己和社会消灭,就需要有一种表面上凌驾于社会之上的力量,这种力量应当缓和冲突,把冲突保持在'秩序'的范围以内;这种从社会中产生但又自居于社会之上并且日益同社会相异化的力量,就是国家。"①在此基础上,恩格斯阐述了国家的双重性质:一方面,国家产生于阶级分化和阶级斗争,是阶级统治的手段和工具。"由于国家是从控制阶级对立的需要中产生的,由于它同时又是在这些阶级的冲突中产生的,所以,它照例是最强大的、在经济上占统治地位的阶级的国家,这个阶级借助于国家而在政治上也成为占统治地位的阶级,因而获得了镇压和剥削被压迫阶级的新手段"。另一方面,国家还是社会冲突的缓和者和社会秩序的提供者,它具有某种超越阶级统治的独立性。在人类历史上"有这样的时期,那时互相斗争的各阶级达到了这样势均力敌的地步,以致国家权力作为表面上的调停人而暂时得到了对于两个阶级的某种独立性"②。

就研究方法而言,马克思是在国家和(市民)社会相区别的基

---

① 《马克思恩格斯选集》第4卷,人民出版社2012年版,第186—187页。
② 同上书,第188—189页。

础上论述国家性质问题的。在马克思的国家理论中,"社会"和"国家"是两个对应性范畴。它们在马克思的著作中,有广义和狭义的双重规定性:从广义上讲,它们是代表经济基础和政治上层建筑的一对范畴;从狭义上讲,它们直接代表近代资产阶级社会和国家。这对范畴之所以包含着一般和特殊的双重规定,是因为只有在资本主义的条件下,国家和社会才从浑然一体的状态中发生了分化。"'市民社会'这一用语是在18世纪产生的,当时财产关系已经摆脱了古典古代的和中世纪的共同体。真正的市民社会只是随同资产阶级发展起来的;但是市民社会这一名称始终标志着直接从生产和交往中发展起来的社会组织,这种社会组织在一切时代都构成国家的基础以及任何其他的观念的上层建筑的基础。"①资本主义经济关系和政治关系的充分发展,集中体现了政治国家和市民社会的一般关系,使得这对范畴从特殊抽象出一般成为可能。

马克思正是从与市民社会相对应的角度论述政治国家的本质的。马克思首先论述了社会的一般性质,他说:"受到迄今为止一切历史阶段的生产力制约同时又反过来制约生产力的交往形式,就是**市民社会**。"②马克思后来在《雇佣劳动和资本》一文中进一步明确地规定了社会的性质:"各个人借以进行生产的社会关系,即**社会生产关系**,是随着物质生产资料、生产力的变化和发展而变化和改变的。生产关系总合起来就构成所谓社会关系,构成所谓社会,并且是构成一个处于一定历史发展阶段上的社会,具

---

① 《马克思恩格斯选集》第1卷,人民出版社2012年版,第211页。
② 同上书,第167页。

有独特的特征的社会。"①在此基础上,马克思阐明了国家的性质:"国家是统治阶级的各个人借以实现其共同利益的形式,是该时代的整个市民社会获得集中表现的形式。"②这个定义蕴涵了国家的阶级性质和社会关系属性两个方面的基本特点,是历史上任何一种国家形式所共同具有的一般规定性。

把握马克思关于国家本质的论述,需要充分理解"国家"和"社会"既相互区别又相互联系的辩证统一关系。其一,二者是表征普遍性和特殊性的一对范畴。在阶级社会中,国家虽然具有"普遍性"的外观,但被统治阶级所操纵,只是一种"虚幻的共同体形式",只能成为部分社会阶层特殊利益的代表,不可能真正反映社会的普遍利益。其二,二者是表征自为性和自在性的一对范畴。国家既是表现统治阶级意志的权力机构,又是服务社会的公共权力机关。国家的活动不能是任意的,必须自觉地限制在一定的制度规章和法律规范中。社会则是一种自发的状态,其中存在各种利益诉求不同甚至对立的利益集团,每一个利益集团都根据自己的利益要求来从事社会活动。

国家从社会中产生以后,由于社会还是一个自在的、特殊的领域,它还没有成长为自为的、普遍的领域,还不能将委托给国家的管理权收回而进行自我管理。社会的普遍利益还不能由社会自觉地加以维护,社会还不能完全自行控制整个社会的运行过程。社会各阶层的利益尚未统一,社会生产的各个环节和社会生活的各个领域,都需要国家调控。

综述之,正确理解马克思关于国家性质的论述,必须从冲突

---

① 《马克思恩格斯选集》第1卷,人民出版社2012年版,第340页。
② 同上书,第212页。

性和融合性相统一的角度加以把握:一方面,社会内部的各利益集团的冲突使国家产生并成为某个阶级的统治工具成为必须;另一方面,社会内部各个不同集团的利益协调使国家产生并成为共同利益的维护者成为可能,这也是避免社会的崩溃或解体的基础。国家的二重属性中,融合性是国家赖以存在的一个重要前提,而阶级性也即国家作为阶级统治的政治工具这一属性则是国家的本质属性。在阶级社会中,国家的融合性质服从并服务于国家的阶级性质。

三、 国家的政治统治和社会公共管理双重职能

在国家性质二重性理论的基础上,马克思提出了国家职能的二重性理论:一方面,国家是阶级统治的工具,所以它必须具有阶级压迫和阶级统治的政治功能;另一方面,国家又是管理社会公共事务的机关,所以它担负着维护社会公共利益、保障社会秩序、执行社会公共事务等职能。

国家职能的二重性理论,是马克思、恩格斯一以贯之的思想。在《资本论》中,马克思提出,国家具有两项基本职能:"既包括由一切社会的性质产生的各种公共事务的执行,又包括由政府同人民大众相对立而产生的各种特有的职能。"[①]在《法兰西内战》中,马克思进一步阐述了国家具有双重职能的思想,即国家既承担"政府控制人民的权威"的职能,又承担"由于国家的一般的共同需要而必须执行的职能"。马克思称前者为"政治职能",称后者为"合理职能"。在《反杜林论》中,恩格斯明确地将国家的职能分

---

① 《马克思恩格斯全集》第46卷,人民出版社2003年版,第431—432页。

为政治统治职能和管理社会公共事务的社会职能,并将社会职能视为政治职能的前提和基础:"政治统治到处都是以执行某种社会职能为基础,而且政治统治只有在它执行了它的这种社会职能时才能持续下去。"①

长时间以来,人们对马克思国家职能理论的认识是有偏颇的。人们往往重视的是马克思、恩格斯关于国家政治统治职能的相关论述。譬如,"国家无非是一个阶级镇压另一个阶级的机器"②。再如,"原来意义上的政治权力,是一个阶级用以压迫另一个阶级的有组织的暴力"③。这容易让人们产生一种错觉,以为马克思只有关于国家政治统治和阶级压迫的职能理论,而忽视国家具有的社会管理职能。

实际上,马克思对国家的社会管理职能有充分的论述。1853年前后,马克思开始研究东方问题,把视野由西方扩展到东方,并写了一系列关于东方社会的文章,集中刊载于当时的《纽约每日论坛报》上。此外,在《纽约每日论坛报》时期,马克思为了写作专栏,与恩格斯保持着学术上的紧密联系。在他们讨论问题的书信中,也蕴含着一些关于国家起源的宝贵思想。马克思在分析印度政府的职能时,发现它担当了许多社会公共管理职能,如修建和管理公共水利工程、交通道路等。在《不列颠在印度的统治》中,马克思写道:"在亚洲,从远古的时候起一般说来就只有三个政府部门:财政部门,或者说,对内进行掠夺的部门;战争部门,或者说,对外进行掠夺的部门;最后是公共工程部门。"④由于自然气候

---

① 《马克思恩格斯选集》第 3 卷,人民出版社 2012 年版,第 559—560 页。
② 同上书,第 55 页。
③ 《马克思恩格斯选集》第 1 卷,人民出版社 2012 年版,第 422 页。
④ 同上书,第 850 页。

和土地条件,人工灌溉设施成了东方农业的基础。亚洲的一切政府因此都必须执行一种经济职能,即举办公共工程的职能。马克思还用英国人的无知进行了反证:"现在,不列颠人在东印度从他们的前人那里接收了财政部门和战争部门,但是却完全忽略了公共工程部门。因此,不能按照不列颠的自由竞争原则——自由放任原则——行事的农业便衰败下来。"①马克思对亚洲国家的政府部门所具有的"举办公共工程的职能"的分析表明,国家不仅是维护统治阶级利益的需要,也是履行社会公共管理职能的需要。早期的国家组织,既是阶级统治的暴力工具,也是社会公共权力的执行者,二者在国家起源过程中同等重要。可见,在国家起源问题上,马克思绝不像有的研究者所认为的那样,是单纯的冲突论(或暴力论)者,其思想是冲突论和融合论的综合创新。

马克思国家职能的二重性理论,具体包含以下几层内容。首先,管理社会公共事务职能是政治统治职能的前提和基础。其次,国家政治统治职能的实现方式与管理社会公共事务职能的实现方式具有本质区别。国家政治职能主要是为阶级统治服务的,它的实现方式主要是阶级压迫和镇压,在此意义上,国家就成为阶级统治的暴力工具;而管理社会公共事务职能的实现方式,主要是服务和管理。再次,人类社会发展的进程,是国家政治职能萎缩和管理社会公共事务职能扩大的过程。对于这一点,恩格斯有过明确论述:"所有的社会主义者都认为,政治国家以及政治权威将由于未来的社会革命而消失,这就是说,公共职能将失去其政治性质,而变为维护真正社会利益的简单的管理职能。"②最后,

---

① 《马克思恩格斯选集》第1卷,人民出版社2012年版,第851页。
② 《马克思恩格斯选集》第3卷,人民出版社2012年版,第277页。

从国家的起源和发展的历史进程来看,国家的双重职能不是同步消亡的。国家的政治统治职能随着阶级的产生而产生,也随着阶级的消亡而消亡。"阶级统治一旦消失,目前政治意义上的国家也就不存在了。"①但是,管理社会公共事务职能不会随着阶级的消亡而消亡。因为管理社会公共事务职能是任何社会有机体都不可或缺的,并非专属国家所有。

在前面的分析中,我们提出,国家具有二重属性,阶级性是其本质属性。与此相对应,我们认为,国家具有的二重职能中,政治统治职能是其根本职能。在阶级社会中,国家的公共事务管理职能并非超阶级的,它归根结底是为统治阶级服务的,是和政治统治职能紧密联系在一起的。国家具有的管理公共事务的职能,不会使国家成为超阶级的机构,因为从来就没有完全超越阶级利益的公共事务管理。公共事务的管理范围及管理方式,最终是由国家的阶级本质决定的。管理社会公共事务的"普遍外衣",掩盖着专属统治阶级的特殊利益。换言之,在阶级社会中,国家的管理社会公共事务职能将出现异化,公共机关最终沦为统治阶级利益的维护者。

出现这种异化的原因是多方面的。其一,"权力拜物教"。"就单个的官僚来说,国家的目的变成了他的私人目的,变成了追逐高位、谋求发迹。"②就国家机关而言,"'警察'、'法庭'和'行政机关'不是市民社会本身赖以管理自己固有的普遍利益的代表,而是国家用以管理自己、反对市民社会的全权代表"③。在为《法

---

① 《马克思恩格斯选集》第3卷,人民出版社2012年版,第340页。
② 《马克思恩格斯全集》第1卷,人民出版社2002年版,第60—61页。
③ 同上书,第64页。

兰西内战》写的1891年单行本导言中,恩格斯对国家机关及其职能异化也进行了深刻阐述:"以往国家的特征是什么呢?社会为了维护共同的利益,最初通过简单的分工建立了一些特殊的机关。但是,随着时间的推移,这些机关——为首的是国家政权——为了追求自己的特殊利益,从社会的公仆变成了社会的主人。这样的例子不但在世袭君主国内可以看到,而且在民主共和国内也同样可以看到。"恩格斯以民主制度下的美国为例进行了个案分析。在美国,政治家们"构成国民中一个更为特殊的更加富有权势的部分","这些人把政治变成一种生意","这些人表面上是替国民服务,实际上却是对国民进行统治和掠夺"。从美国这一个案中,"我们可以最清楚地看到,本来只应为社会充当工具的国家政权怎样脱离社会而独立化"。有没有办法遏制国家政权异化为特殊利益的代表者呢?恩格斯认为,在资本主义国家制度内,这是不可能实现的。"大家知道,美国人在最近30年来千方百计地想要摆脱这种已难忍受的桎梏,可是却在这个腐败的泥沼中越陷越深。"①

其二,神秘化的"国家崇拜"。国家权力的垄断者总是力图将权力和权力的运转神秘化,使之成为民众难以涉足的"彼岸世界"。保持这种神秘性,有利于统治阶级将权力转化为物质利益,并为之遮上神秘的帷幕。马克思指出:"官僚政治的普遍精神是**秘密**,是奥秘;保守这种秘密在官僚政治内部靠等级制,对于外界则靠它那种封闭的同业公会性质。"②对此,恩格斯也做了揭示:"来自哲学的对国家的迷信,已经进入到资产阶级甚至很多工人

---

① 《马克思恩格斯选集》第3卷,人民出版社2012年版,第54页。
② 《马克思恩格斯全集》第3卷,人民出版社2002年版,第60页。

的一般意识之中。按照哲学概念,国家是'观念的实现',或是译成了哲学语言的尘世的上帝王国,也就是永恒的真理和正义所借以实现或应当借以实现的场所。由此就产生了对国家以及一切同国家有关的事物的盲目崇拜。尤其是人们从小就习惯于认为,全社会的公共事务和公共利益只能像迄今为止那样,由国家和国家的地位优越的官吏来处理和维护,所以这种崇拜就更容易产生。"[①]

可见,国家的管理社会公共事务职能并非超阶级的,它归根结底也是为统治阶级服务的。国家具有的管理社会公共事务职能,不会使国家成为超阶级的机构。当然,统治阶级在行使国家的政治统治职能和管理社会公共事务职能时,会力图在两极间保持一种动态的平衡:一极是对自身统治合法性的维系,即履行公共管理和服务职能,以获得被统治阶级对其统治的认同;一极是对自身统治利益的维系,即履行政治统治和阶级压迫职能,以最大限度获得和保障统治阶级的政治经济利益。两种职能间平衡点的把握,则取决于不同历史时段、不同国别内的统治阶级与被统治阶级的力量对比。当统治阶级的力量占据显著优势时,国家更多地行使政治统治和阶级剥削的职能;当被统治阶级的力量不断增长,统治阶级必须做出妥协时,国家则更多地履行公共管理和服务职能。

从宏观的、长时段的历史演化趋势来看,国家会越来越多地履行公共职能。在现代资本主义国家中,统治阶级的绝对统治力量在逐渐削弱。与此同时,被统治阶级的组织性不断增强,其斗争手段和力量也不断强化。这些都迫使统治阶级对国家职能的

[①] 《马克思恩格斯选集》第3卷,人民出版社2012年版,第55页。

行使明显地从政治统治一极向公共管理和服务一极移动。当然,现代资本主义国家公共职能的履行,不可能超越国家的阶级本质,仍然局限于不触动统治阶级的根本利益。一旦超出这个底线,统治阶级就会重新强化国家的政治统治职能。这一点,哈贝马斯在研究晚期资本主义的合法化危机时,有过深刻论述。他指出,国家对经济过程的缺陷的遏制和成功处理,是国家的合法化的保障;但是国家承担这一任务,又不能直接约束作为资本主义经济运作的核心的私人决策,最多只能是间接控制,这样国家又难以有效地遏制和成功地处理经济过程中的缺陷,难以完成维持自己的合法化的任务,难以保障群众的忠诚,从而使合法化的消解成为不可避免的事情。① 这种合法化危机是由资本主义国家的阶级本性决定的,它无法在资本主义国家的制度框架内解决,这也是资本主义国家最终消亡的根本原因所在。

四、 资产阶级民主的二重性及其当代意义

1848年革命失败后,马克思"再一次回到书房"。他侧重考察欧美各个资产阶级国家的政治形式,从资产阶级国家的民主形式中揭示资产阶级国家的共同实质。在马克思看来,君主制和共和制是资产阶级国家最有代表性的两种民主形式。

君主立宪制是马克思着重考察的一种资产阶级国家的民主形式。1688年英国"光荣革命"后建立的君主立宪政体被描绘为超阶级的民主制,宪政成了阶级之间的仲裁者。马克思批评了这

---

① 参见陈炳辉编著:《西方马克思主义的国家理论》,中央编译出版社2004年版,第181页。

种观点。他指出,君主立宪制是资产阶级和贵族地主结成政治同盟的政治形式,它是非正式执政的、实际上统治着资产阶级社会一切决定性领域的资产阶级和正式执政的土地贵族之间的由来已久的、过时的、陈腐的妥协。① 马克思还特别分析了路易·波拿巴在法国建立的特殊形式的君主制。1851年雾月政变后,波拿巴在法国恢复了君主制。波拿巴把国家政权打扮成超阶级的中立力量,把自己装扮成一切阶级的家长式恩人。马克思指出,这些都是假象。比如,波拿巴建立的动产信用公司,是波拿巴制度的经济支柱。这个公司一方面用于满足资产阶级获得巨额利润的要求,另一方面增加工人的就业机会,促使工人脱离政治斗争。这一切,最后都是为了保证波拿巴集团的政治经济利益。波拿巴的第二帝国,实际上是大银行家、大地主和大工业家组成的寡头政权。马克思还分析了英国的两党制。两党制是英国君主立宪制的一个特点,托利党和辉格党通过政治竞争轮流执政。马克思指出,这两个党派的民主竞争只是统治阶级粉饰门面的道具,托利党和辉格党并非代表不同阶级的利益,它们只是统治阶级内部的两个派别而已。两个党派看似竞争激烈,却有一个不能触动的前提,即"不愿互相破坏政治'声誉',使统治阶级的统治彻底垮台"②。当阶级斗争激化的时候,两党之间表面上的分歧也会消失,它们就会联手对付无产阶级的斗争,运用各种政治力量保持资产阶级对国家政权的垄断。由此,马克思消除了"资本专横和劳动被奴役达到了顶点"的英国所虚构的宪政民主制光圈,揭露了英国是资本主义的自由和平等的堡垒的神话。

---

① 参见蓝瑛主编:《社会主义政治学说史》上编,上海人民出版社1992年版,第462页。
② 《马克思恩格斯全集》第13卷,人民出版社1998年版,第62页。

马克思对君主立宪制并非虚无主义的完全否定,相反,他坚持一种历史的态度和评价标准。他认为,英国的君主立宪制虽然是保守的政治制度,但与欧洲大陆各国不同,英国没有发达的官僚军事机器,英国人民也赢得了集会、结社、出版等自由。这些权利虽然也受到一些限制,但英国的工人可以通过一定的渠道和途径施加对议会和政府的影响。因此,马克思认为英国的普选制和宪章运动有利于工人阶级夺取政权,英国的工人可以利用当时的政治制度尤其是议会制度和平地取得政权。要达到这个目的,必须对现存的制度进行彻底改革,使整个制度真正民主化。正是出于这个考虑,马克思非常重视宪章派的政治纲领并积极支持恢复宪章运动。

共和制是马克思着重剖析的另一种资产阶级国家的政权形式,马克思考察共和制的代表性成果主要是总结法国革命经验的两部著作,即《1848年至1850年的法兰西阶级斗争》(以下简称《法兰西阶级斗争》)和《路易·波拿巴的雾月十八日》。马克思首先考察了共和制宪法这一资产阶级共和制的法律依据。以1848年法国共和制宪法为例,马克思揭示了资产阶级共和制的阶级实质。这部宪法确定主权在民,宣扬自由、平等、博爱的普遍价值原则,并宣布出版、言论、结社、集会、教育和宗教等的自由神圣不可侵犯。马克思认为,这是一部充满矛盾的宪法:一方面宣布各种权利为公民的绝对权利;另一方面又总是在实施细则中加上一个附带条件将这一权利取消。"宪法的每一条本身都包含有自己的对立面……在一般词句中标榜自由,在附带条件中废除自由。"[①]实际上,只有资产阶级才能拥有不受限制的自由。宪法是

---

① 《马克思恩格斯选集》第1卷,人民出版社2012年版,第682页。

共和制的根本依据,但它"从头到尾是一大套掩饰极其奸诈的意图的漂亮话"。它的虚伪性表明:"资产阶级**口头上**标榜自己是民主阶级,而实际上并不如此,它承认原则的正确性,但是从来不在实践中实现这种原则……这个宪法里包含了**原则**,——**细节**留待将来再说,而在这些细节里重新恢复了无耻的暴政!"①共和制宪法是一部虚伪的宪法,由此而来的资产阶级民主也必定是虚伪的民主。

马克思还考察了普选制这一资产阶级共和制的主要形式。1848年革命后的法国共和国宣布实行直接普遍的选举制,并宣称普选权代表了全民意志。马克思驳斥了这一谎言,他指出,阶级社会中根本不存在所谓"全民的""统一的"意志。全民意志只是统治阶级的意志,只有在普选的结果有利于资产阶级的统治时,资产阶级才会承认普选权是人民主权意志的绝对权利;而当普选的结果不能保障资产阶级的统治地位时,资产阶级就会调整选举甚至整个废除它。"普选权正是一根磁针,它虽然摆动了几次,但最后总是指向这个负有统治使命的阶级。"②在《法兰西内战》初稿里,马克思指出,在资本主义社会,"普选权在此以前一直被滥用,或者被当做议会批准神圣国家政权的工具,或者被当做统治阶级手中的玩物,只是让人民每隔几年行使一次,来选举议会制下的阶级统治的工具"③,当然,马克思并没有简单地全盘否定普选制,他主张历史地分析普选制。在马克思看来,普选制在不同国家、不同时期具有不同的意义。以欧洲的英国、德国和法国为例,在

---

① 《马克思恩格斯全集》第10卷,人民出版社1998年版,第692页。
② 《马克思恩格斯全集》第6卷,人民出版社1961年版,第235页。
③ 《马克思恩格斯选集》第3卷,人民出版社2012年版,第141页。

无产阶级人口占多数的英国,普选权就是工人阶级的统治;在德国,由于封建贵族仍然是实际的社会控制力量和政治力量,农业人口两倍于工业人口,所以直接的普选权对无产阶级来说不是武器,而是陷阱;在法国,普选制是工人阶级的学校,有利于促进无产阶级的觉醒并加速其反对资产阶级的斗争。普选权有"一种高超无比的功绩","它发动阶级斗争,使资产阶级社会各中间阶层迅速地产生幻想又迅速地陷入失望;它一下子就把剥削阶级所有集团提到国家高层,从而揭去他们骗人的假面具"①。

综述之,马克思对君主立宪制和民主共和制这两种资产阶级民主形式的考察,将阶级分析方法和历史分析方法结合起来,揭示了资产阶级民主的二重性质。一方面,无论是君主立宪制还是民主共和制,都是资产阶级维护政治统治的形式。尤其是民主共和制这种政治形式,它是"整个资产阶级的高级的纯粹的统治形式",是维护资产阶级利益最有力、最完备的形式。在此意义上,所谓资产阶级民主,实质上"是表示一个阶级对其他阶级实行无限制的专制统治"②。可见,那种视民主共和国为"千年王国"的民主派是"庸俗"的。③ 另一方面,资产阶级的民主形式具有历史进步意义,它为推翻封建专制制度发挥了积极作用。更为重要的是,它将在无产阶级的革命中为建立无产阶级民主提供最直接的基础和借鉴形式。在此意义上,资产阶级的民主形式将成为资产阶级最大的危险,因为资产阶级"了解到,它为反对封建制度而锻造出来的各种武器都倒过来朝向它自己了",一切民主的东西对

---

① 《马克思恩格斯选集》第 1 卷,人民出版社 2012 年版,第 465 页。
② 同上书,第 677 页。
③ 参见《马克思恩格斯选集》第 3 卷,人民出版社 2012 年版,第 374 页。

资产阶级来说都成了社会主义的同义语。①

从马克思关于资产阶级民主二重性的理论出发,我们可以来回应社会主义国家如何看待资本主义民主的问题。长期以来,在马克思主义阵营内部,很多人认为马克思对资本主义的自由主义民主是持根本否定态度的。而西方资产阶级阵营则以马克思的无产阶级专政思想来指责马克思国家理论的反民主性。这两个阵营的对峙是如此泾渭分明,以至于伯恩斯坦提出"社会主义不仅就时间顺序来说,而且就精神内容来说都是它的(自由主义)的正统继承者"②时,他自然就被视为一个修正主义者。我们认为,根据马克思的文本解析,马克思对资本主义的自由主义民主的看法是多层次的。他既强调了自由主义民主的阶级本质和虚伪表现形式,也分析了自由主义民主在不同历史时期、不同国家的不同作用。对于民主的一般意义,他不但没有予以拒斥,而且强调了它们对于建设无产阶级民主的重要作用。

对于资产阶级民主,无论是早期的马克思,还是中后期的马克思,都没有简单地加以否定。早在《论犹太人问题》中,马克思一方面指出资产阶级民主革命导致的政治解放并非人类解放;另一方面又明确指出:"**政治**解放当然是一大进步;……**在**迄今为止的世界制度**内**,它是人的解放的最后形式。"③到了19世纪中叶,马克思通过对欧洲革命的系统考察,明确提出了资产阶级民主的二重性理论。以1848年的法兰西共和国宪法为例,马克思这样剖析它的二重性:"这部宪法的主要矛盾在于:它通过普选权赋予政

---

① 参见《马克思恩格斯选集》第1卷,人民出版社2012年版,第711页。
② 〔德〕爱德华·伯恩施坦:《伯恩施坦文选》,人民出版社2008年版,第274页。
③ 《马克思恩格斯全集》第3卷,人民出版社2002年版,第174页。

治权力的那些阶级,即无产阶级、农民阶级和小资产者,正是它要永远保持其社会奴役地位的阶级。而它认可其旧有社会权力的那个阶级,即资产阶级,却被它剥夺了这种权力的政治保证。资产阶级的政治统治被宪法硬塞进民主主义的框子里,而这个框子时时刻刻都在帮助敌对阶级取得胜利,并危及资产阶级社会的基础本身。"①这就是说,在19世纪的欧洲,由于社会化大生产进一步发展的时代背景和无产阶级不断壮大的阶级条件,资产阶级革命(政治解放)越来越多地包含无产阶级革命(人类解放)的因素,并为最终实现人类解放准备了条件。

正是由于资产阶级民主具有二重性,马克思提出,无产阶级在推翻旧世界的斗争中,要善于利用包括资产阶级民主在内的一切手段,譬如英国无产阶级必须重视并学会利用普选制。晚年的恩格斯,甚至强调利用普选权是无产阶级的一种崭新的斗争方式。他说:"在资产阶级用来组织其统治的国家机构中,也有一些东西是工人阶级能够用来对这些机构本身作斗争的。"②

概言之,对于资产阶级民主,马克思既深刻批判了它们的阶级性和虚伪性,又历史地分析了它们的积极作用。尤其是对于普选权、代议制等,马克思认为它们虽然是资本主义的民主形式,但已经包含民主的一般意义。

意大利的德拉-沃尔佩在《卢梭和马克思》中,从政治思想史角度出发梳理了马克思在民主思想史上的地位,并论述了资本主义民主和社会主义民主的兼容性问题。德拉-沃尔佩提出了关于现代自由和民主的两个灵魂的观点,即一个是资本主义民主及公

---

① 《马克思恩格斯选集》第1卷,人民出版社2012年版,第480页。
② 《马克思恩格斯选集》第4卷,人民出版社2012年版,第390页。

民政治自由，一个是社会主义民主及平等主义自由。"现代自由和民主的两个方面或两个灵魂，就是由议会民主或政治民主所倡导开创的并由洛克、孟德斯鸠、康德、洪堡和贡斯当加以理论阐释的公民自由（政治自由），和由社会主义民主确立和实行的并且由卢梭首先进行理论阐述，尔后由马克思、恩格斯、列宁直接或间接加以发掘和发展的平等主义的（社会的）的自由。"①当代西方政治哲学明确区分了洛克开创的自由主义民主理论和卢梭代表的共和主义民主理论，洛克式的自由主义民主理论追求的是自由的价值，而卢梭式的社会主义民主理论更多追求的是民主、平等的价值。德拉-沃尔佩认为，不能将自由主义和民主简单对立起来，"自由主义（洛克、康德、洪堡、贡斯当）与民主（卢梭、马克思、恩格斯）之间存在着错综复杂的和不明确的关系"②。在德拉-沃尔佩看来，应该超越自由和民主的对立思想。社会主义民主与资本主义民主的关系，既有对立，也有继承；既有否定，也有肯定。"在社会主义国家中，自由国家或资产阶级国家的公民自由既被否定，也被保留了下来，或者说被更新。如我们所知，这意味着（社会主义合法性的）历史辩证法是自由主义或'议会民主'（不过，拉斯基在他的书中令人不可思议地避免使用'民主'这个术语）同社会民主或严格意义上的民主之间否定-肯定的关系。"③社会主义作为人类追求的理想社会形态，应当是自由和民主的统一，社会主义民主应当是洛克式的自由和卢梭式的民主的综合。但是，由于传统马克思主义政治理论对洛克、康德的自由主义大多持排斥态

---

① 〔意〕德拉-沃尔佩：《卢梭和马克思》，赵培杰译，重庆出版社1993年版，第101页。
② 同上书，第38页。
③ 同上书，第67页。

度,德拉-沃尔佩更强调洛克、康德的自由主义精神对社会主义民主的重要性。他指出,康德确定"人是目的而从来不是手段"的自由主义精神原则,应该也只有在共产主义社会的第一个阶段,即在社会主义国家中才能得到最圆满、最普遍的运用。

应该说,德拉-沃尔佩的上述观点抓住了马克思关于资本主义民主二重性的要义。更为重要的是,德拉-沃尔佩在论述资本主义民主和社会主义民主的兼容性问题时,并没有在民主的形式上纠缠过多,而是一语中的地指出了民主价值理念对社会主义国家建构的重要意义,这对我们今天国家理论研究和国家治理尤其具有启发意义。以往对资本主义民主的研究,大多习惯于在民主的实质内涵和表现形式上做出区分,进而认为资本主义民主虽然形式完备,其实质却是为少数人的统治和利益服务的。这种区分有时陷入简单化的泥沼。当代中国国家建构和国家治理现代化,需要批判吸收人类政治文明的一切积极成果。

第四章　国家的消亡及过渡形态

在批判资本主义国家的基础上，马克思阐述了国家的消亡、过渡形态等问题。马克思在阐述国家的消亡和过渡形态时，包含对下述问题的思考：政治国家为什么必须消亡？国家消亡后其社会公共管理和服务职能如何演变？作为过渡形态的无产阶级专政，与社会主义民主和资产阶级民主的关系怎样？等等。在现实历史发展中，一方面，无产阶级革命没有如马克思所预言的那样首先发生在西欧，而发生在资本主义发展并不充分的俄国等国家。这些国家在无产阶级专政和民主问题上，出现了一些论争。另一方面，苏联等社会主义国家在无产阶级专政和民主的实践中出现了一些偏差，一些西方学者据此对马克思主义进行肆意歪曲，把无产阶级专政等同于专制主义、极权主义。所以，在理论和实践中，都迫切需要我们恢复马克思关于国家消亡以及过渡形态的相关理论的本来面目，并将之运用于对当代国家治理的理论探讨和实践探索中。

一、国家的消亡

马克思关于国家消亡的观点由来已久。早在《黑格尔法哲学批判》中,马克思就从政治哲学角度逻辑地表述了国家消亡的观点。在阐述国家和市民社会的关系以及未来发展方向时,马克思一方面指出黑格尔将国家和市民社会分离开来具有重要意义;另一方面,马克思又批评黑格尔将国家和市民社会的关系倒置,指出"国家最终回归市民社会"的发展方向。在黑格尔看来,国家在不断趋于完善,国家是一个共同体,人类在其中越来越接近"自由的实现";在马克思看来,国家从市民社会中抽离出来后就逐渐变为压迫社会的统治组织,在人类解放过程中,这种"靠社会供养而又阻碍社会的自由发展"的社会寄生赘瘤一定会消失。但是,由于这一时期马克思还没有"接触政治经济学",他关于国家消亡的论述,还是在黑格尔法哲学意义上的一种逻辑的表述,缺乏历史性和现实性。

这一缺陷在马克思接触政治经济学后逐渐得到了克服。在1844年的《评"普鲁士人"的"普鲁士国王和社会改革"一文》中,马克思借助经济学的分析,认识到国家存在的私有制基础,进而加深了对黑格尔关于国家代表普遍利益这一观点的虚假性的认识。由于国家不能真正代表公共利益,更不能实现公共利益和个人利益的统一,所以"国家就必须消灭自己"。在建立唯物史观后,马克思开始从历史角度出发展望国家消亡的进程和未来图景。在1847年的《哲学的贫困》中,马克思写道:"劳动阶级在发展进程中将创造一个消除阶级和阶级对抗的联合体来代替旧的市民社会;从此再不会有原来意义的政权了。因为政权正是市民社会内部阶级对抗的正式表现。"①

在1848年的《共产党宣言》中,马克思前瞻性地描绘到,在未来理想社会中,"当阶级差别在发展进程中已经消失而全部生产集中在联合起来的个人的手里的时候,公共权力就失去政治性质"。未来理想社会中,由于"消灭了阶级对立的存在条件,消灭了阶级本身的存在条件",旧的国家,即"一个阶级用以压迫另一个阶级的有组织的暴力"也将消亡。在国家消亡后,将出现"这样一个联合体,在那里,每个人的自由发展是一切人的自由发展的条件"②。

到了19世纪70年代初,马克思在对资本主义国家进行批判分析的基础上,结合巴黎公社的实践经验,再次阐述了国家消亡的思想。在《法兰西内战》中,马克思对国家消亡的有关论述,颇具历史性和现实性。

首先,马克思论述了中央集权的国家政权的历史起源和建立原则。中央集权的国家政权"起源于专制君主制时代",它"连同其遍布各地的机关,即常备军、警察局、官僚机构、教会和法院——这些机关是按照系统的和等级的分工原则建立的"③。

其次,马克思分析了国家政权的压迫本质及其历史变化。马克思指出,国家政权的政治性质"随着社会的经济变化而同时改变。现代工业的进步促使资本和劳动之间的阶级对立更为发展、扩大和深化。与此同步,国家政权在性质上也越来越变成了资本

---

① 《马克思恩格斯选集》第1卷,人民出版社2012年版,第275页。
② 同上书,第422页。
③ 《马克思恩格斯选集》第3卷,人民出版社2012年版,第95页。

借以压迫劳动的全国政权,变成了为进行社会奴役而组织起来的社会力量,变成了阶级专制的机器。每经过一场标志着阶级斗争前进一步的革命以后,国家政权的纯粹压迫性质就暴露得更加突出"①。

再次,马克思具体分析了现代国家政权的两个发展阶段和两种表现形式。第一个发展阶段和表现形式是"议会制共和国"。所谓的议会制共和国,其实是"一个由占有者阶级的所有相互倾轧的党派构成的联盟",对统治阶级而言,其"优点"在于"使他们〈统治阶级的各个派别〉最不易分裂"。马克思深刻指出,也正是这一所谓的"优点",强化了它的压迫性。因为"在以往各种体制下,统治阶级内部的分裂还使国家政权受到制约"。现在,"由于这个阶级的联合,这种制约已经消失了。由于存在着无产阶级起来造反的危险,联合起来的统治阶级已在残酷无情地大肆利用这个国家政权作为资本对劳动作战的全国性武器"。第二个发展阶段和表现形式是"帝国",路易·波拿巴复辟帝制后的"第二帝国"就是典型代表。在马克思看来,"这个以政变为出生证书、以普选为批准手续、以宝剑为权杖的第二帝国",虽然声称"它通过为所有的人恢复了国家荣誉的幻觉,而把一切阶级联合了起来",而实际上,这个"表面上高高凌驾于社会之上的国家政权","正是这个社会最丑恶的东西,正是这个社会一切腐败事物的温床"。"在它的统治下,资产阶级社会免除了各种政治牵挂,得到了甚至它自己也梦想不到的高度发展","工商业扩展到极大的规模",而与此同时,"金融诈骗风行全世界;民众的贫困同无耻的骄奢淫逸形成

---

① 《马克思恩格斯选集》第3卷,人民出版社2012年版,第96页。

鲜明对比"①。

最后,马克思历史和现实地分析了"帝国"这种典型的国家政权最终必将消亡和被"公社"取代的必然性。马克思深刻认识到,"帝国制度是国家政权的最低贱的形式,同时也是最后的形式","帝国是在资产阶级已经丧失统治国家的能力而工人阶级又尚未获得这种能力时唯一可能的统治形式"。帝国有其历史进步性,"它是新兴资产阶级社会当做自己争取摆脱封建制度的解放手段而开始缔造的"。但是,在资产阶级的统治确立后,"成熟了的资产阶级社会最后却把它变成了资本奴役劳动的工具",帝国就成为阻碍历史前进的障碍,因此,它必须消亡。在现实中,谁来担负这一历史任务呢?"帝国的直接对立物就是公社。巴黎无产阶级在宣布二月革命时所呼喊的'社会共和国'口号,的确是但也仅仅是表现出这样一种模糊的意向,即要求建立一个不但取代阶级统治的君主制形式、而且取代阶级统治本身的共和国。公社正是这个共和国的毫不含糊的形式。"②

在《哥达纲领批判》中,马克思关于国家消亡的观点有了新的发展。首先,马克思批判了德国工人党纲领中建立"自由国家"和"现代国家"的错误论调。纲领中提出"自由国家""现代国家"等概念,表明爱森纳赫和拉萨尔派对资本主义国家形式还心存幻想。马克思在批判他们的过程中,再次明确了国家消亡的思想。对于"自由国家",马克思明确提出,"使国家变成'自由的',这决不是已经摆脱了狭隘的臣民见识的工人的目的"。什么才是真正

---

① 《马克思恩格斯选集》第 3 卷,人民出版社 2012 年版,第 96—98 页。
② 同上书,第 97—98 页。

的自由?"自由就在于把国家由一个高踞社会之上的机关变成完全服从这个社会的机关。"换言之,国家的存在就是对自由的妨碍,要真正获得自由,就必须消灭政治国家。对于"现代国家",马克思指出,德国工人党要求建立的"'现代国家'是一种虚构"。"不同的文明国度中的不同的国家,不管它们的形式如何纷繁,却有一个共同点:它们都建立在现代资产阶级社会的基础上,只是这种社会的资本主义发展程度不同罢了。"所以,各种不同形式的现代国家,"具有某些根本的共同特征",其本质都是一样的。在无产阶级革命所期望的未来共产主义社会中,形形色色的"现代国家制度"没有位置,因为到那时现代国家制度的根基即资本主义社会已经消亡了。①

马克思进一步指出,德国工人党若以建立"自由国家""现代国家"为自己的政治目标,将对现实的无产阶级革命产生极大危害。就当时德国的国家现实而言,它还称不上资产阶级民主共和国,它是"一个以议会形式粉饰门面、混杂着封建残余、同时已经受到资产阶级影响、按官僚制度组成、以警察来保护的军事专制国家"。在这样的非民主国家里,德国工人党的纲领,实际上是在"要求只有在民主共和国里才有意义的东西,并且还向这个国家庄严地保证,他们认为能够'用合法手段'从它那里争得这类东西",这首先是政治上的不成熟。因为纲领所要求的如普选权、直接立法、人民权利等,"这一切美妙的玩意儿都建立在承认所谓人民自主权的基础上,所以它们只有在民主共和国内才是适宜的"。而且,更为严重的是,这种政治纲领还将给无产阶级革命带来危害。"庸俗民主派把民主共和国看做千年王国,他们完全没有想

---

① 参见《马克思恩格斯文集》第3卷,人民出版社2009年版,第444页。

到,正是在资产阶级社会的这个最后的国家形式里阶级斗争要进行最后的决战。"①在此基础上,马克思将国家消亡和无产阶级专政联系起来。马克思认为,无产阶级不能放弃革命,相反,只有实行阶级斗争,建立无产阶级专政,才能最终消灭阶级和阶级对立,而这一切是国家消亡的前提和基础。"在资本主义社会和共产主义社会之间,有一个从前者变为后者的革命转变时期。同这个时期相适应的也有一个政治上的过渡时期,这个时期的国家只能是**无产阶级的革命专政**。"②这个无产阶级专政的过渡时期,将为国家的最终消亡准备条件。

在《哥达纲领批判》中,马克思还提出了一个重要的观点,即国家的消亡主要指政治国家的消亡,意即国家政治统治职能的消亡。但是,国家的某些社会职能将以新的形式被保留下来。马克思批评德国工人党的纲领回避了两个重要话题,"既不谈无产阶级的革命专政,也不谈未来共产主义社会的国家制度"。马克思认为,工人党的纲领必须认真思考这样"一个问题:在共产主义社会中国家制度会发生怎样的变化呢?换句话说,那时有哪些同现在的国家职能相类似的社会职能保留下来呢?"③对于这样一个设问,马克思没有直接给出答案。但结合马克思先前关于国家二重性职能的相关论述,我们认为马克思提出的这个问题本身就已经蕴含了答案。在未来共产主义社会中,消亡的只是国家的政治统治职能及其形式,国家的一些社会管理和服务职能仍将得到保留,只不过其作用形式会发生新的变化。

---

① 《马克思恩格斯文集》第 3 卷,人民出版社 2009 年版,第 446 页。
② 同上书,第 445 页。
③ 同上书,第 444—445 页。

对于马克思的国家消亡思想,有几个问题引发了争论,需要加以辨析。一个争论是,马克思关于国家消亡的理论是不是乌托邦主义?在对马克思国家消亡论的诸多批评中,说马克思国家消亡论是乌托邦主义的声音最大。实际上,马克思关于国家消亡长期性及其物质经济基础的强调,表明他与各种乌托邦主义存在本质区别。在马克思看来,国家消亡有其历史必然性。但国家不是人为废除的,它的消亡是一个自然历史过程,需要物质经济基础。尽管资本主义已为国家消亡准备了越来越充分的条件,但国家消亡不会一下子实现。在《资本论》中,马克思在分析"商品的拜物教性质及其秘密"时指出,在商品社会里,商品成为"一种很古怪的东西,充满形而上学的微妙和神学的怪诞"①。尤其是在商品拜物教盛行的资本主义社会,真实的社会生产关系被扭曲,被蒙上宗教的神秘纱幕。"只有当实际的日常生活的关系,在人们面前表现为人与人之间和人与自然之间极明白而合理的关系的时候,现实世界的宗教反映才会消失"。同样,国家作为私有制的产物,在资本主义商品社会中得到了充分发展和集中体现。而国家的消亡,仍取决于商品拜物教性质的祛除。"只有当社会生活过程即物质生产过程的形态,作为自由联合的人的产物,处于人的有意识有计划的控制之下的时候,它才会把自己的神秘的纱幕揭掉。但是,这需要有一定的社会物质基础或一系列物质生存条件,而这些条件本身又是长期的、痛苦发展史的自然产物。"②正如私有制和资本主义生产方式是现代国家产生和存在的根基一样,国家的消亡必然以资本主义生产方式的变革为前提。没有物质

---

① 《马克思恩格斯选集》第 2 卷,人民出版社 2012 年版,第 122 页。
② 同上书,第 127 页。

生产领域的相应变革,单纯的政治解放并不能带来人类解放的最终结果。"当使资产阶级生产方式必然消灭、从而也使资产阶级的政治统治必然颠覆的物质条件尚未在历史进程中、尚未在历史的'运动中'形成以前,即使无产阶级推翻了资产阶级的政治统治,它的胜利也只能是暂时的,只能是**资产阶级革命**本身的辅助因素。"[①]正是马克思关于国家消亡的长期性及其物质经济基础的相关论述,将自己与空想主义的乌托邦区别开来。科莱蒂在论述马克思与卢梭的关系时,虽然其基本观点不能让人接受(如认为马克思的政治思想基本沿袭了卢梭的思想,而没有增加新的东西),但他认为马克思对国家消亡的经济基础的强调是马克思与卢梭的唯一区别。在这一点上,科莱蒂抓住了真理。

还有一个争论是,国家消亡与建立无产阶级专政是否矛盾?有学者指出,一方面要实现国家消亡,另一方面又要建立无产阶级专政,这是自相矛盾的,并称之为"马克思反对马克思"。亨利希·库诺就认为,强调国家消亡是社会经济变革结果的是社会学家马克思;而强调一切取决于国家政权,必须建立无产阶级专政的是政治学家马克思。这就"使得政治家马克思和社会学家马克思发生了严重的冲突"[②]。库诺没能认识到,这种表面上的矛盾正体现了马克思国家观分析模式的特征和超越之处。马克思对国家问题进行分析时一以贯之的分析模式,就是政治-经济相统一的分析模式,这一模式既强调对国家这一政治核心问题进行经济学的分析,又强调政治革命是实现社会经济变革的助推器。在马

---

① 《马克思恩格斯全集》第4卷,人民出版社1958年版,第331—332页。
② 〔德〕库诺:《马克思的历史、社会和国家学说》第1卷,商务印书馆1988年版,第337页。

克思看来,在政治上建立无产阶级专政和在经济上实现物质生产方式的重大变革,是实现国家消亡这一过程中的两个方面。两者既存在一定张力,又交互为用。一方面,只有当物质生产达到相当高的程度,国家消亡才具备必要的物质经济基础,否则"即使无产阶级推翻了资产阶级的政治统治,它的胜利也只能是暂时的,只能是**资产阶级革命**本身的辅助因素(如 1794 年时就是这样)"①。另一方面,政治上建立无产阶级专政,有利于实现社会经济领域的变革,并为国家的最终消亡提供充分的物质经济基础。无产阶级夺取政权后,"将利用自己的政治统治,一步一步地夺取资产阶级的全部资本,把一切生产工具集中在国家即组织成为统治阶级的无产阶级手里,并且尽可能快地增加生产力的总量",最终在社会经济领域消除阶级和阶级对立赖以存在的社会经济基础,进而最终消灭以其为基础的国家。这些政治措施"在经济上似乎是不够充分和无法持续的,但是在运动进程中它们会越出本身,而且作为变革全部生产方式的手段是必不可少的"②。上述两方面既相互制约,又交互为用,体现了马克思政治-经济学分析模式的辩证性质和深刻之处。

二、无产阶级专政与无产阶级民主

国家的消亡和"自由人联合体"的建立,是一个漫长、复杂的过程。只要阶级和阶级对立存在,国家就不可能消亡。无产阶级专政是实现国家消亡、迈向共产主义社会的重要过渡阶段。无产

---

① 《马克思恩格斯全集》第 4 卷,人民出版社 1958 年版,第 331—332 页。
② 《马克思恩格斯选集》第 1 卷,人民出版社 2012 年版,第 421 页。

阶级专政理论,成为马克思国家理论的重要组成部分。

在《共产党宣言》时期,马克思、恩格斯就有了"无产阶级专政"思想的萌芽。1847年10月,恩格斯在批评赫斯的《共产主义者同盟修正草案》的基础上,写成了问答形式的《共产主义原理》纲领草案。在回答第十八个问题"**这个革命的发展过程将是怎样的**"时,恩格斯指出:"首先无产阶级革命将建立**民主的国家制度**,从而直接或间接地建立无产阶级的政治统治。"①在马克思、恩格斯于1848年2月联合发表的《共产党宣言》中,这一思想被表述为:"工人革命的第一步就是使无产阶级上升为统治阶级,争得民主。"②

在德国1848年革命时期,马克思在其创办的《新莱茵报·民主派机关报》中发表了许多文章论述德国革命和欧洲革命的种种迫切问题。在《危机与反革命》这组评论中,马克思明确提出了"专政"的思想。马克思认为,德国革命失败的根源,在于以康普豪森为代表的自由资产阶级"陶醉于立宪的幻想"。所以,马克思明确指出:"在革命之后,任何临时性的政局下都需要专政,并且是强有力的专政。我们一开始就指责康普豪森没有实行专政,指责他没有马上粉碎和清除旧制度的残余。"③由于德国资产阶级的软弱性和妥协性,马克思认为他们难以担负革命的领导重任。马克思把目光投向工人阶级,并鼓舞人心地写道:"谁最勇敢、最坚定,谁就能取得胜利。"④

在《法兰西阶级斗争》中,马克思明确提出了"无产阶级专政"

---

① 《马克思恩格斯选集》第1卷,人民出版社2012年版,第304页。
② 同上书,第421页。
③ 同上书,第437页。
④ 同上书,第439页。

的思想。马克思对建立无产阶级专政的必要性的认识,来源于对法国革命失败教训的总结。在《法兰西阶级斗争》这一组连载文章的第一篇文章《1848年的六月失败》中,马克思首先总结了二月革命失败的教训。在法国1848年的二月革命中,无产阶级与资产阶级共同进行革命,都发挥了巨大作用。但是,无产阶级还没有完全意识到自己的阶级利益,未能提出自己独立的革命主张和要求,这是革命最终失败的重要原因。在马克思看来,"工人企图在资产阶级**旁边**实现自己的利益","工人们相信能在资产阶级旁边谋求自身解放",这只是一种一厢情愿的"善良愿望"①。革命胜利后建立的二月共和国,并不是"巴黎无产阶级强令临时政府接受的那个共和国,不是设有社会机构的那个共和国,不是在街垒战士眼前浮现过的那个幻象",它"事实上不过是,而且也只能是一个**资产阶级**共和国"。对无产阶级而言,这是一个不符合其阶级利益的失败结果,因为他们"还只能在**观念**中、在**想象**中越出资产阶级共和国的范围,而当需要行动的时候,他们的活动却处处都为资产阶级共和国效劳"②。

在这种境况下,"工人们没有选择的余地:不是饿死,就是斗争"。于是,工人阶级发动了六月起义。马克思高度礼赞了这次起义,认为"这是分裂现代社会的两个阶级之间的第一次大规模战斗。这是保存还是消灭**资产阶级制度**的斗争。蒙在共和国头上的面纱被撕破了"。这次起义由于种种原因,最后失败了。但马克思深刻地论述道,起义的表面失败却蕴含着积极效果:第一,资产阶级对这次起义的镇压,"迫使资产阶级共和国现了原形:原

---

① 《马克思恩格斯选集》第1卷,人民出版社2012年版,第453—454页。
② 同上书,第465—466页。

来这个国家公开承认的目的就是使资本的统治和对劳动的奴役永世长存";第二,无产阶级的失败"使它确信这样一条真理:它要在资产阶级共和国**范围内**稍微改善一下自己的处境只是一种**空想**,这种空想只要企图加以实现,就会成为罪行。于是,原先无产阶级想要强迫二月共和国予以满足的那些要求,那些形式上浮夸而实质上琐碎的、甚至还带有资产阶级性质的要求,就由一个大胆的革命战斗口号取而代之,这个口号就是:**推翻资产阶级!工人阶级专政!**"①

在《法兰西阶级斗争》这组文章的另一篇文章,即《1849年六月十三日事件的后果》一文中,马克思把无产阶级专政看作他主张的"革命的社会主义"的主要内容,并以此与当时盛行的种种"小资产阶级社会主义""空论的社会主义"相区别:"这种社会主义就是**宣布不断革命**,就是无产阶级的**阶级专政**,这种专政是达到**消灭一切阶级差别**,达到消灭这些差别所由产生的一切生产关系,达到消灭和这些生产关系相适应的一切社会关系,达到改变由这些社会关系产生出来的一切观念的必然的过渡阶段。"②

1871年3月18日,巴黎无产阶级举行了武装起义,宣布成立巴黎公社。这是无产阶级专政的第一次实践尝试。在《法兰西内战》中,马克思结合巴黎公社的实践,进一步阐述了无产阶级革命与专政的学说,尤其是创造性地阐述了无产阶级民主问题。

在《法兰西内战》中,马克思认为,巴黎公社的经验之一,就是提出了"打碎资产阶级国家机器"的任务,并在建立无产阶级专政的新型国家方面做了积极探索和尝试。马克思指出,"工人阶级

---

① 《马克思恩格斯选集》第1卷,人民出版社2012年版,第467—470页。
② 同上书,第532页。

不能简单地掌握现成的国家机器,并运用它来达到自己的目的"①。无产阶级革命中,要铲除的不是国家本身,而是资产阶级国家的军事官僚的暴力机关。在马克思看来,旧的"国家政权只不过是民族躯体上的寄生赘瘤"。所以,在无产阶级革命中,将"旧政权的纯属压迫性质的机关予以铲除,而旧政权的合理职能则从僭越和凌驾于社会之上的当局那里夺取过来,归还给社会的承担责任的勤务员"。在巴黎公社的政治结构和活动中,马克思看到了一种历史上新型的国家,即无产阶级专政的国家的萌芽。这种新型的无产阶级专政国家,是能实现大多数人政治统治权利的国家形式。"多种多样的人把公社看成自己利益的代表者,这证明公社完全是一个具有广泛代表性的政治形式,而一切旧有的政府形式都具有非常突出的压迫性。公社的真正秘密就在于:它实质上是工人阶级的政府,是生产者阶级同占有者阶级斗争的产物,是终于发现的可以使劳动在经济上获得解放的政治形式。"在此意义上,它是新型的民主国家。所以,无产阶级专政的实质就是无产阶级民主。这种新型国家"给共和国奠定了真正民主制度的基础"②。

《法兰西内战》概括了公社实行无产阶级民主的国家结构和具体措施。第一,公社建立议行合一的国家结构,充分保证人民行使管理国家的权力。"公社是一个实干的而不是议会式的机构,它既是行政机关,同时也是立法机关。"③"不仅城市的管理,而且连先前由国家行使的全部创议权也都转归公社。"公社废除了

---

① 《马克思恩格斯选集》第1卷,人民出版社2012年版,第377页。
② 《马克思恩格斯选集》第3卷,人民出版社2012年版,第100—102页。
③ 同上书,第98页。

资产阶级议会制所固有的立法权与行政权的分离,"公社是由巴黎各区通过普选选出的市政委员组成的"①。这些市政委员既是人民的代表,又是各个职能委员会的委员;既是法律的制定者,又是法律的执行者。这一本质上区别于资产阶级议会制的措施,使公社成为真正的工作机关,保障了人民行使管理国家的权力。

第二,公社用地方自治代替旧的中央集权政府。随着"公社制度在巴黎以及次一级的各中心城市确立起来",旧的集权政府就得"让位于生产者的自治政府","公社将成为甚至最小村落的政治形式……每一个地区的农村公社,通过设在中心城镇的代表会议来处理它们的共同事务;这些地区的各个代表会议又向设在巴黎的国民代表会议派出代表,每一个代表都可以随时罢免,并受到选民给予他的限权委托书(正式指令)的约束。仍须留待中央政府履行的为数不多但很重要的职能……由公社的因而是严格承担责任的勤务员来行使"。当然,这种地方自治并不破坏统一性。"民族的统一不是要加以破坏,相反,要由公社在体制上、组织上加以保证。"②这种有限中央集权下的充分的地方自治,既符合社会把国家政权重新收回的历史发展方向,又与那些主张取消民族统一和中央政府的无政府主义划清了界限。

第三,公社采取两条基本措施保障无产阶级民主,并力图克服国家政权及其职能的异化。概括起来说,就是对公职人员实行选举制、撤换制和普通工人工资制。马克思认为,实行这两项措施,就能够防止国家和国家机关由社会的公仆变成社会的主人。恩格斯在为《法兰西内战》写的 1891 年单行本导言中,对此进行

---

① 《马克思恩格斯选集》第 3 卷,人民出版社 2012 年版,第 98—99 页。
② 同上书,第 99—100 页。

了深刻阐述:"以往国家的特征是什么呢?社会为了维护共同的利益,最初通过简单的分工建立了一些特殊的机关。但是,随着时间的推移,这些机关——为首的是国家政权——为了追求自己的特殊利益,从社会的公仆变成了社会的主人。这样的例子不但在世袭君主国内可以看到,而且在民主共和国内也同样可以看到"。恩格斯以民主制度下的美国为例进行了个案分析。从美国这一个案中,"我们可以最清楚地看到,本来只应为社会充当工具的国家政权怎样脱离社会而独立化"。有没有办法遏制国家政权异化为特殊利益的代表者呢?在资本主义国家制度内,这是不可能实现的。"大家知道,美国人在最近30年来千方百计地想要摆脱这种已难忍受的桎梏,可是却在这个腐败的泥沼中越陷越深。"①巴黎公社建立的无产阶级民主制,则是一条可行的新路。"为了防止国家和国家机关由社会公仆变为社会主人——这种现象在至今所有的国家中都是不可避免的——公社采取了两个可靠的办法。第一,它把行政、司法和国民教育方面的一切职位交给由普选选出的人担任,而且规定选举者可以随时撤换被选举者。第二,它对所有公务人员,不论职位高低,都只付给跟其他工人同样的工资。"②

此外,马克思还指出,无产阶级建立的新型民主国家毕竟是一种国家制度,因此仍然要承担一些专政职能。马克思强调,胜利了的无产阶级需要一个强有力的集权的国家政权。一方面,这个政权仍然是阶级斗争的武器,无产阶级用它来镇压"奴隶主们

---

① 《马克思恩格斯选集》第3卷,人民出版社2012年版,第54页。
② 同上书,第55页。

的一些分散零星的暴动"①;另一方面,这个强有力的中央集权的政权还负有改造社会经济关系的任务。"公社要成为铲除阶级赖以存在、因而也是阶级统治赖以存在的经济基础的杠杆。"②同以往国家形式一样,无产阶级专政的"公社并不取消阶级斗争,工人阶级正是通过阶级斗争致力于消灭一切阶级,从而消灭一切阶级统治"。这种阶级斗争与旧的国家存在的阶级斗争的不同点仅在于,"公社提供合理的环境,使阶级斗争能够以最合理、最人道的方式经历它的几个不同阶段"③。也正是在此意义上,公社建立的新型国家政权最终还是要走向消亡。恩格斯在为《法兰西内战》写的1891年单行本导言中这样写道:"实际上,国家无非是一个阶级镇压另一个阶级的机器,而且在这一点上民主共和国并不亚于君主国。国家再好也不过是在争取阶级统治的斗争中获胜的无产阶级所继承下来的一个祸害;胜利了的无产阶级也将同公社一样,不得不立即尽量除去这个祸害的最坏方面,直到在新的自由的社会条件下成长起来的一代有能力把这国家废物全部抛掉。"④

三、 现代国家治理中如何看待专政与民主?

无产阶级专政和无产阶级民主问题,是马克思国家理论中颇为重要的一个组成部分,也是引发争议较多的一个论题。这种争

---

① 《马克思恩格斯选集》第3卷,人民出版社2012年版,第143页。
② 同上书,第102页。
③ 同上。
④ 同上书,第55页。

议以及随之而来的论战在马克思、恩格斯生前业已存在,并一直延续到今天。这些理论论争,对于现代国家治理中如何看待专政与民主,具有重要的启发和借鉴意义。

第一,如何看待无产阶级专政的必要性和过渡性、暂时性?在论述无产阶级专政时,马克思面临无政府主义者和国家崇拜者的两面夹击。在回击这两类对手时,马克思分别阐述了无产阶级专政的必要性和暂时性。在《国家制度和无政府状态》中,无政府主义者巴枯宁提出了即时废除国家的主张:"如果有国家,就必然有统治,因而也就有'奴役';离开公开的或隐蔽的奴役,统治是不可想象的,这就是我们要与'国家'为敌的原因。"①巴枯宁还批评马克思的专政理论:"它尽管具有一切民主的形式,但将是实实在在的专政,因此人们便想象这个专政是临时的、短暂的,以此来聊以自慰。"②在同巴枯宁的论战中,马克思批评了无政府主义者力图一夜之间就废除一切国家的幻想,并论述了无产阶级专政的必要性。马克思指出,只要无产阶级还在同资产阶级进行斗争,"无产阶级就必须采取**暴力**措施,也就是政府的措施";只要"作为阶级斗争和阶级存在的基础的经济条件还没有消失,那么就必须用暴力来消灭或改造这种经济条件,并且必须用暴力来加速这一改造的过程"③。无产阶级专政,即对"旧世界各个阶层实行的**阶级统治**只能持续到阶级存在的经济基础被消灭的时候为止"④。

同时,马克思也批判了国家崇拜者。马克思指出,消除政治

---

① 转引自《马克思恩格斯选集》第 3 卷,人民出版社 2012 年版,第 339 页。
② 同上书,第 342 页。
③ 同上书,第 337 页。
④ 同上书,第 342 页。

统治和国家权力是无产阶级革命的目的之一,无产阶级专政只是"赋予国家以一种革命的暂时的形式"[1],只是最终消除国家进程的过渡形态。恩格斯明确指出了无产阶级专政的暂时性:"国家只是在斗争中、在革命中用来对敌人实行暴力镇压的一种暂时的设施。"[2]无产阶级专政这种"暂时的革命形式"与以往的国家形式相比,存在根本不同,它是国家向非国家形态的过渡形式。无产阶级专政的国家同以往国家一样,也是阶级统治的工具。但是,正如我们在无产阶级专政的典型形式——巴黎公社中所看到的那样,无产阶级专政的国家把公共权力交还给了人民大众。"**公社**——这是社会把国家政权重新收回,把它从统治社会、压制社会的力量变成社会本身的充满生气的力量;这是人民群众把国家政权重新收回,他们组成自己的力量去代替压迫他们的有组织的力量;这是人民群众获得社会解放的政治形式,这种政治形式代替了被人民群众的敌人用来压迫他们的假托的社会力量(即被人民群众的压迫者所篡夺的力量)。"[3]无产阶级专政的国家,不再是凌驾于社会之上的社会异己力量,也不再是统治人民群众的异己力量。也就是说,巴黎公社"已经不是原来意义上的国家"[4]了。综述之,无产阶级专政的形式,是国家向非国家形态过渡的暂时的政治形式。

从马克思、恩格斯对无产阶级专政的过渡性和暂时性的强调中,我们可以解释马克思国家理论中的一个缺陷,即较少论及无产阶级专政的国家结构和运行机制。这有当时缺乏无产阶专

---

[1] 《马克思恩格斯选集》第3卷,人民出版社2012年版,第279页。
[2] 同上书,第348页。
[3] 同上书,第140页。
[4] 同上书,第348页。

政实践方面的原因(马恩一生中只看到了巴黎公社的实践),但更重要的是马克思赋予无产阶级专政国家过渡性、暂时性的特点。在这个意义上,列斐伏尔认为马克思的无产阶级专政学说"还不足以构成一种积极的国家理论"①。这种批评在某种意义上是成立的,因为马克思的无产阶级专政学说隶属于他的国家消亡论。②

第二,无产阶级专政是否与民主相对立?是否必然走向专制主义?对于"专政"的含义,以及与"专制"的关系,有学者做了词源学的分析考证。郁建兴提出,从词源上说,专政并不与专制同义。恰恰相反,在早期的罗马共和国,专政与不合法的专制相对立。"专政"(dictatorship)或"独裁者"(dictator)是在国家受到外来威胁或内部发生动乱的特殊情况下,由执政官根据元老院的推荐而任命,并得到平民大会批准的最高行政官员。尽管他拥有绝对权力,但不是暴君,而是救世主。直到拿破仑·波拿巴在法国建立专制帝国,专政才成为贬义词。具体到马克思使用的"无产阶级专政"这一术语,德雷珀在《马克思与无产阶级专政》一文中做了详尽的考证。德雷珀认为,马克思使用的"无产阶级专政"一词,仍然保留了它许多个世纪以来的含义,并不与"民主"相对立。具体到欧洲19世纪中叶的政治语境中,当时的"专政"被视为民主运动的一个方面。譬如,在当时的法国二月革命中,无论是左派的路易·勃朗还是右派的拉马丁,都把自己看成专政者。马克思显然因循了当时对"专政"的普遍理解,他对"专政"一词的使用,并不包含"专制"的含义。在马克思的文献中,他曾多次使用

---

① 〔法〕列斐伏尔:《论国家——从黑格尔到斯大林和毛泽东》,李青宜等译,重庆出版社1988年版,第125页。

② 参见郁建兴:《马克思国家理论与现时代》,东方出版中心2007年版,第122页。

"专制""专制主义""阶级专制"等术语。这表明,马克思对于"专政"与"专制"之间有着明确的区分。"无产阶级专政"一词,实际上指的是无产阶级统治,即一种在革命中建立的工人阶级的政治国家。①

无产阶级专政的国家形态,虽然也是阶级统治的工具,也承担阶级统治的政治职能,但它与旧的专制国家相比,存在两点明显不同。第一,马克思提出的无产阶级专政,作为无产阶级的统治,在历史上第一次实现了多数人的统治,而不是少数人的统治。这种从"少数人的统治"向"多数人的统治"的转变,从根本上改变了政治统治的性质,无产阶级专政也就成了无产阶级民主。恩格斯在《法兰西内战》1891年单行本的导言中曾这样明确回答对"无产阶级专政"怀有敌意的质问:"社会民主党的庸人又是一听到无产阶级专政这个词就吓出一身冷汗。好吧,先生们,你们想知道无产阶级专政是什么样子吗?请看巴黎公社。这就是无产阶级专政。"②第二,无产阶级专政只是一种暂时的政治形式,它是从国家形态向非国家形态转变的过渡形式。它的目标并非将政治统治固化和长期化,相反是为最终消灭政治统治准备条件。正如恩格斯所言,无产阶级专政建立的国家"只是在斗争中、在革命中用来对敌人实行暴力镇压的一种暂时的设施"③。

马克思提出的"无产阶级专政"虽然有上述两个特点,但仍然被一些人视为与民主相悖的专制主义。伯恩斯坦就极力反对马克思的无产阶级专政思想。在伯恩斯坦看来,无产阶级专政"属

---

① 参见郁建兴:《马克思国家理论与现时代》,东方出版中心2007年版,第124—127页。
② 《马克思恩格斯选集》第3卷,人民出版社2012年版,第55—56页。
③ 同上书,第348页。

于较低下的文化,……是政治上的返祖现象"①。他认为,马克思提出的无产阶级专政只适用于当时法国革命的恐怖时代。随着资本主义议会民主制的建立,无产阶级专政这个口号就落后于时代了。伯恩斯坦还提出,在无产阶级还没有建立自己的强大的经济性质的组织,还没有具备高度独立的思想意识的时候,无产阶级就不能建立专政。否则,这种专政只能是"俱乐部演说家和文人的专政"②。伯恩斯坦认为,无产阶级专政是与民主相悖的,因为民主就是"不存在阶级统治",它是"一种社会状况的名称,在其中任何阶级都不能享有同整体对立的政治特权"③。

考茨基驳斥了无产阶级专政"过时论"。针对伯恩斯坦等人提出的有了资产阶级"议会民主",就无须无产阶级革命和专政的观点,考茨基指出,资产阶级和无产阶级在议会制度中"和平共处",只是一幅幻想的令人神往的田园景色。"这样的田园景色,只有在作为矛盾一方的无产阶级日益茁壮成长,而作为矛盾另一方的资产阶级仍然踏步不前的情况下才有可能出现。"④在无产阶级和资产阶级仍然存在尖锐矛盾的情况下,无产阶级与资产阶级分享政权是不可能的,夺取国家政权仍然是无产阶级革命的首要目标。卢森堡也指出,伯恩斯坦反对无产阶级专政等于劝告无产阶级"现在去睡觉,永远去睡觉,也就是说,放弃阶级斗争"。在资产阶级和无产阶级处于矛盾对立的情况下,"要打垮这堵墙,只有

---

① 〔德〕伯恩施坦:《社会主义的前提和社会民主党的任务》,殷叙彝译,生活·读书·新知三联书店1965年版,第195页。
② 同上书,第261页。
③ 同上书,第189—190页。
④ 转引自蓝瑛主编:《社会主义政治学说史》上编,上海人民出版社1992年版,第618页。

靠革命的锤击,即由无产阶级夺取政权"①。无产阶级夺取政权也就是建立无产阶级专政,这个专政并非伯恩斯坦等人惊恐万状的"雅各宾式独裁"。无产阶级专政不是个人专政,而是阶级专政,是无产阶级在民主制度下行使大多数人权力的政治统治。这种专政不是与民主背道而驰,相反,它是实现民主的必经之途。这一点,考茨基和恩格斯都有详尽阐述。后者在《1891年社会民主党纲领草案批判》中有明确说明:"如果说有什么是毋庸置疑的,那就是,我们的党和工人阶级只有在民主共和国这种形式下,才能取得统治。民主共和国甚至是无产阶级专政的特殊形式。"②卢森堡反复指出,没有民主,就没有专政,就没有社会主义。她把无产阶级专政看作社会主义民主的同义语,是一个概念的两种表达方式。"社会主义民主开始于社会主义政党夺取政权的时刻。社会主义民主不是别的,它就是无产阶级专政。"③

第三,无产阶级专政是阶级专政还是少数人或集团专政?对于这个问题的争论,我们应该明确,在马克思本人的思想中,他所追求的无产阶级专政是一种"阶级统治""阶级专政",而绝非"少数人专政"或"集团专政"。马克思在批判魏特林、布朗基等关于少数人专政的思想时提出了多数人专政的思想。魏特林在1848年7月曾宣称,革命的迫切任务是建立一个个人专政的政府,"一旦由于任何一个国家的革命而有某一个人掌握了政权,这个人以最大的热忱倾心于我们的原则,把他的幸福、他的荣誉、他的生命

---

① 中共中央马克思恩格斯列宁斯大林著作编译局编:《卢森堡文选》上卷,人民出版社1984年版,第101页。

② 《马克思恩格斯选集》第4卷,人民出版社2012年版,第294页。

③ 转引自中共中央马克思恩格斯列宁斯大林著作编译局编:《国际共运史研究资料》第4辑,人民出版社1982年版,第45页。

都寄托在实现这个原则上"①。与魏特林相似,布朗基提出了"少数人的革命"和"少数人的专政"的思想。布朗基认为,革命不需要充分发动广大群众,只要通过少数革命家的密谋活动就可取得成功;革命成功后,将建立少数人的"巴黎专政"。

马克思以二月革命临时政府的教训为例,批评了少数人专政的思想。他指出,临时政府"必须由各种不同的分子组成";二月革命"无视各阶层在相互关系中所处的地位,拒绝彼此让步以及错误地理解居民中各阶级的相互关系,这些在巴黎都导致了流血的后果"②。需要注意的是,马克思在《法兰西阶级斗争》中最初提出"无产阶级专政"这个概念时,使用的是"无产阶级的阶级专政"这一表述,并在"阶级专政"几个字上加了着重号。这显然表明,马克思想强调指出他所主张的无产阶级专政是阶级专政而不是个人或领袖专政。这就与魏特林和布朗基的个人专政、少数人专政划清了界限。

马克思把无产阶级专政界定为阶级专政,这与他对社会主义民主的理解是相通的。社会主义民主,正如巴黎公社所实践的那样,必须依靠广大群众的参与和监督,反对领袖或集团专政。关于这一点,卢森堡也有精辟论述,她说,无产阶级专政"必须是阶级的事业,而不是少数领导人以阶级的名义实行的事业"。在她看来,无产阶级专政必须"按照无产阶级多数的意愿和意志,也就是本着社会主义民主的精神,实现社会主义,剥夺资本家阶级。没有无产阶级多数的自觉意志和自觉行动,就没有社会主义"。卢森堡批判地指出,如果缺乏社会主义民主,缺乏群众的参与和

---

① 蓝瑛主编:《社会主义政治学说史》上编,上海人民出版社1992年版,第275页。
② 《马克思恩格斯全集》第43卷,人民出版社1982年版,第500页。

公众的监督,政治生活就会成为一种"虚伪的生活"。学者莱昂哈德在总结斯大林主义的历史教训时指出:斯大林过分地强调集中制的思想,经常人为地区分"资产阶级"民主和"无产阶级"民主,这些做法有的在当时是可以理解的,但也为后来的极权主义埋下了祸根。① 我们认为,不能由此就把马克思的无产阶级专政理论与斯大林式的集权专政简单地等同起来。斯大林式的集权专政,其前提是国家全能主义,这与马克思关于无产阶级专政和社会主义的构想全然不同。马克思的无产阶级专政理论并不必然导致国家全能主义,当然也谈不上必然导致斯大林主义式的集权。

---

① 参见〔南〕马尔科维奇、〔美〕塔克等著,李宗禹主编:《国外学者论斯大林模式》下册,中央编译出版社1995年版,第965—966页。

第五章　国家治理的未来形态：自由人联合体

关于国家消亡后的未来发展形态,马克思提出了"自由人联合体"的理想。自由人联合体的理想,是对自由主义和国家主义两种传统国家理论和国家治理模式的超越。在这一"真正的共同体"中,公共治理与社会自治和谐统一,共同建构起国家治理的未来形态。

一、自由人联合体的理想诉求

早在《共产党宣言》中,马克思、恩格斯就曾这样描绘国家消亡后未来理想社会的状态:"代替那存在着阶级和阶级对立的资产阶级旧社会的,将是这样一个联合体,在那里,每个人的自由发展是一切人的自由发展的条件。"① 马克思的"自由人联合体",被视为同以往一切社

---

① 《马克思恩格斯选集》第 1 卷,人民出版社 2012 年版,第 422 页。

会形态相区别的共产主义社会的基本标志。对这一理想社会的描绘,汲取了乌托邦主义和空想社会主义的积极思想元素。但是,"自由人联合体"并非虚拟的希望哲学,它与形形色色的乌托邦主义的本质区别在于其历史性和实践性。

在《1857—1858年经济学手稿》中,马克思历史地描绘了人的发展的三种形态和三个阶段:"人的依赖关系(起初完全是自然发生的),是最初的社会形式,在这种形式下,人的生产能力只是在狭小的范围内和孤立的地点上发展着。以**物的**依赖性为基础的人的独立性,是第二大形式,在这种形式下,才形成普遍的社会物质变换、全面的关系、多方面的需要以及全面的能力的体系。建立在个人全面发展和他们共同的、社会的生产能力成为从属于他们的社会财富这一基础上的自由个性,是第三个阶段。第二个阶段为第三个阶段创造条件。"①概括来说,就是"人的依赖关系""物的依赖关系"和"自由个性"三个阶段。人的发展的这三个历史阶段,贯穿了前国家时代—国家时代—后国家时代各个历史时期。第一个历史形态即"人的依赖关系"阶段,是与前资本主义社会相对应的历史阶段。这个阶段经历了从无国家社会到国家的重大变化。在无国家的原始社会,人不是一个独立的主体,人对血缘、氏族、部落具有依附关系。随着国家的出现,人在保留血缘依附的同时,又增加了对等级、权力的依附关系。这种人身依附关系既泯灭主体的自主意识,也不存在主体间的平等关系。

第二个历史形态即"物的依赖关系"阶段,是与资本主义相对应的商品经济阶段。这一阶段,随着生产力的进步和商品经济的发展,建基于群体依赖关系的人的依附状态逐渐瓦解,个人逐渐

---

① 《马克思恩格斯全集》第30卷,人民出版社1995年版,第107—108页。

获得自主与自立的能力,人的主体地位得以确立。但是,这种自主和自立是以对物的依赖为前提的。"一切产品和活动转化为交换价值,既要以生产中人的(历史的)一切固定的依赖关系的解体为前提,又要以生产者互相间的全面依赖为前提。"①这个阶段的人虽然不再依赖人,却转而依赖物。"人们信赖的是物(货币),而不是作为人的自身",因为"这种物是人们互相间的**物化的关系**,是物化的交换价值"②。这样,整个社会就成为"物的依赖性"社会。马克思的深刻之处在于,他并没有完全基于一种"道德的义愤"对第二个阶段做简单的批判。相反,他从"历史的角度",科学分析了第二个阶段在人的解放中具有的重要意义。马克思深刻指出,大工业生产和科学技术的进步为人的全面发展提供了可能性。劳动生产率的提高,为劳动者提供了更多的自主支配时间,从而促进了人类在科学技术和艺术等方面的发展。"大工业还使下面这一点成为生死攸关的问题:用适应于不断变动的劳动需求而可以随意支配的人,来代替那些适应于资本的不断变动的剥削需要而处于后备状态的、可供支配的、大量的贫穷工人人口;用那种把不同社会职能当作互相交替的活动方式的全面发展的个人,来代替只是承担一种社会局部职能的局部个人。"③所以,第二个阶段为第三个阶段创造必要条件。

第三个历史形态即以个人全面发展为基础的"自由个性"阶段,这个阶段是马克思的理想社会阶段。与前两个阶段不同,这个阶段的人不为"人的依赖关系"所奴役,能够摒弃门第、等级等

---

① 《马克思恩格斯全集》第30卷,人民出版社1995年版,第105页。
② 同上书,第110页。
③ 《马克思恩格斯全集》第44卷,人民出版社2001年版,第561页。

人身依附因素的禁锢;也不为"物的依赖性"所奴役,能够摒弃金钱、货币等物化因素的束缚。"人以一种全面的方式,就是说,作为一个完整的人,占有自己的全面的本质。"①在这种条件下,个人实现独立、自由的发展,并与他人结成平等、合作的社会关系。这种人的发展形态也是马克思理想中的社会形态,这"将是这样一个联合体,在那里,每个人的自由发展是一切人的自由发展的条件"②。这里的"联合体"不同于第一阶段中的"群体"和第二阶段的"个体",它既高扬人的自由个性,又超越狭隘的个体和地域限制,成为"各个人的世界历史性的存在"③,也就是人的类存在。

在《哥达纲领批判》中,马克思在批判资产阶级社会的基础上,指出了消解资本主义国家权利体系,建立真正的"自由人联合体"的历史条件和现实途径。马克思首先批判地指出,资本主义国家所谓的"平等的权利"是抽象的,它掩盖了实质上的不平等。"权利,就它的本性来讲,只在于使用同一尺度;但是不同等的个人(而如果他们不是不同等的,他们就不成其为不同的个人)要用同一尺度去计量,就只有从同一个角度去看待他们,从一个**特定的**方面去对待他们。""这种**平等的**权利,对不同等的劳动来说是不平等的权利。"因此,平等的权利体系只是抽象态度的产物,"按照原则仍然是**资产阶级权利**"④。所以,要建立自由人联合体,首先就要在政治上推翻资产阶级的政治统治。"在资本主义社会和共产主义社会之间,有一个从前者变为后者的革命转变时期。同这个时期相适应的也有一个政治上的过渡时期,这个时期的国家

---

① 《马克思恩格斯文集》第 1 卷,人民出版社 2009 年版,第 189 页。
② 《马克思恩格斯选集》第 1 卷,人民出版社 2012 年版,第 422 页。
③ 同上书,第 167 页。
④ 《马克思恩格斯文集》第 3 卷,人民出版社 2009 年版,第 434—435 页。

只能是**无产阶级的革命专政**。"①

但是,"自由人联合体"的建立,并非在推翻资产阶级统治、建立无产阶级专政后就可一蹴而就。马克思敏锐地意识到,就生产力的发展而言,在推翻资产阶级统治后的很长历史时期内,劳动这一人类最重要的实践活动,仍然是人谋生的手段;就生产关系而言,以生产要素(包括劳动)为尺度的平等转变成以劳动者为尺度的平等,也是一个漫长的过程。在此基础上,马克思把共产主义社会分成了两个阶段。在"共产主义社会第一阶段",由于"它不是在它自身基础上已经**发展了的**,恰好相反,是刚刚从资本主义社会中**产生出来的**,因此它在各方面,在经济、道德和精神方面都还带着它脱胎出来的那个旧社会的痕迹"。这个时期的"**平等的权利**总还是被限制在一个资产阶级的框框里","**所以就它的内容来讲,它像一切权利一样是一种不平等的权利**"。这些"弊病",在刚刚从资本主义社会产生出来的共产主义社会第一阶段,是"不可避免的",因为"权利决不能超出社会的经济结构以及由经济结构制约的社会的文化发展"。只有到了"共产主义社会高级阶段",才能完全克服这些"弊病"。在共产主义社会高级阶段,"迫使个人奴隶般地服从分工的情形已经消失,从而脑力劳动和体力劳动的对立也随之消失";"劳动已经不仅仅是谋生的手段,而且本身成了生活的第一需要";"随着个人的全面发展,他们的生产力也增长起来,而集体财富的一切源泉都充分涌流"。只有实现这些革命性的变革,"才能完全超出资产阶级权利的狭隘眼界,社会才能在自己的旗帜上写上:各尽所能,按需分配!"②从"按

---

① 《马克思恩格斯文集》第3卷,人民出版社2009年版,第445页。
② 同上书,第434—436页。

生产要素(包括劳动)分配"转变为"按需分配"的革命性意义,就在于以生产要素(包括劳动)为尺度的平等转变成了以劳动者为尺度的平等,这才能实现人类历史上的真正平等。

二、 对自由主义和国家主义传统的双重超越

从政治思想史的发展历程来看,"自由人联合体"这一概念的提出,表明马克思在政治思想史上既超越了"个人高于国家(社会)"的自由主义传统,也超越了"国家(社会)高于个人"的国家主义传统。国家(社会)和个人之间的关系问题,是一切国家理论都必须回答的基本问题。从政治思想史的发展来看,从古希腊的柏拉图到近代的洛克,从黑格尔到马克思,对国家(社会)与个人关系的见解大体可归结为三种类型:一种主张国家(社会)至上,认为国家(社会)优于、先于个人,个人应服从社会共同体,这是一种黑格尔式的国家主义传统;一种主张个人至上,认为个人先于、优于国家(社会),国家仅仅是个人契约和权利让渡的结果,这是一种洛克式的自由主义传统;第三种认为社会和个人相互关联,是一个有机体,个人的本质和自由在社会共同体中得到体现和保障,而社会共同体存在的根据仅在于实现"每个人的自由全面发展",这正是马克思超越自由主义和国家主义传统的基本立场。①

第一,"自由人联合体"中"自由人"的目标诉求,是对国家主义的超越。国家主义传统源远流长,柏拉图就是肇始者之一。在柏拉图的政治思想体系中,国家(社会)先于、大于个人。在柏拉图看来,个人只能在社会共同体中取得至善。黑格尔是近代国家

---

① 参见〔美〕杜威:《哲学的改造》,许崇清译,商务印书馆1958年版,第101页。

主义的代表。黑格尔"把国家看成一种产生于等级分化、建立在不同等级之上的共同体形式","只有当等级的差别业已存在,贫富悬殊很大,并且出现了这样的情况:大量的需要已不能用通常的方式加以满足,那时才会产生真正的国家和真正的国家政府"①。在黑格尔看来,国家是等级分化的产物,但它是普遍利益的代表,能克服等级制上的特殊利益的局限。如何看待现实国家的局限呢?黑格尔这样为国家的历史局限做了辩护:国家是从一定的社会历史状况中产生的,所以现实国家尚未"发育完全","尚未完善",它只能逐步趋于完善。但是,国家发展史上的这些局限,只是"历史的事物",只对研究国家史才有意义,它们不决定国家的本质、命运和目标。可见,黑格尔虽然承认现实国家的局限,但国家对他而言仍然是代表普遍利益的理想共同体,在这个共同体中将完成人类文明的发展。马克思显然没有接受黑格尔的这种辩护。马克思认为,对现实国家的局限,不能只当作研究国家发展史的次要之点。相反,我们要从现实国家的局限中洞悉国家的本质。马克思指出,国家在任何时候都是一种统治的组织,都是压迫社会和个人的工具。国家政权对下层阶级的统治和压迫,是妨碍被压迫阶级实现自由的罪魁祸首。如果把马克思的这一观点放回到19世纪的欧洲,我们可以看到,在对国家主义压制社会和个体自由这一问题的批判上,马克思与当时的自由主义,甚至个人主义的无政府主义在某些方面"不谋而合"。库诺认为,"无论是对自由主义者还是对马克思来说,国家都是一种损害自由的'强制性机构'。只是后者首先责难国家压迫下层阶级,通过

---

① 转引自〔德〕库诺:《马克思的历史、社会和国家学说》第 1 卷,商务印书馆 1988 年版,第 334 页。

强制性的力量造福于上层阶级;而那时的英国自由主义则是谴责国家通过其法规对个人的经济活动进行了太多的限制,因而妨碍了自由经济力量的发挥;无政府主义把阻碍自由人格的发展和本能生活看成是国家的最大错误,同时国家压制其他个体的意志与力量。"①

马克思与自由主义和个体主义虽然在批判国家主义问题上有共通之处,但它们之间的差别也是显而易见的。确实,在19世纪,自由资本主义还处于上升时期,马克思的观点和自由主义一样,带有正在形成的自由经济社会的特点,如把经济活动看成私人事业,把对经营的限制看成"国家对自由的限制"。但是,在对克服国家主义的依靠力量和道路选择上,马克思和自由主义、个人主义具有本质性差异。马克思认为消解国家主义的力量并不在于个人,而在于社会共同体。这个问题,我们将在下面展开详述。

第二,"自由人联合体"中对"联合体(共同体)"的强调,表明马克思对个人主义、自由主义的批判立场。近代主体性的革命改变了人们对个人与社会或国家关系的理解。人们把社会和国家的状态看作个人的工具,而个人才是主要的目的。自由主义的出现,具有历史的必然性和合理性,它是启蒙运动和资产阶级政治革命的产物。英国光荣革命后,洛克写下《政府论》。洛克认为,政府是人民与统治者订立自由契约的产物。政府的行为不能超越人民的委托事项或权限,而且生命、自由和私有财产始终属于个人。洛克的国家学说奠定了自由主义的基础。

---

① 〔德〕库诺:《马克思的历史、社会和国家学说》第1卷,商务印书馆1988年版,第335页。

在政治思想史上,黑格尔深刻地批判了个人主义和近代自由主义。黑格尔指出,自由主义的契约论最大的弊端在于:参与缔约的各方从个人利益出发结合成国家,这使得国家成为体现个人偶然性的领域,而无法体现绝对理念的普遍性要求。这虽强化了个人的本质,却改变了国家的本质。黑格尔认为,"契约乃是以单个人的任性、意见和随心表达的同意为其基础的"①,不可能成为国家与私人之间进行权利义务设定的依据。因此,通过契约建立起来的共同体不是真正的"政治国家",而只是人们基于私人利益需要而相互依赖的一种形式上的共同体,即市民社会。黑格尔指出,一个人的自我意识,绝不可能最初作为一个个人而获得,个人、个人权利都不可能先于社会而存在,社会也不是个人简单的集合体。个人主义把精神的本质表述为"我=我"的"纯粹的识见",并企图以此带来"绝对自由"。这种个人主义的绝对自由观,在历史上带来巨大危害。譬如,法国大革命就从一切人自然平等的理论和宣言开始,却以雅各宾派的恐怖统治为结果。②

马克思继承了黑格尔对个人主义的自由主义的批判。一方面,马克思指出,"全部人类历史的第一个前提无疑是有生命的个人的存在"③,"社会结构和国家总是从一定的个人的生活过程中产生的"④。另一方面,马克思对"个人"的理解显然又与个人主义存在根本不同。"这里所说的个人不是他们自己或别人想象中的那种个人,而是**现实中的**个人,也就是说,这些个人是从事活动的,进行物质生产的,因而是在一定的物质的、不受他们任意支配

---

① 〔德〕黑格尔:《法哲学原理》,范扬、张企泰译,商务印书馆1961年版,第82—83页。
② 参见郁建兴:《马克思国家理论与现时代》,东方出版中心2007年版,第107页。
③ 《马克思恩格斯选集》第1卷,人民出版社2012年版,第146页。
④ 同上书,第151页。

的界限、前提和条件下活动着的。"马克思的"个人"是"以一定的方式进行生产活动的一定的个人,发生一定的社会关系和政治关系"①。个人在其现实性上,是"一切社会关系的总和"。马克思进一步指出:"社会不是由个人构成,而是表示这些个人彼此发生的那些联系和关系的总和。这就好比有人这样说:从社会的角度来看,并不存在奴隶和公民,两者都是人。其实正相反,在社会之外他们才是人。成为奴隶或成为公民,这是社会的规定,是人和人或A和B的关系。A作为人并不是奴隶。他在社会里并通过社会才成为奴隶。"②可见,在马克思那里,客观的社会关系不仅构成个人存在的外部条件,更构成了个体性本身。正是通过对社会关系的先在性及其客观性的强调,马克思将自己与个人主义的自由主义区别开来。

当然,马克思对"联合体(共同体)"的强调,既吸收了黑格尔国家思想的资源,但又超越了黑格尔。在此意义上,我们可以回应一种对马克思思想的批判。库诺在《对马克思国家观的批判》中指出:"马克思提出要对黑格尔的国家理想和历史的国家加以区别——这是马克思的一大批判功绩,……然而,这也不是说马克思只看到国家的一个方面就是对的了,如果要用黑格尔辩证法的话说,那我们有理由说,马克思以黑格尔为出发点正确地否定了黑格尔国家理想的一部分,然而他却在第一个否定上停步不前,没有上升到否定之否定,没有在更高的统一中扬弃黑格尔的矛盾观点,没有达到这样的国家理想:把国家看成是统治的组织

---

① 《马克思恩格斯选集》第1卷,人民出版社2012年版,第151页。
② 《马克思恩格斯全集》第30卷,人民出版社1995年版,第221—222页。

而又具有伟大的非神的生活共同体。"①简言之,库诺认为马克思思想的积极之处,就是看到了国家的政治统治这一本质和局限;马克思思想的缺陷,就在于没能看到克服现实国家的局限后,理想国家是一个伟大共同体,在这个机体中将完成人类文明的发展。库诺对马克思国家观的这一批判是站不住脚的。我们应看到,黑格尔提出理想国家共同体这一概念有一个理论前提,即认为"国家决定市民社会",由此国家共同体能克服家庭、市民社会的局限。但马克思超越黑格尔之处,正在于对黑格尔这一理论前提的颠覆,即认为"市民社会决定国家"。马克思承认市民社会有其局限,所以作为对市民社会的否定,马克思承认国家出现的历史必然性和合理性。但国家从市民社会中产生后,很快成为一种社会的异己力量,成为寄生于社会的赘瘤。因此,必须完成对国家的否定,也是对市民社会的否定的否定。这种否定之否定不是国家形态的再生,而是社会形态的再生,它产生的是社会共同体,而不是所谓的理想国家共同体。黑格尔的问题正在于将这种否定之否定,界定为国家形态的再生,即理想国家共同体的真正形成,并力图以此克服现实国家的局限。在马克思看来,这种克服只能是抽象的逻辑克服,因为黑格尔没有或者是不愿看到,决定国家的是市民社会,克服国家局限的力量也必须来自市民社会,而不可能是国家本身。

所以,马克思把黑格尔的理想国家共同体称为"冒充的共同体""虚假的共同体"。马克思指出:"在过去的种种冒充的共同体中,如在国家等等中,个人自由只是对那些在统治阶级范围内发

---

① 〔德〕库诺:《马克思的历史、社会和国家学说》第1卷,商务印书馆1988年版,第336—337页。

展的个人来说是存在的,他们之所以有个人自由,只是因为他们是这一阶级的个人。从前各个人联合而成的虚假的共同体,总是相对于各个人而独立的;由于这种共同体是一个阶级反对另一个阶级的联合,因此对于被统治的阶级来说,它不仅是完全虚幻的共同体,而且是新的桎梏。"① 相比于黑格尔的"虚幻的共同体",马克思提出了"真正的共同体"概念。在马克思看来,个人关系依赖于物的力量这一现象,不能靠自由主义、个人主义的玄想来实现,也不能靠国家主义理想共同体中观念、逻辑的推演来实现。它只能在现实中,靠个人重新驾驭这些物的力量。没有共同体,这是不可能实现的。只有在共同体中,个人才能获得全面发展其才能的手段,才可能实现自由全面发展。"在真正的共同体的条件下,各个人在自己的联合中并通过这种联合获得自己的自由。"②

三、自由人联合体中的公共治理和社会自治③

马克思构想的自由人联合体,是公共治理和社会自治的有机统一。在未来的自由人联合体社会,仍然需要超越个体的共同体治理,社会权威和公共治理仍然是社会治理的重要组成部分。马克思、恩格斯通过批判无政府主义,阐述权威在社会中的重要作用,阐明了公共治理和社会自治的必要性和重要性。

第一,马克思批判了无政府主义者对待国家的非历史主义立场。在对待黑格尔式国家主义问题上,马克思和无政府主义存在

---

① 《马克思恩格斯选集》第 1 卷,人民出版社 2012 年版,第 199 页。
② 同上。
③ 许文星教授在本部分写作中贡献了智慧,谨致谢忱。

共通之处。但是,在对克服国家主义的依靠力量和道路选择上,马克思和无政府主义具有本质性差异。在马克思看来,人的自由既不能靠国家主义在"虚幻的共同体"中通过观念、逻辑的推演来实现,也不能靠无政府主义的浪漫玄想来实现,它只能在现实的共同体中,靠克服各种异化(异己)力量来实现。"在真正的共同体的条件下,各个人在自己的联合中并通过这种联合获得自己的自由。"①马克思的"自由人联合体"思想与无政府主义存在着本质区别。

一般认为,施蒂纳和蒲鲁东是近代无政府主义思潮的创始性人物。马克思"自由人联合体"思想的提出,正是基于对施蒂纳和蒲鲁东等人思想的批判。早在《德意志意识形态》中,马克思就对所谓"现代无政府主义的先知"的施蒂纳的《唯一者及其所有物》进行了集中批判。在《哲学的贫困》中,马克思则对施蒂纳思想的因袭者——蒲鲁东的反权威、反国家思想进行了批判。到了《资本论》及其手稿时期,马克思更深刻地意识到无政府主义在对人的自由的追寻中,根本的缺陷就在于缺乏历史性,因而没有现实性。在《1857—1858年经济学手稿》中,马克思历史地描绘了人的发展三种形态和三个阶段:"人的依赖""物的依赖"和"自由个性"三个阶段。在第三个历史阶段,人类超越了"人的依赖关系"和"物的依赖关系",人与人之间结成平等、合作的社会关系,真正实现独立、自由的发展,这是一个"自由人的联合体"。

和无政府主义思想者一样,马克思也批评"人的依赖"和"物的依赖"阶段都是对人性和自由的束缚。但马克思不同于无政府主义者的深刻之处在于,他并没有完全基于"道德的义愤"对第一

---

① 《马克思恩格斯选集》第1卷,人民出版社2012年版,第199页。

个阶段和第二个阶段进行简单的批判。相反,他认为人类发展的三个阶段的演进,是一个自然历史过程。第一个阶段和第二个阶段为第三个阶段创造必要条件。这一点是主张取消一切国家和社会组织形式的无政府主义者所认识不到的。在《哥达纲领批判》中,马克思从政治革命角度,指出了建立真正的"自由人联合体"的政治前提。马克思认为,要建立"自由人联合体"首先就要在政治上推翻资产阶级的政治统治。"在资本主义社会和共产主义社会之间,有一个从前者变为后者的革命转变时期。同这个时期相适应的也有一个政治上的过渡时期,这个时期的国家只能是**无产阶级的革命专政**。"①

巴枯宁在《国家制度和无政府状态》中,提出了即时废除国家的主张。马克思指出,巴枯宁等无政府主义者力图一夜之间就废除一切国家的主张是不切实际的幻想。只要无产阶级还在同资产阶级进行斗争,"无产阶级就必须采用**暴力**措施,也就是政府的措施"②。国家这一政治组织形式,"只能持续到阶级存在的经济基础被消灭的时候为止"③。

马克思比无政府主义者深刻的地方在于,他清醒地看到,国家不是人为废除的,它的消亡是一个自然历史过程,需要必要的政治前提和物质基础。而建立国家消亡的物质基础,是一个长期的历史过程。在《资本论》中,马克思深入剖析了资本主义现代国家产生和存在的条件和基础,即私有制和资本主义生产方式的确立。资本主义国家的消亡,是以变革资本主义生产方式为前提

---

① 《马克思恩格斯文集》第 3 卷,人民出版社 2009 年版,第 445 页。
② 同上书,第 403 页。
③ 同上书,第 408 页。

的。没有经济基础领域的变革,单纯上层建筑领域的政治解放不能实现人的自由和解放。

第二,马克思、恩格斯强调了权威的作用和公共管理的必要性。马克思、恩格斯批判无政府主义即时废除国家的论调,强调了权威在社会中的作用,表明了公共治理的必要性。首先,在任何人与人构成的联合体中,都需要一定的权威。恩格斯在《论权威》中指出了无政府主义的无限自由观和否定一切权威的错误,阐明了权威在社会活动中的必要性和重要性。"我们能不能——在现代的社会关系下——创造出另一种社会状态来,使这种权威成为没有意义的东西而归于消失呢。"①恩格斯分析发现,现代工业和农业生产中,"有一种使各个孤立的活动越来越为人们的联合活动所代替的趋势","联合活动、互相依赖的工作过程的错综复杂化,正在到处取代各个人的独立活动"。恩格斯认为,这种联合活动的趋势中,没有权威是不可能的,"联合活动就是组织起来,而没有权威能够组织起来吗?"②概言之,不论社会组织以及生产和产品赖以进行的物质条件如何,只要有一定的社会组织存在,就需要一定的权威来进行组织和决策。

其次,权威和自治是辩证统一的。无政府主义的错误之一,在于简单制造权威和自治的对立。"把权威原则说成是绝对坏的东西,而把自治原则说成是绝对好的东西,这是荒谬的。"恩格斯指出:"权威与自治是相对的东西,它们的应用范围是随着社会发展阶段的不同而改变的。"③在共产主义这种未来的社会组织形式

---

① 《马克思恩格斯文集》第3卷,人民出版社2009年版,第335页。
② 同上。
③ 同上书,第337页。

中,也许"将只在生产条件所必然要求的限度内允许权威存在"①。但这是以生产条件的发展程度决定的,并不能从主观上取消权威。在未来的共产主义社会中,人与人之间构成自由人联合体,仍需要一定的权威来维持联合体的组织性和有序性。当然,在那个时候社会自治将发挥更大的作用。

最后,未来理想社会仍然需要进行公共管理。在未来的理想社会中,"政治国家以及政治权威将由于未来的社会革命而消失,这就是说,公共职能将失去其政治性质,而变为维护真正社会利益的简单的管理职能"②。当然,政治国家和权威的消失,"以产生权威和政治国家的各种社会条件消除"为前提。在未来理想社会中,权威虽然失去其政治性质,但在社会物质生产和公共服务领域,仍然需要某种组织形式进行必要的社会公共管理和服务。每个人不可能享有无限的自由,他仍然需要遵从联合体的公共规则和秩序。

第三,马克思前瞻了社会自治这一治理的重要方式。在《法兰西内战》中,马克思关于公社的相关论述,包含着社会自治的相关思想。首先,社会自治是治理的发展方向和重要形式。在马克思看来,公社这一社会自治形式,是无产阶级实现自我解放的重要途径,是无产阶级体现自身本质力量的重要方式。"公社的伟大社会措施就是它本身的存在和工作。它所采取的各项具体措施,只能显示出走向属于人民、由人民掌权的政府的趋势。"③早在《德意志意识形态》中,马克思就从世界历史高度,阐述了共产主

---

① 《马克思恩格斯文集》第 3 卷,人民出版社 2009 年版,第 337 页。
② 同上书,第 338 页。
③ 同上书,第 163 页。

义是无产阶级实现自身本质力量的重要方式。马克思认为,"无产阶级只有**在世界历史意义上**才能存在,就像共产主义——它的事业——只有作为'世界历史性的'存在才有可能实现一样。而各个人的世界历史性的存在,也就是与世界历史直接相联系的各个人的存在"。共产主义作为自由人的联合体,它所要实现的是"对生产实行共产主义的调节以及这种调节所带来的人们对于自己产品的异己关系的消灭,供求关系的威力也将消失,人们将使交换、生产及他们发生相互关系的方式重新受自己的支配"①。也就是说,共产主义将以自由人联合自治的方式,消灭各种异己力量,最终实现无产阶级和人民的本质力量。

其次,公社是社会自治的基本形式。公社的本质是消灭国家这一社会的异己力量,是"把国家政权重新收回,把它从统治社会、压制社会的力量变成社会本身的充满生气的力量"②,是"把靠社会供养而又阻碍社会自由发展的国家这个寄生赘瘤迄今所夺去的一切力量,归还给社会机体"③。根据马克思的设想,公社将成为社会自治的基本单位。这种社会自治体现在不同的层次中:"公社将成为甚至最小村落的政治形式";"每一个地区的农村公社,通过设在中心城镇的代表会议来处理它们的共同事务";"这些地区的各个代表会议又向设在巴黎的国民代表会议派出代表";"仍须留待中央政府履行的为数不多但很重要的职能,则不会像有人故意胡说的那样加以废除,而是由公社的因而是严格承担责任的勤务员来行使"④;更高层次的,还"需要在全国范围内和

---

① 《马克思恩格斯文集》第 1 卷,人民出版社 2009 年版,第 539 页。
② 《马克思恩格斯文集》第 3 卷,人民出版社 2009 年版,第 195 页。
③ 同上书,第 157 页。
④ 同上书,第 155 页。

国际范围内进行协调的合作"①。我们可以看到,村落是最基层的社会自治组织;在村落之上,有中心城镇的代表会议处理地区的公共事务;在城镇之上,有国民代表会议处理城镇之间的公共事务;在全国范围内,有公社的勤务员负责处理全国公共事务;在国际范围内,也有专门负责协调合作的机构。这种多层次的社会自治,在每一层级内部和不同层级之间,都是自由联合的。这种联合的自治,能够有效处理公共事务,而不是陷入混乱的个人自治。

最后,公社的自治是政治自治与经济自治的结合。马克思指出:"公社的真正秘密就在于:它实质上是工人阶级的政府,是生产者阶级同占有者阶级斗争的产物,是终于发现的可以使劳动在经济上获得解放的政治形式。"②公社"是人民群众获得社会解放的政治形式,这种政治形式代替了被人民群众的敌人用来压迫他们的假托的社会力量"③。公社不仅是政治自治的组织,也是劳动者的经济自治组织。公社要"以自由的联合的劳动条件去代替劳动受奴役的经济条件","不仅需要改变分配,而且需要一种新的生产组织,或者毋宁说是使目前(现代工业所造成的)有组织的劳动中存在着的各种生产社会形式摆脱掉(解除掉)奴役的锁链和它们的目前的阶级性质"④。政治自治解决的是权力异化问题,是人民把国家权力收回后的自我管理状态;经济自治解决的是劳动异化问题,是人民占有生产资料后对生产过程的自我管理状态。

---

① 《马克思恩格斯文集》第3卷,人民出版社2009年版,第199页。
② 同上书,第158页。
③ 同上书,第195页。
④ 同上书,第198—199页。

在巴黎公社的实践中,政治自治和经济自治实现了有机统一。"**劳动的解放**——公社的伟大目标——是这样开始实现的:一方面取缔国家寄生虫的非生产性活动和胡作非为,从根源上杜绝把巨量国民产品浪费于供养国家这个魔怪,另一方面,公社的工作人员执行实际的行政管理职务,不论是地方的还是全国的,只领取工人的工资。"① 马克思认为,公社的自治蕴含着理想社会治理的形式。像18世纪末的吉伦特派一样,公社体制被一些人误认为是企图将各大国的统一化为"许多小邦的联盟"。马克思批评了将巴黎公社视为"中世纪公社的再现"的错误观点:"这个新的、摧毁了现代国家政权的公社,就恰恰被误认为是那最初产生于现代国家政权之先、尔后又成为现代国家政权基础的中世纪公社的再现。"② 巴黎公社虽然在形式上与中世纪公社有相似之处,都带有自治的色彩,但是二者间具有本质的差异。中世纪的公社,乃至18世纪末巴黎和其他城市各种自治机构(也叫做公社),都掌握在有产者手中。巴黎公社则不同,它掌握在人民手中,真正实现了政治自治和经济自治的有机结合。巴黎公社原则蕴含着未来理想社会治理的基本形式和原则。

---

① 《马克思恩格斯文集》第3卷,人民出版社2009年版,第198页。
② 同上书,第156页。

下 编

中国国家治理现代化

马克思国家理论和国家治理思想既是特定历史时代的产物，又有超越时空的生命力。马克思国家理论和国家治理思想对于当今时代的国家治理有重要的指导性意义，是推进中国治理现代化的重要理论基础。

要以马克思的国家治理思想指导中国国家治理现代化，必须实现马克思主义国家治理理论的时代化和中国化发展。马克思主义国家治理理论的时代化，要求紧跟时代前进的步伐，使该理论充分吸纳人类政治文明发展的最新成果。马克思主义国家治理理论的中国化，意味着立足中国国情，使该理论真正扎根于中国的土壤。只有积极推进马克思主义国家治理理论的时代化和中国化，我们才能回应时代发展和中国国家治理中出现的迫切的理论和实践问题。譬如，在国家治理中如何界定市场的作用和政府的职能及其边界问题。国家和社会的相互关系发展的历史趋势是，随着社会自身发育和成熟程度的逐渐提高，国家对社会的干预将适当减弱，社会的自主发展将获得更为广阔的空间，其最终趋势是国家复归于社会。从我国的情况来看，如何合理界分国家与社会的职能边界，建构一个由政府、市场和社会共同构成的治理体系，成为推进国家治理现代化的一个重大论题。

党的十八届三中全会提出的全面深化改革的总目标，就是完善和发展中国特色社会主义制度、推进国家治理体系和治理能力现代化。这是坚持和发展中国特色社会主义的必然要求，也是实现社会主义现代化的应有之义。党的十九届四中全会审议通过的《中共中央关于坚持和完善中国特色社会主义制度、推进国家治理体系和治理能力现代化若干重大问题的决定》，集中概括了中国特色社会主义的制度优势，全面擘画了推进中国特色社会主义制度和国家治理现代化建设的宏伟蓝图。

改革开放以来,我们开始以全新的角度思考国家治理问题,强调国家制度带有根本性、全局性、稳定性和长期性。今天,摆在我们面前的一项重大历史任务,就是推动中国特色社会主义制度更加成熟、更加定型,为党和国家事业发展、为人民幸福安康、为社会和谐稳定、为国家长治久安提供一整套更完备、更稳定、更管用的制度体系。这项工程极为宏大,必须是全面的系统的改革和改进,必须在国家治理体系和治理能力现代化上形成总体效应、取得总体效果。

习近平指出,国家治理体系和治理能力是一个国家的制度和制度执行能力的集中体现。我们的国家治理体系和治理能力总体上是好的,是有独特优势的,是适应我国国情和发展要求的。同时,我们在国家治理体系和治理能力方面还有许多亟待改进的地方,在提高国家治理能力上需要下更大气力。一个国家选择什么样的治理体系,是由这个国家的历史传承、文化传统、经济社会发展水平决定的,是由这个国家的人民决定的。我国今天的国家治理体系,是在我国历史传承、文化传统、经济社会发展的基础上长期发展、渐进改进、内生性演化的结果。我国国家治理体系需要改进和完善,但怎么改、怎么完善,我们要有主张、有定力。推进国家治理体系和治理能力现代化,必须完整理解和把握全面深化改革的总目标,这是两句话组成的一个整体,即完善和发展中国特色社会主义制度、推进国家治理体系和治理能力现代化。

具体说来,推进中国国家治理现代化,必须与完善和发展中国特色社会主义制度结合起来。必须进一步强化中国国家治理的制度韧性,进一步加强和改善党的领导这一中国特色社会主义制度的最本质特征和最大优势,进一步优化中国国家治理的意识形态战略,进一步发挥中国方案在全球治理中的作用。

第六章　中国国家治理现代化的四重架构

以马克思主义国家理论和国家治理思想为指导,推进中国国家治理现代化,是一个系统工程,涉及国家治理的价值目标、主体结构、治理方式以及未来方向等多个方面。具体而言,中国国家治理现代化包含以下四重架构:现代国家治理的核心原则和价值目标要坚持以人为本,进而促进人的自由全面发展;现代国家治理的主体结构要从政府单一主体转变为多元复合主体;现代国家治理的主要方式要从政治统治转变为社会治理;现代国家治理的未来发展方向是走向社会自主治理。

一、国家治理的核心原则和价值目标：以人为本和促进人的全面发展

马克思在《黑格尔法哲学批判》中,提出了马克思国家理论的重要命题:"市民社会决定国家。"这一观点的形成,批判吸收了西方近代以来国家理论的两种传统。

在西方近代政治思想史上,基于对国家和社会关系的不同理解,形成了两种基本的理论传统:一种以黑格尔为代表,主张"国家高于社会",认为国家克服了个人和社会的局限,是普遍利益的集中体现,这是一种国家至上主义的观点;另一种以洛克为代表,主张"社会先于(外在于)国家",认为国家权力来自全体社会成员的授予,社会及民众的权力高于国家权力,这是一种社会契约论的观点。马克思在求学时期,信奉黑格尔的国家思想。在《莱茵报》时期,马克思开始怀疑黑格尔的国家观。在《黑格尔法哲学批判》及其导言中,马克思集中批判了黑格尔的法哲学和国家观,并提出了"市民社会决定国家"的理论。马克思指出:"家庭和市民社会都是国家的前提,它们才是真正活动着的","家庭和市民社会使**自身**成为国家。它们是动力"①。但是,在专制主义国家中,国家权力无限膨胀,往往吞噬市民社会、现实个人。正如马克思所言,专制国家往往"以其无处不在的复杂的军事、官僚、宗教和司法机构像蟒蛇似的把活生生的市民社会从四面八方缠绕起来(网罗起来)"②。

如何"防止国家和国家机关由社会公仆变为社会主人",真正实现"市民社会决定国家"这一原则呢?马克思认为,必须让人民成为国家制度的制定者和国家权力的拥有者。"人民是否有权为自己制定新的国家制度?对这个问题的回答应该是绝对肯定的,因为国家制度一旦不再是人民意志的现实表现,它就变成了事实上的幻想",所以"必须使国家制度的实际承担者——人民成为国

---

① 《马克思恩格斯全集》第 3 卷,人民出版社 2002 年版,第 10—11 页。
② 《马克思恩格斯选集》第 3 卷,人民出版社 2012 年版,第 136 页。

家制度的原则"①。马克思在《法兰西内战》中,总结了巴黎公社的经验,明确阐述了人民是国家治理的第一主体的基本立场。马克思指出,"公社是法国社会的一切健全成分的真正代表,因而也就是真正的国民政府",而公社"所采取的各项具体措施,只能显示出走向属于人民、由人民掌权的政府的趋势"②。在马克思看来,巴黎公社的经验表明,只有人民成为国家治理的主人,人民才能成为自己的主人,进而逐步实现个人的自由全面发展。

马克思主义的国家学说蕴含着人民的历史主体地位和促进人的全面发展的价值诉求,这也是当下推进国家治理现代化的核心原则和价值目标。从人类现代化的历史发展来看,权力系中升华出的国家,市场经济中形成的资本,大多数人从事的劳动——这三者是现代社会复杂机体的三大要素。国家、资本、劳动三者之间关系的不同,决定了人类现代化历程中的不同道路和模式选择。以欧美为代表的资本主义西方现代化模式,本质特征是资本主体论,资本无限扩张,绑架了国家,宰制了劳动;以苏联为代表的计划体制模式,本质特征是国家全面介入基础上的国家主体论,或叫国家主体化,形式上简单化地消灭了资本,劳动群众成了消极被动客体,奉行国家全能主义,最终导致社会活力窒息,了无生气。③

在改革开放前,中国体制的核心和深层实质是国家全能主义。这种体制既渊源于中国传统社会中政治国家过分膨胀,也

---

① 《马克思恩格斯全集》第3卷,人民出版社2002年版,第72—73页。
② 《马克思恩格斯选集》第3卷,人民出版社2012年版,第106—107页。
③ 参见王东:《中国何以成为21世纪创新型国家——中国特色公平正义创新之道》,《学术界》2012年第7期,第5—23、257—262页。

与新中国成立初期简单学习苏联模式有直接关联。它挤压了社会和现实个人的空间。国家全能主义主要体现在经济与政治两个层面上:在经济体制层面,表现为国家对生产资料和生产活动的全面介入;在政治体制层面,表现为国家对政治权力和社会领域的全面介入。这两个层面的全面介入导致形成阻碍生产力发展的阻塞机制,这种阻塞就内在机理而言又表现在"物质生产力和主体生产力"两个层面上:一个层面上,由于排斥市场机制,阻塞商品流通,自我封闭,使"物不能尽其用,货不能尽其流",因而阻塞了物质生产力的发展之道;另一个层面上,由于排斥市场机制,压抑了广大劳动者的主体性和能动性,使"人不能尽其才",因而阻塞了人的主体生产力的开发之道、人的自由和谐全面发展之道。①

中国构建现代国家治理体系,其实质就是要创新国家制度,从根本上既超越资本主体论的西方模式,又超越国家主体论的苏联模式,重新建构国家、资本、劳动三者之间的关系,开辟劳动(人民)主体论的新模式、新道路。在这种新的现代化模式中,资本不再是横扫一切的决定性主体,国家也不再是高高在上的全能主体,广大劳动者才是独立自主、充满活力的主体。在这里,国家是人民的国家,权力是人民的权力。

总结世界社会主义运动发展的经验教训,我们得出一条历史规律:只要人民能以各种有效方式参与国家事务管理,社会主义事业就能繁荣发展;反之,如果人民群众没有政治上管理国家的权利,人民的其他权利就无从谈起,社会主义事业就会遭受挫折。

---

① 参见王东:《中国何以成为21世纪创新型国家——中国特色公平正义创新之道》,《学术界》2012年第7期,20—21页。

毛泽东曾经指出,社会主义国家必须保证劳动人民拥有"管理国家、管理军队、管理各种企业、管理文化教育的权利"。如果劳动人民失去了管理国家的权利,那么"劳动者的工作权、休息权、受教育权等等权利,就没有保证"①。新中国成立以来,尤其是在改革开放 40 多年的历史进程中,伴随着社会主义市场经济体制的建立和完善,人民在经济上的主体地位逐步得以确立。经济基础决定上层建筑。随着经济力量和经济地位的提升,人民会在政治上提出更多的主体性地位诉求。因此,在建立现代国家治理体系时,既要在经济领域确保各类企业和个人的主体地位,更要在政治上赋予其相应的主体地位。没有政治层面的主体地位保障,各类经济主体地位不可能完全确立。即便暂时确立,也可能得而复失,这已被以往社会主义发展史上的教训所证明。

以人民为中心,发展新型民主,推进国家治理现代化,其关键点就在于建设新型人民监督机制。② 人类政治思想史上,孟德斯鸠提出了权力约束的重要性:"要防止滥用权力,就必须以权力约束权力!"卢梭明确提出了人民监督权的至高无上性原则:"保民官的权限才最大,因为他虽不能做出任何事情,却可以禁止一切事情。作为法律的保卫者,它要比执行法律的君主与制定法律的主权者更为神圣、更为可敬。"③中国共产党自成立以来,就秉持人民至上原则,强调人民的监督作用。早在 1945 年,毛泽东同志同黄炎培在延安长谈时提出,共产党人能够跳出"其兴也勃焉,其亡也忽焉"的历史周期率,原因在于共产党人找到了一条新路,即让

---

① 《毛泽东文集》第 8 卷,人民出版社 1999 年版,第 129 页。
② 参见王东:《中国何以成为 21 世纪创新型国家——中国特色公平正义创新之道》,《学术界》2012 年第 7 期,第 21 页。
③ 〔法〕卢梭:《社会契约论》,何兆武译,商务印书馆 2003 年版,第 156 页。

人民来监督。

2021年,习近平总书记在党史学习教育动员大会上指出:"历史充分证明,江山就是人民、人民就是江山,人心向背关系党的生死存亡。"[1]这一论断生动体现了我们党对共产党执政规律的深刻把握。习近平总书记强调指出,"加强和创新社会治理,关键在体制创新,核心是人"[2]。今天,我们建设中国特色社会主义,推进国家治理现代化,必须充分发挥人民的主体地位和监督作用。从深层次上说,人民监督是社会主义的精神实质、根本原则。到底什么是社会主义的本质内容、本质要求?按照科学社会主义的基本理论,总结一个半世纪以来的基本经验,社会主义的基本原则和本质应包含以下要点:经济上的联合劳动,加上政治上的人民监督、人民民主,再加上文化上的新型文明,因而在生产力高度发展的现代化物质技术基础上,走向每个人的自由和全面发展。这个社会主义原则体系,体现了手段、途径与最终目标的有机统一。在这里,人民监督制是社会主义不可缺少的本质要求。

在马克思那里,"巴黎公社原则"也就是社会主义根本原则,其核心内容恰恰就是人民监督制。马克思所说的"公社原则",用的不是单数名词,而是复数名词,指的不是单一原则,而是一系列原则总和构成的社会主义原则体系。从更深层次说,巴黎公社原则的核心内容包含破旧与立新这两大层次的有机统一,也就是蕴含着两大基本原则:一是打破旧式国家机器的原则,指的是"工人阶级不能简单地掌握现成的国家机器,并运用它来达到自己的

---

[1] 《习近平谈治国理政》第四卷,外文出版社2022年版,第63页。
[2] 《习近平关于社会主义社会建设论述摘编》,中央文献出版社2017年版,第127页。

目的"①,必须以无产阶级专政为手段,破除官僚特权制国家,以便为创立新型民主奠定先决条件;二是建立人民监督制新型民主的原则,这一基本原则又内含两个重要原则:一切公职人员由人民选举、受人民监督、可由人民罢免;一切公职人员都是人民公仆,其薪资大体相当于熟练工人。巴黎公社两大基本原则不是孤立并列的,而是有机统一的关系:以破旧为前提条件,以立新为思想重心。② 马克思的思想重心不仅在于如何夺取政权,更重要的在于执掌政权的无产阶级如何"防止国家和国家机关由社会公仆变为社会主人——这种现象在至今所有的国家中都是不可避免的"③。可以认为,人民监督制是巴黎公社原则的核心内容。

怎样建立人民监督制呢?首先需要确立一个明确目标,就是建立权力运行的人民监督机制,和社会主义市场经济运行机制相配套,寻求经济发展与人民民主、经济运行与权力运行的协调一致。

更具体地说,要强化人民监督权,建立人民监督制,必须坚持和完善党和国家监督体系,强化对权力运行的制约和监督。党的十九届四中全会通过的《中共中央关于坚持和完善中国特色社会主义制度、推进国家治理体系和治理能力现代化若干重大问题的决定》指出:"党和国家监督体系是党在长期执政条件下实现自我净化、自我完善、自我革新、自我提高的重要制度保障。必须健全党统一领导、全面覆盖、权威高效的监督体系,增强监督严肃性、协同性、有效性,形成决策科学、执行坚决、监督有力的权力运行

---

① 《马克思恩格斯选集》第3卷,人民出版社2012年版,第95页。
② 参见王东:《建立权力运行的人民监督机制——防治官僚腐败症的根本途径》,《党校论坛》1994年第3期,第14—17+38页。
③ 《马克思恩格斯选集》第3卷,人民出版社2012年版,第55页。

机制,确保党和人民赋予的权力始终用来为人民谋幸福。"①

首先,在监督主体方面,要扩大监督主体,建立大监督机制。要使监督权真正属于人民群众,使广大劳动群众真正成为监督活动的能动主体;要建立大监督机制,改变监督权只属于国家机构、行政机关的传统格局,建立统一的、全面的、包罗万象的社会监督系统、人民监督系统,健全人大监督、民主监督、行政监督、司法监督、群众监督、舆论监督制度,发挥审计监督、统计监督职能作用;要打破党、政、军、民的各类监督系统各自为政的分散局面,以党内监督为主导,推动各类监督有机贯通、相互协调。

其次,在监督对象方面,要对党、政、军、经济、文化各个领域实行坚强有力的统一监督。监督活动的主要功能从单纯的事后监察,转向以事前监督为主;监督范围从以违法乱纪现象为主,转向以关系全局的重大决策、重大行为为主;监督重点要加强对高级干部、各级主要领导干部的监督,完善领导班子内部监督制度,破解对"一把手"监督和同级监督难题。

再次,在监督方式方面,要把惩戒和教育有机结合起来。人民监督系统在反对官僚腐败顽疾过程中,不仅要发挥"外科手术刀"功能,更主要的是发挥扶正固本的"免疫系统"功能,强化党和国家的健康机体。同时,人民监督制还具有内容独特的教育功能、学习功能,让广大干部学习为人民服务,做人民公仆,受人民监督;让广大群众学习监督,学习民主,学习参与决策,学习自己管理。②

---

① 《十九大以来重要文献选编》中册,中央文献出版社 2021 年版,第 295 页。
② 参见王东:《建立权力运行的人民监督机制——防治官僚腐败症的根本途径》,《党校论坛》1994 年第 3 期,第 14—17+38 页。

最后,在监督的体制机制方面,要完善权力配置和运行的监督制约机制。坚持权责法定,明晰权力边界,强化权力制约。坚持权责透明,推动用权公开,建立权力运行可查询、可追溯的反馈机制。坚持权责统一,盯紧权力运行各个环节,完善发现问题、纠正偏差、精准问责有效机制,压减权力设租寻租空间。要构建一体推进不敢腐、不能腐、不想腐体制机制。深化标本兼治,推进反腐败国家立法,促进反腐败国际合作,加强思想道德和党纪国法教育,巩固和发展反腐败斗争压倒性胜利。

二、国家治理的主体架构:从单一主体到多元复合主体

从人类历史来看,国家这一政治组织是人类进入文明社会的标志。国家是如何产生的呢?其基本角色身份又是什么呢?在《家庭、私有制和国家的起源》中,恩格斯做了如下阐述:"国家决不是从外部强加于社会的一种力量。……国家是社会在一定发展阶段上的产物;国家是承认:这个社会陷入了不可解决的自我矛盾,分裂为不可调和的对立面而又无力摆脱这些对立面。而为了使这些对立面,这些经济利益互相冲突的阶级,不致在无谓的斗争中把自己和社会消灭,就需要有一种表面上凌驾于社会之上的力量,这种力量应当缓和冲突,把冲突保持在'秩序'的范围以内"[①],这种力量就是国家。恩格斯的这一段论述告诉我们,在阶级社会中,国家不仅是统治阶级利益的代表者,也是社会各阶级利益包括被统治阶级利益的协调者。以往对马克思主义国家理论的研究,比较强调国家的阶级性质,即国家是阶级统治的工具。

---

① 《马克思恩格斯选集》第4卷,人民出版社2012年版,第186—187页。

但是,我们也应看到,在马克思主义国家理论中,国家还是各阶级利益包括被统治阶级利益的协调者。

全面把握马克思主义关于国家的二重主体身份,尤其是各阶级利益协调者的身份,有利于正确确定国家在现代社会的角色定位,建立现代国家治理的主体结构。在现代国家发展中,国家作为统治阶级利益代表者的身份逐渐淡化,而作为社会各阶级利益的平衡者和中介者的身份逐渐凸显。20世纪七八十年代以来,一场发端于欧美的政府再造(reengineering government)运动波及全球。迈克尔·波兰尼提出的"多中心(polycentric)理论",是这场国家变革的理论基础。在《自由的逻辑》中,波兰尼区分了两种不同的社会秩序及其背后的主体架构:一种是传统的"一元的单中心指挥秩序",这种秩序凭借单一的政治权威,通过科层官僚体现出严格的上下级关系。在指挥秩序、下级服从上级的单一链条中隐含着深刻危机。波兰尼认为,任何上级指挥者都只能掌握有限的知识与信息,很多时候会力不从心。而下级为了取悦上级,往往会歪曲信息,引发协调与指挥的失灵,这种秩序难以应对社会主体的多样化发展趋势;另一种是"多中心秩序",即同时存在着政府、市场以及社会组织等许多相互独立的行为单位,形成一个富有活力的系统。在波兰尼看来,多中心秩序中,诸多行为单位既相互独立,又相互协调,受特定规则的制约,并在社会的一般规则体系中找到各自的定位以实现相互关系的整合。波兰尼认为,多中心处于产生与发展之中,是"自生""自发"的,多中心体制内的组织模式是自我产生、自我组织的。

波兰尼的这一理论,后经美国的文森特·奥斯特罗姆与埃莉诺·奥斯特罗姆夫妇的丰富和发展,成为当代公共事务管理和现代国家治理的主要理论模式之一。他们二人运用多中心理论,对美国公共治理、行政管理等方面的问题进行了深入研究,并提出了一个涵盖公共经济理论、自主治理理论和公共行政理论在内的多中心理论体系。

在现代多中心治理的主体架构中,通过各类主体、机制的参与,国家(政府)不再是唯一的主体,它更多扮演一个仲裁者的角色,制定多中心治理框架中的制度规范和行为准则,同时为公共事务管理提供依据和便利。由此出发,可以认为,现代国家治理是一种由共同的目标支持的多主体活动。在确立共同目标的前提下,政治国家与市民社会、政府与社会组织、公共机构与私人机构通过合作、协商等结成伙伴关系,以最大限度地增进公共利益,更有效地提供准公共产品和服务。

建立国家治理的多元复合主体结构,符合现代社会开放多元的历史发展趋势。现代社会发展既高度分化又深度综合。在一个社会有机体中,一方面,各个主体之间差异性愈发凸显;另一方面,各个主体之间更加相互依赖,形成须臾不可分的"共同体"。因此,各个社会主体之间必须相互承认各自的合法性地位和正当权益。否则,社会共同体势必陷入关系紧张,"善治"(good governance)也就无从谈起。建立现代国家治理的多元复合主体架构,必须承认各类社会主体,譬如政府、市场(企业)、社会组织、社会个体的身份合法性,以及利益诉求的正当性,这是建立现代国家治理主体结构的前提。

在中国传统的国家治理结构中,尤其是在改革开放前,由于实行高度集中的计划经济体制,国家代表一切。这种高度集中的体制,使国家(政府)成为单一的国家治理主体,其他社会主体都成为国家治理的对象。这种体制在"战争与革命"为主题的时代形成,在很大程度上渊源于古代封建社会中政治国家过分膨胀,严重挤压了社会、现实个人的传统社会结构。中国的历史特点是,从秦汉以来的封建专制传统长达2000年以上,没有经历过近代化进程中政治国家与市民社会二元分离的发展过程,国家过分膨胀,长达千年之久。中国传统的经济政治一体化的僵化体制,深深植根于中国古代封建社会的历史传统与社会结构之中。1980年,邓小平在《党和国家领导制度的改革》一文中,也点出这种历史根源:"这种现象,同我国历史上封建专制主义的影响有关"①,"这是封建主义残余影响尚未肃清的表现。旧中国留给我们的,封建专制传统比较多,民主法制传统很少"②。

我国的传统计划体制,与新中国成立初期简单学习苏联模式也有直接关联。1978年9月,邓小平做了这样的分析:"从总的状况来说,我们国家的体制,包括机构体制等,基本上是从苏联来的,人浮于事,机构重叠,官僚主义发展。文化大革命以前就这样。办一件事,人多了,转圈子。有好多体制问题要重新考虑。总的说来,我们的体制不适应现代化,上层建筑不适应新的要求。"③邓小平在分析中国官僚主义产生的根源时,也提到了传统计划体制背后的国家全面介入的危害:"我们现在的官僚主义现象,除了同历史上的官僚主义有共同点以外,还有自己的特点,既不同于旧中国的官僚主义,也不同于资本主义国家中的官僚主义。它同我们长期认为社会主义制度和计划管理制度必须对

---

① 《邓小平文选》第2卷,人民出版社1994年版,第329页。
② 同上书,第332页。
③ 《邓小平思想年编(一九七五——一九九七)》,中央文献出版社2011年版,第163页。

经济、政治、文化、社会都实行中央高度集权的管理体制有密切关系。"①

在市场经济条件下,政府和市场分开,国家和社会分化,出现了不同的阶层、群体,形成了多元社会主体。在新的时代条件下,要建立现代国家治理的主体架构,应将市场企业、事业单位、社会组织等纳入国家治理的主体架构,赋予其主体地位,发挥主体性作用。习近平总书记在系列重要讲话中强调,推进国家治理现代化,创新社会治理体制,要坚持完善党委领导、政府主导、社会协同、公众参与、法治保障的体制机制。这种新的治理体制与传统的治理体制的根本区别就在于,强调治理的主体是多元复合的,而不是一元单一的。更为重要的是,不同于20世纪80年代末以来西方学者提出的治理的多元主体的平等参与、合作共治,我们在社会治理中的不同主体并非必然是多元并立关系,而是强调党的领导和政府主导,这是新时代中国特色社会主义社会治理主体架构的最鲜明的特征,是对西方治理思想的根本超越。

对当前的中国而言,由于社会组织力量较为薄弱,由政府推动来培育社会复合主体是一条可行的途径。一方面,要大力培育各类市场主体和社会主体,并将之逐渐整合入国家治理的主体架构;另一方面,政府的角色转化甚至在某些领域的退出应是一个渐进过程,政府在许多方面仍然要处于过渡期的主导地位,否则就会出现"一放就乱"的局面。应注重利用政府的公信力和延伸服务,探索建立涵盖政府、市场和社会等多元成分的社会复合主体,最终建立起符合现代国家治理要求的主体架构。党的十九届

---

① 《邓小平文选》第2卷,人民出版社1994年版,第327—328页。

四中全会通过的报告,提出建立"社会治理共同体"的明确目标:"社会治理是国家治理的重要方面。必须加强和创新社会治理,完善党委领导、政府负责、民主协商、社会协同、公众参与、法治保障、科技支撑的社会治理体系,建设人人有责、人人尽责、人人享有的社会治理共同体,确保人民安居乐业、社会安定有序,建设更高水平的平安中国。"① "社会治理共同体"概念的提出,蕴含着社会治理的多元复合主体。在多元复合主体架构中,政府、社会、公众在党的领导下,依据相关法律参与社会治理,实现政府治理、社会调节、居民自治的良性互动。

三、 国家治理的主要方式:从政治统治走向社会治理

在人类社会中,国家的基本职能是什么呢?根据马克思主义国家理论,国家具有双重属性:统治阶级利益的代表者和社会各阶级利益的协调者。由此,国家应具有两大职能:实现政治统治的阶级职能和管理社会公共事务的社会职能。国家的两种职能中,阶级职能是根本职能,但国家的社会职能是阶级职能的前提和基础。以往对马克思主义国家职能的理解,比较强调阶级统治职能,往往忽略社会职能。对这种错误倾向,恩格斯早在《反杜林论》中就有过深刻剖析和批判。他在批评杜林等人的单纯"暴力论"观点时指出,"不管在波斯和印度兴起和衰落的专制政府有多少,每一个专制政府都十分清楚地知道它们首先是河谷灌溉的总管"。所以,国家担当必要的社会职能是其实现政治统治的前提和基础:"政治统治到处都是以执行某种社会职能为基础,而且政

---

① 《十九大以来重要文献选编》中册,中央文献出版社 2021 年版,第 287 页。

治统治只有在它执行了它的这种社会职能时才能持续下去。"[1]

在人类社会的发展中,国家职能将怎样发展演变?马克思以巴黎公社为例做了分析。在马克思看来,随着人民国家的真正建立,"旧政权的纯属压迫性质的机关予以铲除,而旧政权的合理职能则从僭越和凌驾于社会之上的当局那里夺取过来"[2]。在这里,马克思所谓的"旧政权的纯属压迫性质"指的是国家的阶级职能,即为了实现和维护统治阶级的利益,进行剥削和压迫;而"合理职能"则指的是国家的社会公共职能,即协调社会各阶级的利益和冲突,管理社会公共事务。由此,国家的职能"将失去其政治性质,而变为维护真正社会利益的简单的管理职能"[3]。马克思的这一论述指明了国家职能转化的基本方向,即从政治统治走向社会治理。这种变化趋势不仅是国家职能的转化方向,也蕴含着当代国家治理方式的变化方向。

当今时代,在经济全球化和政治民主化大背景下,从政治统治走向社会治理,是人类政治发展的普遍趋势。"少一些统治,多一些治理",是21世纪世界主要国家政治变革的重要特征,也是创新国家治理模式的必然选择。对于政治管理和社会治理的区别,习近平总书记深刻指出:"治理和管理一字之差,体现的是系统治理、依法治理、源头治理、综合施策。"习近平总书记强调社会治理的核心是人,明确了社会治理创新的基本问题。他指出:"加强和创新社会治理,关键在体制创新,核心是人,只有人与人和谐

---

[1] 《马克思恩格斯选集》第3卷,人民出版社2012年版,第560页。
[2] 同上书,第100页。
[3] 同上书,第277页。

相处,社会才会安定有序。"①传统的管理是"你和我"的关系,社会治理则是"我们"的关系。社会治理的价值立场,就是服务于实现最广大人民的根本利益。

在国家治理中,为维护社会秩序、保障社会稳定,实际上有两种思路和选择:一是柔性的社会自主治理;二是刚性的政府政治管制。两相比较,前者代表着国家治理的未来发展方向。有论者认为,刚性的政治管制往往把社会治理政治化,视一些正常的社会问题为洪水猛兽,动辄将之上升为影响社会稳定、和谐的政治问题。这种思路往往出现"社会政治化—政治集中化—政治放大化"的不良后果:国家通过政治手段对社会加以管理,使得政府成为解决问题的唯一答案(社会政治化);社会中各类不同问题转变为政治问题,不约而同地聚汇到政治渠道中来(政治集中化);从而导致了局部的、分散的、性质不同的社会问题转化为无组织的集体行为,最终指向作为权力和资源中心的政府(政治放大化)。②而柔性的社会治理,其核心是对政治管理进行严格的边界限定,避免过度干预,给社会和市场留下足够的自主运行空间。良性的社会治理,尤其要防止政府"越位"的冲动,一些社会问题其实并不需要国家介入,社会可以通过自组织力量来自我控制,不应轻易动用政府的行政和其他强制手段。

从政治统治转向社会治理,有利于破解当前国家治理领域存在的一些难题。其一,有利于建立缓解政府和民众直接冲突的"中间地带",避免政府成为社会利益冲突的直接当事人。其二,

---

① 《习近平关于社会主义社会建设论述摘编》,中央文献出版社 2017 年版,第 127 页。
② 参见 Xueguang Zhou, "Unorganized Interests and Collective Action in Communist China, *American Sociological Review*, 1993, p. 54。

有利于降低政府高昂的行政成本。我国的行政成本偏高,这一直是民众反响强烈的问题。降低行政成本,建立"廉价政府",这是世界各国国家治理现代化的普遍趋势和要求。马克思早在《法兰西内战》中就提出了"廉价政府"的目标。如何实现这一目标呢?方法之一就是减少政治干预,扩大社会自主治理。"国家必须限制自己的开支,即精简政府机构,管理尽可能少些,官吏尽可能少用,尽可能少介入市民社会方面的事务。"①

四、 国家治理的未来方向:实现社会自主治理

在人类历史发展的长河中,国家并不是从来就有的。国家的诞生,是由于社会共同体陷入各类矛盾,无法实现自我管理,因此必须由国家来协调矛盾,将冲突限制在社会共同体可以接受的"秩序"之内。但是,国家一经产生,往往容易由社会公仆异化为社会主人,阻碍社会发展。人类历史的发展,必须最终消除国家这个"必要的邪恶"。在现实生活中,由于对国家的迷信,人们容易产生"对国家以及一切同国家有关的事物的盲目崇拜",以至于"人们从小就习惯于认为,全社会的公共事务和公共利益只能像迄今为止那样,由国家和国家的地位优越的官吏来处理和维护",即一些本来属于社会公共领域的事务也必须由国家来治理。对于这种错误,恩格斯明确提出,"国家再好也不过是在争取阶级统治的斗争中获胜的无产阶级所继承下来的一个祸害"。所以,在人类社会发展的更高阶段,必须"尽量除去这个祸害的最坏方面,直到在新的自由的社会条件下成长起来的一代有能力把这国家

---

① 《马克思恩格斯选集》第 1 卷,人民出版社 2012 年版,第 519 页。

废物全部抛掉"①。在这里,马克思主义提出了国家逐步退出对公共事务管理,以至最终消亡的历史发展方向。

实际上,国家消亡的过程,也就是实现社会自主治理的过程。在马克思看来,巴黎公社就是一次人类努力实现社会自主治理的伟大尝试。在巴黎公社的尝试中,人们把"国家政权重新收回,把它从统治社会、压制社会的力量变成社会本身的充满生气的力量;……这是人民群众获得社会解放的政治形式"②。对于巴黎公社的这种尝试,马克思给予了很高的礼赞,认为它包含着人类解放最终完成的途径和方向,即"只有当人认识到自身'固有的力量'是**社会**力量,并把这种力量组织起来",进而"不再把社会力量以**政治**力量的形式同自身分离的时候",人类解放才能完成。③ 也就是说,人类要最终实现自由和解放,必须由社会力量取代政治力量,即由社会自主治理取代国家统治。

一般而言,一个社会有机体应包含政府、市场、社会三类主体类型。一个良性的富有生命力的社会有机体,应在三者间保持动态平衡,不可偏废。西方传统的社会主体结构,更多主张限制国家(政府),扩展市场和社会空间,甚至提出"最小国家"理论和"守夜人角色"理论。这种理论导致西方国家往往社会组织、市场主体极其发达,但国家(政府)能力不足。而在中国传统的社会结构中,尤其是在计划经济体制下,国家掌控庞大的资源,动员和组织能力都很强大。但是,国家无限扩张容易导致各类市场主体和社会组织发展程度不高、独立性不强。就当下的中国而言,我们

---

① 《马克思恩格斯选集》第 3 卷,人民出版社 2012 年版,第 55 页。
② 同上书,第 140 页。
③ 参见《马克思恩格斯全集》第 3 卷,人民出版社 2002 年版,第 189 页。

应尽力消除西方"社会(市场)至上主义",克服中国传统的"国家至上主义"的弊端,积极培育多元社会主体,实现"国家和社会"的动态平衡。

纵观人类社会的现代化历程,任何一个国家的现代化都必须实现两种不同的结构分化:"国家和市场的分化""国家和社会的分化"。改革开放40多年来,尤其是随着市场经济的建立和完善,中国已经基本实现了第一个结构分化,即"国家与市场的分化"。在此基础上,要进一步简政放权,深化行政审批制度改革,最大限度减少中央政府对微观事务的管理,尤其是要退出市场机制能有效调节的经济活动领域,真正发挥"市场在资源配置中的决定性作用"。

而现代社会结构的另一个重大分化,即"国家和社会的分化",我们还任重而道远,需要锐意改革,大力推进。如何积极推动中国社会组织的发展,有一个重要问题必须正视:中国历史上是否存在过相对独立的社会组织?如果存在过,它能否并如何实现现代转换?这些问题,国内外学界都有过一些研究成果,值得认真分析。关于中国历史上是否存在过相对独立的社会组织的争论,最开始主要在史学界尤其是海外的中国史学界展开。海外史学界在研究清末民初这一特别的历史阶段时,发生了中国是否存在市民社会的辩论,并最终凝聚为三种观点:一是否认中国出现过独立于国家的市民社会组织。魏斐德曾以汉口作为个案研究,认为中国在开启大规模的市场经济改革之前,全能国家主义居于主导地位,并不存在独立于国家领域之外的市民社会组织。二是在不同程度上承认市民社会在中国近代史上的存在。罗威廉同样以汉口为例做了分析,他认为晚清的汉口已形成以"本地认同"(locational identity)为纽带的市民社会,这是中国近代史上城市商业社会的典范。三是认为中国传统的结社制度是市民社会组织的雏形。黄宗智认为,西方的国家与市民社会的二分分析模式不适合中国,应该从第三域出发分析中国传统的市民社会组织。他从实证角度对华北乡村和长江三角洲的民间社会组织进行了例证分析。上述三种观点中,以黄宗智为代表的观点正逐步得到多数论者的认同。

关于中国传统的市民社会组织现代转换的问题,首先,要正视中国传统的民间社会组织与西方市民社会组织在形成背景上的差别,以及二者不同的特性。中国传统民间社会组织的形成,不是如西方市民社会组织那样在国家与社会分权的基础上建立起来的,而是在王权控制能力无法达到的一些领域形成的。这些民间社会组织的权利并没有正式的制度保障,它们往往因不同时代王权的强弱而发生变化,具有很大的弹性。其次,要正视传统观念在中国市民社会转换中的基础性作用。中国社会在改革开放后发生了根本性巨变,但中国传统的价值理念和伦理秩序仍然在很大程度上影响着中国市民社会的发展形态。无论就观念传承还是制度建构而言,中国的市民社会组织不能简单移植西方的市民社会理念,更应吸收中国"民间社会组织"的传统。

概言之,今天中国的社会组织大体上有两个源头,一是中国传统民间组织的现代复兴,二是全球化背景下国际非政府组织中国化的产物。就前者而言,中国传统的封建体制下,表面上皇权至上,"普天之下,莫非王土;率土之滨,莫非王臣",实际上,"王权不下县",在王权所不至的一些基层区域,出现了许多民间组织。尤其是在清末民初时期,商品经济的发展以及民族资产者等新社会因素的出现,催生了大量民间社会组织。这些传统的民间社会组织在新中国成立尤其是社会主义改造完成后,难融于当时的体制环境,逐渐消失。但是,随着改革开放以来国家对社会的控制出现松动,社会自治领域发展较快,传统的民间组织出现复兴。就国际非政府组织的中国化而言,它主要从两方面推进了中国社会组织的发展。第一,随着中国融入全球化的程度不断提升,越来越多的国际非政府组织进入中国,它们要么直接在中国设立分支机构,要么在中国寻找合作伙伴。这些国际非政府组织凭借所掌握的资金、技术以及国际关系等优势条件,广泛涉入中国的各个领域,对中国的社会组织发展产生重大影响。第二,国际非政府组织通常要求其在中国的合作伙伴应是对应的非政府组织,这迫使原有体制下一大批管理社会事务的政府机构、事业单位向非政府组织转变,也催生了众多体制内的新型社会组织。

推进国家治理现代化,建立现代国家治理体系,必须正确处理政府和社会关系,推进社会组织明确权责、依法自治、发挥作用"。要达到这一目标和要求,需要从以下几个方面着手:一是要积极推进各类社会事业单位去行政化。譬如,要创造条件,逐步取消学校、科研院所、医院等单位的行政级别。建立事业单位法人治理结构,让有条件的事业单位尽快转化为企业或社会组织。二是要将政府的一部分社会管理和公共服务职能向社会组织转移。譬如,加大政府购买公共服务的范围和力度,凡属事务性管理服务,原则上都要引入竞争机制,通过合同、委托等方式向社会购买。三是要夯实基层和社区自主治理,在此基础上,不断提升自主治理的范围和层级。对于适合由社会组织管理和解决的事项,交由社会组织承担。支持和发展志愿服务组织,引导各类社会组织和群体在城乡社区治理、基层公共事务和公益事业中依法自我管理、自我服务,为最终走向社会自主治理打下坚实基础。

党的十九届四中全会通过的《中共中央关于坚持和完善中国特色社会主义制度、推进国家治理体系和治理能力现代化若干重大问题的决定》提出,要"健全充满活力的基层群众自治制度"。这就要求我们健全基层党组织领导的基层群众自治机制,在城乡社区治理、基层公共事务和公益事业中广泛实行群众自我管理、自我服务、自我教育、自我监督,拓宽人民群众反映意见和建议的渠道,着力推进基层直接民主制度化、规范化、程序化。健全以职工代表大会为基本形式的企事业单位民主管理制度,探索企业职工参与管理的有效方式,保障职工群众的知情权、参与权、表达权、监督权,维护职工合法权益。

同时,要"构建基层社会治理新格局"。这就要求我们完善群众参与基层社会治理的制度化渠道。健全党组织领导的自治、法治、德治相结合的城乡基层治理体系,健全社区管理和服务机制,推行网格化管理和服务,发挥群团组织、社会组织作用,发挥行业协会商会自律功能,实现政府治理和社会调节、居民自治良性互动,夯实基层社会治理基础。加快推进市域社会治理现代化。推动社会治理和服务重心向基层下移,把更多资源下沉到基层,更好提供精准化、精细化服务。

第七章　中国国家治理的制度韧性[①]

《商君书》中写道:"凡将立国,制度不可不察也。"制度问题是国家治理的重要问题。习近平指出:"制度竞争是国家间最根本的竞争。制度稳则国家稳。"[②]制度的优劣与完善程度,是衡量国家治理体系和治理能力现代化水平的重要因素。评价一种制度,不仅要考察其结构形态和具体内容是否合理完备,还要考察其在国家治理的动态进程中所发挥的功能和发展变动情况。一种好的制度,不仅能在特定的历史时期内保持治理秩序的稳定延续,还能够不断适应新的形势需要,随着历史的发展而自我调适。它既能够避免由制度僵化导致的治理失效,也不会因为制度发生颠覆性变革使国家和社会陷入混乱。制度的这种特性可以被称为制度的"韧性"。一种有韧性的制度,必须是稳定性和革新性的有机统一。中国的国家制度,是一种具有强大韧性的制度,在国家治理中发

[①] 李洋助理教授参与本章部分内容写作,谨致谢忱。
[②] 《习近平著作选读》第2卷,人民出版社2023年版,第277页。

挥了积极作用。在新的时代条件下推进国家治理现代化,需要进一步强化和拓展中国国家治理的制度韧性。

一、 制度韧性的内涵与双重维度

制度韧性是关于制度研究的普遍性问题。对这一问题的关注,并不是源于对制度问题的理论探讨,而是源于对具体制度实践效能的关注。对制度韧性问题的研究,最初主要集中于比较政治学领域。有论者认为,政治领域的韧性,首先意味着制度的生存和稳定能力,反映了国家制度规避与应对挑战的能力。一些学者在对中国制度韧性的叙述中,也着重于中国的制度"能够经受住那么多的挑战和考验而不断向前发展"。可见,制度韧性最集中的表现是在对危机的应对和处理上。而且,这种有效应对也蕴含在制度本身的调适、成长中。根据学界的相关研究,我们将制度韧性的内涵理解为,制度能够有效适应环境变化、应对各种危机和挑战,在受到冲击后仍然能够稳定发挥功能、及时进行自我调整,进而恢复到正常状态的性质和能力。它是两个维度的有机统一,即制度稳定性和制度适应性的统一。

稳定性是制度具有韧性的首要特征,是制度韧性的核心意涵。首先,韧性稳定意味着整个制度体系创设的精神是连贯延续的,建设思想是明确且一以贯之的。如果制度制定没有一以贯之的思想做指导,制度更改频繁,甚至朝令夕改,即用即废,那么制度本身的公信力将会下降,制度的威慑力和权威性将受到质疑,难以有效发挥指导和规范社会的作用。另外,制度设计的思想缺乏连续性,制度变更频繁,人们将难以准确预判自己的行为是否符合制度精神和要求,很可能出现违约、违规行为,导致社会失序。其次,韧性稳定意味着制度体系内部的各项具体制度之间是共生促进而非排斥的关系。不同领域的制度(如政治制度、经济制度、文化制度等)不是孤立地、单独地存在的,它们共存于一个制度整体中,共同发挥作用。如果政治制度规范与经济制度准则相冲突,甚至出现截然相反的制度要求,这种冲突将会使整个制度体系陷入混乱矛盾的状态,甚至导致整个制度系统的崩溃。最后,韧性稳定还意味着制度能够在一个大跨度的时空范围内持续有效地发挥功能。有学者将制度功能分为应然功能(制度在理想上具有的功能)和实然功能(制度在现实中、在特定的历史阶段上发挥的作用)两个层面。在应然层面,制度能够促进社会的发展,实现人与社会的协调发展,促进人的全面发展。在实然层面,制度能够确定人的行为界限,形成社会秩序,确定人们的行动预期,并营造社会环境。[1] 韧性稳定意味着制度能够持久地发挥应然和实然功能,推动社会良序发展。

制度韧性的另外一个重要维度是制度的适应性。一方面,适应性意味着制度能够在纵向上随着历史的发展而不断发展变迁。一是制度会随着社会意识观念的变化而进行自我更新。不同的时代有不同的时代精神,制度如果不能反映所处时代的社会意识,制度价值追求偏离社会价值共识,社会成员的制度认同感降低,制度将难以有效规范成员行为,可能发生制度失灵,难以实现预设的治理目标。二是制度会随着现实物质条件的变化而自我革新。制度如果忽视社会生产的发展,没有根据社会矛盾的变化

---

[1] 参见辛鸣:《在应然与实然之间——关于制度功能及其局限的哲学分析》,《哲学研究》2005年第9期,第93—99页。

及时进行变革,将会与现实脱节,无法有效回应社会的实际需求,无法承担规范引导社会的职能。综述之,制度的适应性意味着制度能够与时俱进、符合客观历史发展规律。

另一方面,适应性意味着制度能够依据横向关系进行有效的自我调节。制度能够从周围的环境吸收养分,"适时与制度环境交换信息和能量,特别允许制度环境中的因素对原有的制度系统进行影响和改造"①,能够利用周围的有利因素不断推动制度系统演化升级。韧性适应还意味着制度具有学习能力。制度不囿于周围的环境,能够不断地学习、研究与制度建设有关的各种理论和现实情况,借鉴其他文明的发展成果、吸取治理失败教训,与其他制度开展对话与交流,增强自身的韧性。

与关注中国国家治理的经济、政治等方面的具体问题不同,关于中国制度韧性的争论,直接就将关注点放在了制度本身上。制度是否具有韧性,是对一个制度总体状况的重要评判,是衡量中国国家治理能否持续有效、中国特色社会主义制度是否具备长久生命力的重要维度。一方面,从国家制度面临的现实状况来看,当前中国的发展还面临很多考验,发展不平衡、不协调问题仍很严重,发展中积累下来的问题迫切需要解决。解决现存的问题需要对现存的体制机制进行改进,对国家治理体制进行完善,而这种升级调适就涉及制度的韧性问题。另一方面,中国的进一步发展将会出现难以料想的新情况,新问题得不到解决,中国经济社会的高质量发展将难以持续。突破发展困境的重要方法就是根据新的时代要求推进国家治理体系和治理能力现代化。制度

---

① 江必新、王红霞:《国家治理现代化与制度构建》,中国法制出版社 2016 年版,第 57 页。

创新过程中的制度韧性问题,是需要注意的重要方面。如何正确理解和发挥中国特色社会主义制度韧性,这是一个需要认真分析并阐释清楚的问题。纵观历史,中国特色社会主义制度是具有韧性的制度,这种韧性在历史的发展中不断得以增强。

中国国家治理的制度韧性具有深厚的历史文化基础和制度底蕴。在人类历史上,中国是较早创建国家制度的国家。自古以来,中国逐步探索形成了一整套包括朝廷制度、郡县制度、土地制度、税赋制度、科举制度、监察制度、军事制度等各方面制度在内的国家制度和国家治理体系。这一整套制度和治理体系具有很好的治理效能,创造了举世瞩目的物质文明和精神文明,并为周边国家和民族所学习和模仿。与之相对应,中华文明中也包含了关于国家制度和国家治理的丰富思想,"包括大道之行、天下为公的大同理想,六合同风、四海一家的大一统传统,德主刑辅、以德化人的德治主张,民贵君轻、政在养民的民本思想,等贵贱均贫富、损有余补不足的平等观念,法不阿贵、绳不挠曲的正义追求,孝悌忠信、礼义廉耻的道德操守,任人唯贤、选贤与能的用人标准,周虽旧邦、其命维新的改革精神,亲仁善邻、协和万邦的外交之道,以和为贵、好战必亡的和平理念,等等"[①]。这些思想中的精华是中华优秀传统文化的重要组成部分,也是国家治理的重要思想资源。

二、中国国家治理制度韧性的发展历程

中国传统的国家制度具有很强的稳定性。几千年以来,中华

[①] 《习近平著作选读》第2卷,人民出版社2023年版,第278页。

文明在各种内外危机中始终保持着相对的稳定延续，保持着类似的制度体制。进入近代以后，封建统治腐朽无能，帝国主义列强入侵，中国的君主专制制度陷入全面危机。面对日益深重的危机，无数仁人志士为改变中国的前途命运，开始探寻新的国家制度和国家治理体系。在相当长的历史时期，人们以西方资本主义制度为学习对象，尝试了君主立宪制、议会制、多党制、总统制等各种制度模式，但都以失败而告终。新中国成立后，经过社会主义改造，我国建立了社会主义制度。中国的社会主义制度建立六十多年来，显示出了强大的韧性，既经受了各种内外危机的重大考验，也取得了突出的发展成就。如前所述，许多学者关注并分析了中国的制度韧性及其来源，认为其来源包括中华文明的历史积淀、中国具有张力的国家治理结构以及政党的先进性，等等。不过，对中国的制度韧性进行具体考察，就会发现其并不是伴随着新中国制度的建立而自然充分具备的，而是随着当代中国国家治理的制度建设实践逐渐形成和强化的。

1. 中国近代以来对韧性制度的寻求

近代以来，面对"千年未有之变局"的现代社会冲击，中国无法在传统制度的调整范围内实现有效的国家治理，陷入了深重的内外危机。在社会主义制度建立之前，近代中国对僵化制度的变革力度不足，不足以应对新的历史条件下的危机，比如清王朝自身的洋务运动或立宪改革，或者旧式的改朝换代的农民战争（如太平天国）等。缺乏植根于中国国情的稳定性，因而建立的制度非常脆弱，比如民国以来中国对西方资本主义制度的尝试。

1927年北伐战争后建立的形式上统一的国民党政权，有了比旧军阀更为现代化的意识形态体系和组织形式，建立了具备一定韧性的制度。这种制度具备一定韧性的体现,是它能够在日本侵华的重大危机下维系基本的国家主权存在。但是,这种制度的韧性显然是不足的,它没有脱离半殖民地半封建的性质,也无力提供稳定的社会政治秩序,同时,它也无法在土地关系等方面推进有效的社会改革,最终结局必然是治理的失败。

新民主主义革命时期,中国共产党团结带领人民在根据地创建人民政权,探索建立新民主主义经济、政治、文化制度,为新中国建立人民当家作主的新型国家制度积累了宝贵经验。夺取全国政权后,我们党团结带领人民制定《共同纲领》、1954年宪法,确定了国体、政体、国家结构形式,建立了国家政权组织体系。我们党进而团结带领人民进行社会主义改造,确立了社会主义基本制度,实现了中国历史上最深刻的社会变革,为当代中国的发展进步确立了根本政治前提和制度基础。

经过近代一百多年来对政治道路的探索,新中国建立了具有初步韧性的社会主义制度。这种制度韧性一方面,是制度探索的历史所赋予的。新中国的社会主义制度是经历了其他各种制度"试错"之后的选择,加之新民主主义革命的奋斗历程本身充满着曲折,社会主义制度在建立之初就对中国的特殊国情、对历史的特殊情境有着高度的重视,这是这种制度具有韧性的基础。另一方面,这种制度韧性也来源于中国社会主义制度建立时的指导理念。在制度初创时,制度的设计者们就对制度的韧性问题给予了高度的重视,考虑到既要明确方向,坚持基本原理,又要灵活适应,为后续的调整、革新留下空间。它不拘泥于现成的理论或苏联等国的模板,而是设计得更有"弹性"。毛泽东在《论十大关系》中指出,对于工业建设,重工业是建设的重点,但"还要适当地调整重工业和农业、轻工业的投资比例,更多地发展农业、轻工业"①。在处理中央和地方关系的问题上,巩固党中央集中统一领导是基础,在这一前提下,要"扩大一点地方的权力,给地方更多的独立性,让地方办更多的事情"②。

社会主义制度建立之后的历史发展,充分说明了这种制度的韧性。新中国的建立,结束了近代中国一百多年的动荡局面,推动了中国农业、工业、国防和科学技术的现代化,真正建立起了能够稳定有效发挥功能的制度体系。虽然在社会主义建设的过程中发生了种种波折,但国家制度还是维持了最基本的稳定,并在经历危机后迅速地实现了自身的调整与革新。不过,受到中国本身发展阶段以及对社会主义认识水平的限制,中国最初建立的社会主义制度在韧性上还有着明显的欠缺,甚至还发生了严重影响国家治理的政治风波。种种曲折说明,这种制度虽然具有韧性,但远非完善的制度体系,制度韧性也还有待进一步强化和提升。

2. 中国特色社会主义制度韧性的形成

"文化大革命"给中国社会主义制度带来极大的制度破坏。"文化大革命"结束后,中国的国家治理开始更加注重制度建设。邓小平同志曾说:"我们的党和人民浴血奋斗多年,建立了社会主义制度。尽管这个制度还不完善,又遭受了破坏,但是无论如何,社会主义制度总比弱肉强食、损人利己的资本主义制度好得多。我们的制度将一天天完善起来,它将吸收我们可以从世界各国吸收的进步因素,成为世界上最好的制度。这是资本主义所绝对不

---

① 《毛泽东文集》第 7 卷,人民出版社 1999 年版,第 24 页。
② 同上书,第 31 页。

可能做到的。"①改革开放以来,我们着手恢复和新建各项制度,将国家治理更多地纳入制度框架,同时,在保持制度整体稳定的前提下不断进行改革创新。随着中国特色社会主义制度体系的建立与完善,制度韧性也在不断生成。

第一,随着社会秩序的恢复,中国共产党开始将制度的建设与完善作为国家治理的重要工作。"文化大革命"一结束,党中央即着手恢复各项制度,将重建稳定有效的制度看作国家治理的重要方面。邓小平指出,"制度是决定因素"②。"我们过去发生的各种错误,固然与某些领导人的思想、作风有关,但是组织制度、工作制度方面的问题更重要。"③"过去行之有效的东西,我们必须坚持。"④以邓小平同志复出后首先负责的科教领域为例:1977年,中国恢复了高等学校入学招生考试制度;科学界陆续恢复了各科研院所领导的职权,恢复了各种科研制度安排;全国文联恢复工作,各项文艺制度也得到了一定程度的恢复。随着改革开放大政方针的确立,制度的恢复和重新运行开始在各个方面普遍展开。

第二,作为改革开放的重要方面,制度层面的改革创新成为国家治理的鲜明主题。不断推动改革也成为中国制度体系的重要特征。改革开放后,面对不断发展变化的社会现实,仅仅恢复原来的制度显然是不够的,还需要根据新的时代需要对原有的制度进行革新和完善,建立新制度。20世纪80年代以来,在经济生产方面,确立了家庭联产承包责任制;在政治体制方面,出台措施

---

① 《邓小平文选》第2卷,人民出版社1994年版,第337页。
② 同上书,第308页。
③ 同上书,第333页。
④ 同上书,第133页。

精简中央机构；在法制方面，通过了1982年宪法（我国现行宪法）。在不断进行制度改革和创新的过程中，形成了更具包容性和灵活性的制度体系，制度的韧性不断增强。

第三，随着制度建设的不断完善，改革、发展、稳定三者形成了良性促进的动态关系。可以说，中国改革开放以来对这三者关系的处理，是韧性内涵的生动体现。邓小平曾经指出："对于我们这样发展中的大国来说，经济要发展得快一点，不可能总是那么平平静静、稳稳当当。要注意经济稳定、协调地发展，但稳定和协调也是相对的，不是绝对的。发展才是硬道理。"[①]改革是为了推动经济和社会的发展，推进社会主义制度的更新完善，但是在改革、发展的过程中，会出现一定的波动，保持必要的稳定，考验的就是制度的韧性。制度韧性也正是在有效处理三者关系的过程中不断加强，并反过来成为处理三者关系的有效依托。

通过实践的探索与理论的突破，中国逐渐形成了中国特色社会主义制度体系，在坚持社会主义制度基本原则的同时，根据中国现实状况的需要不断推进改革，为中国的发展提供了有效的制度基础。也正是伴随着中国特色社会主义制度体系的发展完善，中国的国家治理体系逐渐成为一个具有高度韧性的制度体系。

3. 制度韧性的不断增强

改革开放以来特别是中国特色社会主义道路确立以来，当代中国国家治理的制度韧性不断得到增强，但这种韧性的建设进程并不是一直平稳顺利的，而是经历了多次危机。

从20世纪80年代末到21世纪初，中国的国家治理面临多方

---

① 《邓小平文选》第3卷，人民出版社1993年版，第377页。

面危机,在这些危机中,中国制度显示了强大的韧性,在危机的应对中,制度韧性得以不断增强。危机来自多个方面。政治方面,20世纪80年代末90年代初,世界社会主义事业遭受挫折,一定程度上冲击了我国的社会主义建设,但我国的社会主义制度没有崩溃,始终维持着国家体系的正常运转;经济方面,中国先后遭受亚洲金融风暴、国际次贷危机的冲击,但中国积极调整经济发展方式,有效消解了经济危机的负面影响,成为全球经济复苏的重要引擎;对1998年特大洪水、2008年汶川地震等国内突发事件的应对以及海外紧急撤侨、海上护航等国际行动的开展都展现了中国实现治理目标的能力;社会经济的发展还带来了新考验,如社会贫富差距问题,城乡之间、区域之间发展不平衡问题,等等。这些矛盾与冲突虽不急迫,但对制度有着更加潜在的、长期的影响。对此,国家实施脱贫攻坚、西部大开发、振兴东北老工业基地等一系列战略,促进社会健康均衡发展,不断化解矛盾风险、完善制度建设,维持了社会与政治的总体稳定。

党的十八大以来,中国特色社会主义进入新时代。面对世界百年未有之大变局,我们党全面深化改革,分别就宪法修改,深化党和国家机构改革,坚持和完善中国特色社会主义制度、推进国家治理体系和治理能力现代化等重大问题作出重大决策,带领全国人民有效应对严峻复杂的国际形势和接踵而来的巨大风险挑战,充分显示了我国国家制度和国家治理体系的强大自我完善能力。可以预期,随着改革向纵深推进,我国国家制度和国家治理体系必将在国际竞争中赢得更大的比较优势,展现更为旺盛的生机活力。

总体而言,危机可能会危及国家的存续,但韧性确保了危机中国家制度的理念、内部结构、功能发挥等方面不会发生颠覆性的变化,进而能够维持社会的基本稳定,这使得制度韧性在危机中得到进一步强化。可以说,制度韧性的建设是没有止境的。因此,一方面,要继续积极主动地谋划应对各种危机风险,有意识地增强制度韧性;另一方面,在新时代,要将制度韧性建设融入制度体系建设的整体,在推动国家治理体系现代化的过程中,使自我更新完善的制度韧性不断得到强化。

4. 制度韧性的内在逻辑

中国国家治理的制度韧性,在国家治理实践中之所以获得成功,是因为它从中国的现实出发,遵从一系列约束条件,并对以下各个关键环节进行了创造性探索,系统展现了稳定性和革新性相统一的内在逻辑。

第一,正确处理改革的理论与改革的实践的关系。

理论和实践的关系问题,是人类历史发展的重大问题。教条主义和经验主义,皆滥觞于对二者关系的不当处理。马克思主义认为,实践是认识的基础。人们只有通过实践,才能形成正确的认识,并以这种认识指导人们的实践活动。中国的改革开放事业"是一项新事业,马克思没有讲过,我们的前人没有做过,其他社会主义国家也没有干过,所以,没有现成的经验可学。我们只能在干中学,在实践中摸索"[1]。这一指导思想蕴含着渐进式发展逻辑的重要命题。(1)不搞争论。人们的改革共识不可能通过争论取得,改革的新认识产生于改革的新实践。不搞争论,可以避免意识形态的纠葛,在实践中统一认识。(2)大胆地试。改革开放

---

[1] 《邓小平文选》第3卷,人民出版社1993年版,第258—259页。

不可能事先设计一个尽善尽美的蓝图,必须要有闯的精神。"大胆地试"可以激发人们的主动性和创造性,推动改革的探索发展。(3)先试验、后推广。中国经济社会发展的不均衡性,使得改革难以统一方案,齐步并进。"在全国的统一方案拿出来以前,可以先从局部做起,从一个地区、一个行业做起,逐步推开。中央各部门要允许和鼓励它们进行这种试验。"①譬如,中国的对外开放在空间范围上就突出体现了先行试点、由点到面、全面推广的特点。20世纪80年代初设立深圳等四个经济特区;20世纪80年代中期开放天津等14个沿海城市;20世纪90年代提出沿江和沿边开放战略;21世纪以来先后成立各个自贸试验区,如2013年成立上海自贸试验区,2015年成立天津、广东、福建三个自贸试验区,2018年建立海南自由贸易试验区,等等。

第二,正确处理增量改革与存量改革的关系。

中国的国家治理尤其是改革开放的伟大实践有一个显著的特点,即先改革增量,然后以增量改革带动存量改革,以体制外增量改革为突破,促进体制内的存量改革。这种先增量后存量的渐进式改革,具有"帕累托改进"的性质,即一部分人获得利益,而另一部分人并无明显受损,以此减少改革的阻力。改革初期,我们不根本触动体制内的国有经济,主要致力于体制外的增量改革,允许并鼓励体制外的非国有经济的发展。随着改革的深入,体制外的非国有经济逐渐壮大,体制内的国有经济愈益感受到外在竞争压力,改革形成倒逼机制,进而促进体制内的存量改革。这种温和、渐进的改革避免了体制内和体制外的剧烈冲突,以较小的代价取得发展的成果,避免了苏东国家"休克疗法"出现的严重后

---

① 《邓小平文选》第2卷,人民出版社1994年版,第150页。

果。我们强调增量改革先行,但不能低估存量改革的重要意义。应该看到,没有存量改革的积极进展,就没有中国改革的整体成效。其一,经过多年的改革发展,体制内的公有制经济在生产、分配和交换等环节都广泛引入市场机制,市场化程度有了质的飞跃。其二,体制内的国有经济在经济社会改革中承担了大量的社会成本。在能源、交通、通信等基础设施领域,投资大、回收周期漫长,这些领域创造的价值广泛投射于国民经济的各个部门,包括体制外的非国有经济。这些领域,若没有国有经济的投入,单靠市场配置难以为继。此外,在教育、就业、医疗、养老等社会事业领域,国有经济也承担了相当大的社会责任和投入。

第三,正确处理经济改革与政治改革的关系。

如何处理经济改革与政治改革的关系,是国家治理和改革发展的重大问题。历史唯物主义认为,经济基础决定上层建筑,上层建筑反作用于经济基础。中国的渐进式改革要求经济改革与政治改革密切配合、协调推进:一方面,经济是基础,经济体制改革必须占据主导地位;另一方面,政治上层建筑反作用于经济基础,必须适时推进政治体制改革。一些人错误地认为,中国改革开放的成就主要体现在经济领域,政治领域的改革举足不前。这种观点不符合历史事实。中国政治领域的改革一直在不断探索、有序推进。1980年,针对"文化大革命"的深刻教训,邓小平提出了党和国家领导制度改革的要求;1986年,社会主义商品经济理念提出后,对政治改革提出了新要求,"不改革政治体制,就不能保障经济体制改革的成果,不能使经济体制改革继续前进"[①];1987年,党的十三大进一步确定政治体制改革的基本方针;进入

---

① 《邓小平文选》第3卷,人民出版社1993年版,第176页。

新时代,党的十八届三中全会提出"全面深化改革的总目标,是完善和发展中国特色社会主义制度,推进国家治理体系和治理能力现代化",党的十九大提出"积极稳妥推进政治体制改革,推进社会主义民主政治制度化、规范化、程序化",党的二十大提出"要健全人民当家作主制度体系,扩大人民有序政治参与"。由此可见,中国的改革从来都是经济与政治的协调推进。当然,与苏东激进式改革相比,中国的改革有很大不同。苏东的激进式改革是政治主导,其目标是实行西方式的民主制度,政治变革支配经济变革。中国的渐进式改革以社会主义制度为前提,经济变革支配政治变革。两种改革发展的逻辑,孰优孰劣?根据历史唯物主义的观点,政治制度作为一种上层建筑,只能在与特定的经济基础的关系中才能具体判定优劣。从经济基础的要求出发决定政治上层建筑改革的目标和步骤,而不是从政治上层建筑出发来决定经济改革的方向和路径,这符合历史唯物主义的理论逻辑,也是中国渐进式改革获得成功的重要原因。

第四,正确处理改革、发展、稳定的关系。

改革、发展、稳定是中国经济社会发展的三个重要支点,国家治理必须正确处理三者之间的关系。改革是经济社会发展的动力,发展是解决经济社会问题的关键,稳定是改革发展的前提。中国改革开放渐进发展的逻辑,就是始终坚持把改革的力度、发展的速度和社会可承受的程度统一起来,其中特别强调稳定的前提作用。其一,这是总结历史经验教训的必然结果。中国社会治乱更替的历史表明,稳定的环境是国家建设和治理的根本前提。"要有一个安定的政治环境。……治理国家,这是一个大道理,要管许多小道理。"[1]放眼世界,这也是一条惨痛教训。20世纪80年代末90年代初的东欧剧变,进入21世纪一些国家爆发的"颜色革命",都告诫我们,"没有稳定的环境,什么都搞不成,已经取得的成果也会失掉"[2]。其二,强调稳定的前提作用,与改革的实质紧密相关。中国改革的实质,是利益关系的重新调整。新旧体制、新旧利益格局转换过程中,不可避免地会出现摩擦甚至冲突。没有稳定的政治权威和法律秩序,这些摩擦与冲突就可能导致社会分裂,甚至社会崩溃。中国的渐进式改革,采取温和、渐进的方式实现利益调整,大大减少了社会摩擦,维护了社会稳定;同时,把改革的成本代价稀释到更长的时间段加以消化,有效防止了社会秩序的剧烈变动和坍塌。

三、 不断强化制度韧性的实践路径

随着中国特色社会主义的发展,中国国家治理的制度体系已经建立起来。但是,这个体系的完备性,包括韧性,还需要通过多方面的制度建设来不断增强。而且,制度的韧性不是一种形成后可以自然保有的静态性质,而是体现在国家治理的动态历史进程中。中国的发展仍然面临着诸多危机与挑战,我们要避免出现制度失去韧性乃至失败的可能。这就需要在当前中国的治理实践特别是制度建设中,增强制度韧性的价值基础,以党的建设为保障,在系统性改革中实现制度韧性的不断强化。

---

[1] 《邓小平文选》第3卷,人民出版社1993年版,第124页。
[2] 同上书,第284页。

1. 以人民为中心：制度韧性的价值基础

现代意义上的治理与"统治"或"管理"的一个突出不同之处，在于它更多地强调国家和社会的互动，更加重视人民作为一个主体对国家事务的参与和配合。从制度建设的角度考虑，"以人民为中心"意味着树立明确的价值理念基础，为制度的延续和变革提供充分的合法性基础。

首先，在制度创设过程中，人民主体的政治立场是建立有韧性制度的前提。在制度建设的具体工作中，将人民权益作为出发点，充分尊重人民意愿，通过各种方式实现人民的积极参与，能够强化人民作为国家建设者的使命感，感受到自身诉求与国家制度的一致性，从而转化为对制度及其变革的认同。合理的制度创设过程，应当是凝聚集体智慧的过程，这样才能使创设的制度符合社会价值共识、最广泛地契合社会意愿，具有更高的科学性，从而具备稳定性和适应性。其次，在制度运行过程中，以人民为中心的价值导向为制度韧性提供了社会现实基础。以人民为中心的价值立场意味着制度运行所追求的目标是满足人民的需求，当人民感受到制度带来了切实的利益收获时，这种"获得感"就会转化为对制度的更多支持。在日常治理中主要表现为更自觉地遵守政策规定；在面临危机时，人民会更多地支持现存体制，反对对原制度的颠覆。最后，在制度变革过程中，与人民保持一致是制度韧性的保障。以人民为中心意味着制度变革的方向是更好地满足人民的诉求，以此为基础的制度变革有着明确的价值方向；与此同时，明确了这一价值追求，人民也能够更大限度地接受制度变革的成本，维护变革中的国家和社会的稳定。

党的十八大以来，习近平一再强调，要"把人民对美好生活的向往作为奋斗目标,依靠人民创造历史伟业"。中国的国家治理也凸显了各个领域"以人民为中心"的价值导向,再次强调了"以人民为中心的发展""人民当家作主""保障和改善民生"等理念,特别是在保障民生方面,着眼于"获得感"的提升出台了一系列增进社会福利的措施,使中国制度的韧性具备了更加深厚鲜明的价值基础。不过,面对人民群众日益增长且越发多元化的"美好生活需要",要保持和强化制度韧性,还需要从以下方面更进一步强化制度建设中的人民主体立场。一是进一步完善人民参与治理的制度性保障。在法规制定和政策出台等治理行为中,体现人民主体立场不能仅仅靠具体工作承担者。要保证充分的人民参与,还需要更全面的制度性保障,如增加制度制定的公开性,在法规政策起草、出台的过程中,建立时间上更加前置、面向对象更加广泛、过程更加规范的意见征求制度,让群众能够有权利、有途径、有序地参与其中。二是建立更加系统科学的民生保障制度。经过多年的发展,中国的社会财富和财政能力都大为改善,但是要真正最大范围、最高效率地保障民生,则需要将各方面民生政策和社会福利制度整体以至社会经济发展统筹考虑,使教育、医疗、就业等不同领域以及不同对象群体之间的社会福利政策能够相互协调。三是建立更完善的反映人民群众意见诉求的制度渠道。在进一步发挥当前人民代表大会以及协商民主等制度的基础上,还应该进一步建立各级各类组织,了解掌握群众感受与意见。新闻舆论在发挥宣传引导和监督作用的同时,也应使社会舆论特别是信息社会条件下的网络舆论发挥反映群众诉求的作用。还可以考虑借鉴现代社会科学方法和国外经验,建立规范科学的社会民意调查制度。

2. 全面深化改革：制度韧性的实现方式

郑永年认为，"目前中国最大的风险不是来自改革，而是因为不改革。改革所产生的风险，是可以理性地加以控制和解决的，而对于不改革所产生的风险，任何人也控制不了"①。因为"'不改革，而被改革'，'被改革'就变成革命了"②。要强化制度韧性，实现制度的稳定性变革，具体方式就是推动全面系统的改革。改革的对象应该是不合理的体制机制安排、僵化的体制机制因素，也就是制度当中那些与韧性相抵触的因素。改革将会使整个制度更加贴近时代，对时代有更强的适应。

十八届三中全会明确提出了全面深化改革的战略，表明了系统性改革在中国国家治理中的重要地位。随着改革的进一步深入，从保持和强化制度韧性的角度，对改革提出了更加明确的要求。第一，要更加明确改革前后基本方向的一致性。改革必须是以社会主义思想为指导，以中国的社会主义建设实际为基础的改革。但同时，坚持社会主义的方向并不意味着不能参考、借鉴其他文明的优秀成果，坚持社会主义的前提，也为吸收借鉴提供了明确标准。第二，要将治理现代化更加明确地树立为改革的目标。十八届四中全会明确提出将国家治理体系和治理能力现代化作为改革的目标。国家治理的现代化，意味着改善国家和社会的关系，增强整个体制的适应性，使人民对整个体制有更多的认同感，增强对体制的认可和支持，这也正是韧性制度的目标。第三，要更加注重改革的方法论。要加强顶层设计，对改革有一个全盘的考虑。各层级、各领域的改革也要相互协调，将改革盘活，

---

① 郑永年：《不确定的未来：如何将改革进行下去》，中信出版社2014年版，第Ⅷ页。
② 同上。

释放更多的改革红利。实践证明,只有改革才能实现发展,只有改革才能促进稳定,中国特色社会主义的制度韧性,需要在系统性的改革中得到不断强化。

伴随着改革开放事业的持续推进,改革开放的内外环境、目标要求,与40多年前相比都发生了根本变化。中国改革开放的未来演进,面临诸多迫切需要解决的问题。其中,以下两个问题最为关键。第一,做好充分的理论准备,加强顶层设计。改革开放之初,我们提出"不搞争论",目的是尊重实践,不搞纸上谈兵。但是,这并不是说改革不需要理论指导和顶层设计。过去之所以实行渐进式改革,是因为我们对事关改革的一些重大问题还没完全摸清看透,无法绘就改革的全局路线图,因而不得不"摸着石头过河"。"摸着石头过河"和加强顶层设计是辩证统一的。"摸着石头过河"强调从实践中获得真知,这是富有中国特色的改革发展逻辑。改革发展到今天,亟待推进的各项改革的方向、目标和路径都已明晰化,改革不能再片面强调"摸着石头过河",更需要在系统的理论指导下全面推进。党的十九大报告指出,全面深化改革已进入攻坚期和深水区。这意味着容易的、普遍受益的改革已经完成了,好吃的肉都吃掉了,剩下的都是难啃的硬骨头。改革能否深化的关键,不是认识问题而是决心问题。这要求改革者敢于担当,敢于啃硬骨头,敢于涉险滩。所谓渐进式改革,不能成为拖延改革、阻滞改革的托词。我们必须以决绝的勇气、充分的准备,系统推进、全面深化改革。党的二十大报告指出,要深入推进改革创新,着力破解深层次体制机制障碍,不断彰显中国特色社会主义制度优势,把我国制度优势更好转化为国家治理效能。改革推进到现在,迫切需要全面深化改革的顶层设计。要对经济、政治、文化、社会、生态等领域的改革发展做出统筹设计,加强对各项改革关联性的研判,努力做到全局与局部相配套、治标与治本相结合、渐进与突破相促进。

第二,突破利益固化的藩篱,坚持改革的正确价值取向。中国改革开放的不同时期,出现了不同的利益群体。在改革早期阶段,"先试点后推广"的改革模式使得一部人凭借先发优势获得利益;20世纪80年代推行双轨制以后,一些人在新旧体制间"套利";1992年之后,随着市场化进程加快,新兴资本集团和一部分掌握体制内权力的人结成利益同盟,谋取个人权益。从改革开放初到20世纪90年代中期,由于"帕累托效应",改革惠及各个社会阶层。加之各社会阶层之间的界限不明显,能够实现阶层间的频繁流动,尚未形成阻碍改革的强势利益集团。但是,从20世纪90年代后期至今,不同利益群体间的利益博弈日益明显,不同阶层间出现阶层定型化和固化倾向。如何扭转这一倾向,成为当下改革的重要难题。破解这一难题的关键在于,必须坚持改革的正确价值取向,即为社会大多数人谋利益。今天,我们必须以更大的政治勇气和智慧,攻克体制机制上的顽瘴痼疾,突破利益固化的藩篱。正如习近平在党的十九大报告中所指出的那样:"为什么人的问题,是检验一个政党、一个政权性质的试金石。带领人民创造美好生活,是我们党始终不渝的奋斗目标。必须始终把人民利益摆在至高无上的地位,让改革发展成果更多更公平惠及全体人民。"[①]

[①] 习近平:《决胜全面建成小康社会 夺取新时代中国特色社会主义伟大胜利——在中国共产党第十九次全国代表大会上的报告》,人民出版社2017年版,第44—45页。

3. 加强党的建设：强化制度韧性的核心关键

政党是当代国家治理体系中的重要主体要素[①]，是现代国家组织与运行的基本要素[②]。在中国，执政的共产党更是整个国家治理的核心，国家治理体系直接被界定为"在党领导下管理国家的制度体系"，中国特色社会主义制度韧性的增强，关键也在于有效地加强党的建设。这首先是因为中国国家制度的韧性很大程度上直接来源于中国共产党的韧性。在一百多年来的革命、建设与改革实践中，中国共产党形成了坚守信念宗旨同时不断进行自我更新完善的特质，这些特质在党领导国家治理、推动国家制度建设的实践中直接转化为中国特色社会主义的制度韧性，并将继续成为中国国家制度韧性的直接来源。而且，一个有力的领导核心也是当代中国实现有韧性的制度建设的关键。一方面，一个明确的政治领导核心，能够为制度建设提供稳定的理论指导、协调制度建设的各方面因素，确保制度体系始终能够稳定有效地发挥功能；另一方面，一个有着历史自觉的领导核心，也是不断学习了解时代与环境状况，不断促动改革、增强制度适应性的重要动力来源。尤其对各方面利益关系复杂、处在社会变革转型阶段的中国而言，中国共产党"把方向、谋大局、定政策、促改革"作用的发挥，对于中国特色社会主义制度的韧性具有决定性的影响。不论是坚持制度建设的人民立场，还是推进系统性改革及国家治理体系和治理能力现代化，都需要将加强党的建设作为核心、关键。

[①]《国家治理体系和治理能力现代化与深化党的建设制度改革研究》，党建读物出版社 2015 年版，第 52 页。

[②] 参见林尚立:《以人民为本位的社会主义国家建设理论:政治学对科学社会主义的发现》，《政治学研究》2014 年第 4 期，第 3—17 页。

基于中国共产党在国家治理中的内外部关系状况,要进一步增强中国特色社会主义制度的韧性,党在思想理论、制度体系、领导机制和基层组织等方面还有进一步建设提升的空间。一是需要进一步增强党的理论完备性和思想影响力。现代国家治理的主体日益多元,相互之间的利益诉求各不相同,制度建设难免涉及对不同利益的协调,人们对于制度建设的理念要求也各不相同。在这个过程中,党的领导的重要体现是思想上的领导,要最大程度上凝聚改革共识,为中国的国家制度建设提供更加明确有力的思想观念指导,为制度韧性的强化提供思想基础。二是要进一步完善党内治理的制度体系建设。要发挥长久的作用,还是要靠制度。要将从严治党的实践成功经验转化为科学、规范的党内制度,在为党的自身建设提供更加稳定长久的保障的同时,也通过党内有关制度的完善,带动相应领域国家治理制度的完善,使有关制度的建设在建立之初就能够有着具备成熟韧性的党内制度作为依托。三是要进一步理顺党对各类组织和各方面工作领导的实现机制。无论是对于人大、政府、政协等国家机关,还是对于也是治理主体的各类经济和社会组织,都需要进一步完善党的领导机制,做到既能够有效地实现党的意志、有效落实党的路线方针政策,又能够保持它们的充足活力,使党组织与社会各方面有活力的多元互动成为强化制度韧性的重要社会基础。四是要进一步健全基层组织的微观机制建设。党的基层组织在中国国家和社会治理中发挥着特别的作用,既是党的意志在基层得以实现的依托,也常常是联结社会诉求与国家治理主体的重要纽带。要扩大党的组织在社会各方面的覆盖,强化党的基层组织、党员政治作用的发挥,使党组织通过具体的密切联系保持对群众的政治引领和利益关切,不断强化制度韧性的微观机制。

如前所述,制度的韧性不是一种形成后可以自然保有的静态性质,而是体现在国家治理的动态历史进程中。中国制度韧性的生成历史并不是有意识地追求某种韧性的结果,而是在中国特色社会主义的建立和完善过程中自然形成的强大韧性。当代中国国家治理已经进入新的阶段,未来主要的工作不再是制度的创建和补充,而更多的是制度体系内部的协调和完善,在这个过程中,有意识地注重强化制度的韧性特质,应当成为当代中国制度建设理论观察与实践推进的重要维度。

第八章　中国国家治理的最大制度优势

国家治理体系和治理能力是一个国家制度和制度执行能力的集中体现。推进中国国家治理现代化,是与完善和发展中国特色社会主义制度紧密联系在一起的。中国特色社会主义制度是一个层次严密的制度体系,包含根本制度、基本制度、重要制度等,其中具有统领地位的是党的领导制度。习近平指出:"我们治国理政的本根,就是中国共产党的领导和我国社会主义制度。"①中国共产党的领导,是中国特色社会主义制度的最大优势,也是中国国家治理的最大制度优势。推进国家治理现代化,必须充分认识并进一步强化党的领导这一最大的制度优势。

一、党的领导是中国国家治理的最大制度优势

中国特色社会主义制度和国家治理体系具有多方面

---

① 《习近平谈治国理政》第三卷,外文出版社2020年版,第165页。

的显著优势。党的十九届四中全会系统总结了我国国家制度和国家治理体系具有的13个方面的显著优势。主要是：坚持党的集中统一领导，坚持党的科学理论，保持政治稳定，确保国家始终沿着社会主义方向前进的显著优势；坚持人民当家作主，发展人民民主，密切联系群众，紧紧依靠人民推动国家发展的显著优势；坚持全面依法治国，建设社会主义法治国家，切实保障社会公平正义和人民权利的显著优势；坚持全国一盘棋，调动各方面积极性，集中力量办大事的显著优势；坚持各民族一律平等，铸牢中华民族共同体意识，实现共同团结奋斗、共同繁荣发展的显著优势；坚持公有制为主体、多种所有制经济共同发展和按劳分配为主体、多种分配方式并存，把社会主义制度和市场经济有机结合起来，不断解放和发展社会生产力的显著优势；坚持共同的理想信念、价值理念、道德观念，弘扬中华优秀传统文化、革命文化、社会主义先进文化，促进全体人民在思想上精神上紧紧团结在一起的显著优势；坚持以人民为中心的发展思想，不断保障和改善民生、增进人民福祉，走共同富裕道路的显著优势；坚持改革创新、与时俱进，善于自我完善、自我发展，使社会始终充满生机活力的显著优势；坚持德才兼备、选贤任能，聚天下英才而用之，培养造就更多更优秀人才的显著优势；坚持党指挥枪，确保人民军队绝对忠诚于党和人民，有力保障国家主权、安全、发展利益的显著优势；坚持"一国两制"，保持香港、澳门长期繁荣稳定，促进祖国和平统一的显著优势；坚持独立自主和对外开放相统一，积极参与全球治理，为构建人类命运共同体不断作出贡献的显著优势。①

这些显著优势是"中国之治"的制度"密码"，也是中国特色社

---

① 参见《十九大以来重要文献选编》中册，中央文献出版社2021年版，第270—271页。

会主义制度和国家治理体系强大生命力和巨大优越性的具体体现。在13个方面的显著优势中,"坚持党的集中统一领导"是排在第一位的显著优势。党的十八大以来,我们鲜明提出"中国特色社会主义最本质的特征是中国共产党领导,中国特色社会主义制度的最大优势是中国共产党领导,党是最高政治领导力量"[1]。党的十九届四中全会强调,"必须坚持党政军民学、东西南北中,党是领导一切的,坚决维护党中央权威,健全总揽全局、协调各方的党的领导制度体系,把党的领导落实到国家治理各领域各方面各环节"[2]。这是中国共产党领导人民进行革命、建设、改革最可宝贵的经验。

评价一个制度的好坏优劣,必须有科学的评价标准。1980年,邓小平在《党和国家领导制度的改革》中明确指出:"我们进行社会主义现代化建设,是要在经济上赶上发达的资本主义国家,在政治上创造比资本主义国家的民主更高更切实的民主,并且造就比这些国家更多更优秀的人才","党和国家的各种制度究竟好不好,完善不完善,必须用是否有利于实现这三条来检验"[3]。2014年,习近平在庆祝全国人民代表大会成立60周年大会上的讲话中强调:"评价一个国家政治制度是不是民主的、有效的,主要看国家领导层能否依法有序更替,全体人民能否依法管理国家事务和社会事务、管理经济和文化事业,人民群众能否畅通表达利益要求,社会各方面能否有效参与国家政治生活,国家决策能否实现科学化、民主化,各方面人才能否通过公平竞争进入国家

---

[1] 《习近平谈治国理政》第三卷,外文出版社2020年版,第94页。
[2] 《十九大以来重要文献选编》中册,中央文献出版社2021年版,第272页。
[3] 《改革开放三十年重要文献选编》上册,中央文献出版社2008年版,第143—144页。

领导和管理体系,执政党能否依照宪法法律规定实现对国家事务的领导,权力运用能否得到有效制约和监督。"①

实践是最好的试金石。鞋子合不合脚,只有穿的人才知道。我国国家制度和国家治理体系好不好、管不管用、有没有效,中国人民最有发言权。新中国成立70多年来,我们党领导人民创造了世所罕见的两大奇迹。一是经济快速发展奇迹。我国大踏步赶上时代,用几十年时间走完了发达国家几百年走过的工业化进程,跃升为世界第二大经济体,综合国力、科技实力、国防实力、文化影响力、国际影响力显著提升,人民生活显著改善,中华民族以崭新姿态屹立于世界的东方。二是社会长期稳定奇迹。我国长期保持社会和谐稳定、人民安居乐业,成为国际社会公认的最有安全感的国家之一。可以说,在人类文明发展史上,除了中国特色社会主义制度和国家治理体系外,没有哪一种国家制度和国家治理体系能够在这样短的历史时期内创造出我国取得的经济快速发展、社会长期稳定这样的奇迹。

我国国家制度和国家治理体系之所以具有多方面的显著优势,并能将这些制度优势转化为治理效能,很重要的一点就在于我们党在长期实践探索中,坚持把马克思主义基本原理同中国具体实际相结合,把开拓正确道路、发展科学理论、建设有效制度有机统一起来,用中国化的马克思主义、发展着的马克思主义指导国家制度和国家治理体系建设,不断深化对共产党执政规律、社会主义建设规律、人类社会发展规律的认识,及时把成功的实践经验转化为制度成果,使我国国家制度和国家治理体系既体现了科学社会主义基本原则,又具有鲜明的中国特色、民族特色、

---

① 《习近平谈治国理政》第四卷,外文出版社2022年版,第258页。

时代特色。

文明因多样而交流,因交流而互鉴,因互鉴而发展。中国国家制度和治理体系有着显著的优势,我们不能因此排斥其他国家的治理经验,而是要秉持开放包容态度,吸收借鉴人类制度文明的一切积极成果。在社会主义建设时期,我国国家制度和国家治理体系就借鉴吸收了苏联的许多有益经验。改革开放以来,我们不断扩大对外开放,学习借鉴其他国家治理的积极经验和做法,把社会主义制度和市场经济有机结合起来,既充分发挥市场在资源配置中的决定性作用,又更好发挥政府作用,极大解放和发展了社会生产力,极大解放和增强了社会活力。系统总结我国国家制度和国家治理体系的发展成就和显著优势,目的就是推动全党全国各族人民坚定制度自信,使我国国家制度和国家治理体系多方面的显著优势更加充分地发挥出来。长期保持并不断增强这些优势,是我们在新时代坚持和完善中国特色社会主义制度、推进国家治理体系和治理能力现代化的努力方向。

二、 全面把握党的历史方位和历史使命的变化

政党作为一种社会政治组织,由于所处的时代背景和社会历史条件不断变化,其历史方位也会不断发生变化,进而使政党的奋斗目标、中心任务和活动方式等不断发生变化。

1. 新中国成立以来党的历史方位和历史使命的变化

党的十六大报告曾对党的历史方位的变化做出系统概括,即"我们党历经革命、建设和改革,已经从领导人民为夺取全国政权而奋斗的党,成为领导人民掌握全国政权并长期执政的党。已经

从受到外部封锁和实行计划经济条件下领导国家建设的党,成为对外开放和发展社会主义市场经济条件下领导国家建设的党"[1]。简单地讲,这种历史方位的变化集中表现为两个方面:一是由夺取政权的革命党转变为执掌政权的执政党;二是由实行封闭的计划经济体制转变为开放的市场经济体制。

(1) 由夺取政权的革命党转变为执掌政权的执政党。

在马克思主义理论体系中,无产阶级政党的执政问题是一个深邃的理论命题,也是一个重大的实践课题。在《宣言》《法兰西内战》等文献中,马克思、恩格斯阐述了无产阶级如何夺取政权、如何执掌政权等问题,这些都是关于无产阶级政党执政的重要思想。俄国十月革命胜利后,列宁指出,共产党执政后如何巩固政权将是"新的异常困难的事业"[2],"这是一场严峻的考试"[3],每一个苏共党员要"了解人类创造的一切财富以丰富自己的头脑"[4],不断提高党的执政能力和水平。中国共产党从1921年最初成立的一个小党,到1949年执掌全国政权,再到成长为一个长期执政的大党,也经历了从革命党到执政党的深刻变化。

新中国成立前后一直到党的八大期间,党对自身历史方位变化的认识还是比较清醒、自觉的。毛泽东对党的历史方位的第一个转变做出了最初的认知和判断。新中国成立前夕,毛泽东在党的七届二中全会上就开始探讨中国共产党执政后面临的重大考验。毛泽东指出,随着全国胜利的到来,党内可能滋生一些有损于我们事业继续前进的不好情绪,譬如骄傲情绪、以功臣自居的

---

[1] 《改革开放三十年重要文献选编》下册,人民出版社2008年版,第1245页。
[2] 《列宁选集》第4卷,人民出版社2012年版,第668页。
[3] 同上书,第669页。
[4] 同上书,第285页。

情绪、不求进步的情绪、贪图享乐的情绪,等等。他明确告诫全党同志:革命胜利以后的"路程更长,工作更伟大,更艰苦。这一点现在就必须向党内讲明白,务必使同志们继续地保持谦虚、谨慎、不骄、不躁的作风,务必使同志们继续地保持艰苦奋斗的作风"①。毛泽东还指出,中国共产党从革命党转变为执政党,其历史任务将发生根本改变,我们不但要善于破坏一个旧世界,还要善于建设一个新世界。"严重的经济建设任务摆在我们面前。我们熟习的东西有些快要闲起来了,我们不熟习的东西正在强迫我们去做","我们必须学会自己不懂的东西。我们必须向一切内行的人们(不管什么人)学经济工作"②。七届二中全会后,毛泽东和周恩来等人离开西柏坡前往北平,出发前他们的一段谈话颇具深意。毛泽东说:"今天是进京'赶考'嘛。"周恩来说:"我们应当都能考试及格,不要退回来。"毛泽东说:"退回去就失败了。我们决不当李自成,我们都希望考个好成绩。"③毛泽东等人提出"赶考"这样一个话题,表明共产党对进城后即将面临的执政"考试"还是有充分思想准备的。

1956年党的八大是中国共产党执掌全国政权后召开的第一次全国代表大会。这次会议反映了中国共产党作为一个集体对自身历史方位转变的深刻认识。这种认识主要体现为对执政党建设问题的全面思考和探索。在这次会议上,刘少奇作了政治报告,首次使用了我们党已经是"执政党"的说法。他指出,随着革命的胜利和国家状况的变化,"党已经成为领导全国政权的党"。

---

① 《毛泽东选集》第4卷,人民出版社1991年版,第1438—1439页。
② 同上书,第1480—1481页。
③ 金冲及主编:《毛泽东传(1893—1949)》,中央文献出版社1996年版,第917页。

邓小平则作了修改党章的报告。他指出:"执政党的地位,使我们党面临着新的考验。"过去七年的执政经验告诉我们,"执政党的地位,还很容易使我们同志沾染上官僚主义的习气。脱离实际和脱离群众的危险,对于党的组织和党员来说,不是比过去减少而是比过去增加了"。因此,"我们需要实行党的内部的监督,也需要来自人民群众和党外人士对于我们党的组织和党员的监督。无论党内的监督和党外的监督,其关键都在于发展党和国家的民主生活,发扬我们党的传统作风"①。刘少奇和邓小平在八大的报告中明确指出了我们党从革命党到执政党地位的变化,并提出了执政党的建设问题。

正是由于我们党对历史方位的正确认识,才使我们党在新中国成立后取得建设事业的伟大胜利,于1956年提前完成了第一个五年计划,并顺利完成了社会主义改造,确立社会主义制度。也正是由于我们党对历史方位的准确判断,党的八大决议对我国面临的主要矛盾和主要任务作出了科学阐述,即伴随着我们党由革命党转变为执政党,我国的无产阶级同资产阶级之间的矛盾已经基本解决,国内的主要矛盾已经是人民对于建立先进的工业国的要求同落后的农业国的现实之间的矛盾,已经是人民对于经济文化迅速发展的需要同当前经济文化不能满足人民需要的状况之间的矛盾。因此,党和全国人民当前的主要任务,也应随党的历史方位的变化而变化,即要集中力量来解决这个矛盾,把我国尽快地从落后的农业国变为先进的工业国。

但是,这一时期,党还没有完全完成从革命党到执政党的角色转换。党对自身历史方位的认识极易随着情势的变化出现摇

---

① 《邓小平文选》第1卷,人民出版社1994年版,第214—215页。

摆和反复。在社会主义建设初期,党的第一代领导集体很难迅速摆脱革命战争思维,加上第二次世界大战结束后国际冷战格局的形成,"国际上反对中国的势力,反对中国社会主义的势力,迫使我们处于隔绝、孤立状态"①,这些因素致使我们党对历史方位的判断一度出现摇摆,偏离我们曾有的正确认识。从1957年反右派斗争扩大化开始,党的九大把"无产阶级专政下继续革命的理论"写入党章,随后甚至提出了"以阶级斗争为纲"的指导思想,导致"文化大革命"的发生,给党、国家和人民带来了巨大损害。这种状况表明,我们党对自身历史方位的认识出现了反复,没有从执政党的角度来认识自身的地位和任务,在实际工作中延续了革命党的思维定式。也就是说,在社会主义建设初期的中国共产党,虽然已是执政党,但没能完全实现好党的角色转换,没能充分认识到作为一个执政党的奋斗目标、中心任务、基本功能和活动方式,都已不同于一个革命党。

党的十一届三中全会总结了1957年以来的教训,重新分析了我们党历史方位的变化,确定了党面临的主要矛盾和中心任务,提出从"以阶级斗争为纲"转到"以经济建设为中心"上来。这是一个伟大的转变,使得党的事业重新走上正途。

总的来说,中国共产党从革命党到执政党的深刻变化,具体体现为以下五个方面:第一,党的奋斗目标的变化,即从夺取政权到利用政权推动社会发展的变化。中国共产党是最高纲领和最低纲领的统一论者。中国共产党的最高纲领即最终奋斗目标就是实现共产主义,这在各个历史时期都是一以贯之的。但是,党的最低纲领即在各个历史时期的具体奋斗目标往往随着党的历

---

① 《邓小平文选》第2卷,人民出版社1994年版,第232页。

史方位的变化而变化。一个政党在没有获得执政地位之前,其奋斗目标首先就是要夺取政权。如果政党已经获得政权,成为执政党,其奋斗目标就成为利用政权推动社会发展,进而巩固自己的执政地位,确保长久执政。

第二,党的中心任务的改变,即从"破字当头,用暴力革命手段"破坏一个旧世界,到"立字当头,以经济建设为中心"建设一个新世界的转变。在获得政权之前,党的一切活动都是以革命为中心的。党作为革命的发动者、组织者,就是要领导革命群众用暴力革命手段,以武装斗争方式推翻旧政权,对整个旧社会、旧制度进行根本性改造和变革。但是,革命本身不是目的,只是实现政党目标的手段。在革命成功后,作为最终胜利者的政党,就必须实现身份转换,由旧世界的破坏者转变为新世界的建设者。这一身份转换,决定政党的中心任务随之发生变化。作为执政党的中心任务就是要整合各阶级、阶层的力量,投身于新社会的建设事业中,推动经济、政治、文化、社会和生态文明建设的全面发展。

第三,党的基本功能的变化,即从阶级凝聚功能到社会整合功能的变化。政党的基本功能有两个:一是阶级凝聚功能。政党作为一定社会阶级或阶层的利益代言人,把本阶级、阶层的力量凝聚在一起,形成与其他政党的对抗,以争取和维护本党所代表的阶级或阶层的利益;二是社会整合功能。政党在代表特定社会阶级或阶层利益的同时,还必须整合各个社会群体的利益,以尽可能多地获得其他阶级或阶层的支持。只有这样,才能有效扩大自身的阶级基础和社会支持。在取得政权之前,政党把本阶级或阶层的力量凝聚在一起,是为了对抗统治者的统治,在这种情况下,政党的阶级凝聚功能得到充分体现,其作为阶级斗争工具的特点十分明显。在执政条件下,执政党掌握国家权力,要把它所代表的阶级意志上升为国家意志,就必须设法把自身利益与社会中各个不同阶级、阶层的利益整合起来,这样一来,政党的社会整合功能就突出体现出来。

第四,党的活动方式的变化,即从"运用阶级分析方法,以武装斗争方式获得权力"到"运用利益分析方法,依法行使公共权力"的转变。这种变化主要体现在两个层面:一是主要方法的变化,即从主要运用阶级分析方法到主要运用利益分析方法的变化。在革命时期,政党的主要方法是阶级分析方法,运用这种方法的目的是分清敌我友,团结一切可以团结的力量打击敌人,建立革命统一战线,取得革命成功。在执政条件下,执政党的方法必须转变为利益分析方法,即在代表本阶级利益要求的同时,兼顾其他社会阶级、阶层的利益要求,通过妥协、让步,使各方面的利益获得平衡,在平衡中寻求共同点。二是政党与国家权力关系的变化,即从权力的受制者到权力的执掌者的变化。在不执政的情况下,政党的活动受制于国家权力,有时还会遭到国家权力的暴力镇压。革命党处在统治阶级的法律体系和社会秩序之外,这就使得革命党只能以武装斗争作为夺取政权的主要方式。但在执政以后,党由过去的受权力压制者变成了权力执掌者,党发挥作用的手段和资源更加多样化。党必须善于利用所掌握的权力,以及经济、政治和社会资源,实现自己的目标。

第五,党的主要挑战的变化。"我们党最大的政治优势是密切联系群众,党执政后最大的危险是脱离群众。"在革命时期,党的生存环境极为严酷,党的一切工作都有赖于党员发动群众,依靠党与群众的血肉联系使党得以生存。群众路线是党的根本工作路线。"一切为了群众,一切依靠群众,从群众中来,到群众中去",党能够在艰苦的环境中生存、发展并最终获得政权,皆源于人民的支持和拥护。在获得政权后,中国共产党面临着新的挑战,即脱离群众的挑战。一部分党员干部脱离群众,不关心群众疾苦,形式主义、官僚主义作风盛行,严重影响了党在群众中的形象、威望,进而会失去群众的信任和支持。党执政以后,由于党员干部手中掌握着大大小小的权力,如何增强拒腐防变的能力,就成为执政党必须解决的重大问题。

(2)由封闭的计划经济体制转向开放的市场经济体制。

新中国成立之初,由于"两极格局"的影响,在国际上我们受到以美国为首的西方资本主义国家经济上的封锁和政治上的孤立,被迫实行"一边倒"战略,倒向以苏联为首的社会主义阵营。在经济发展模式上,也全面向苏联学习,建立了高度集中的计划经济体制。"这在当时是完全必要的,同时又是一个缺点,缺乏创造性,缺乏独立自主的能力。这当然不应当是长久之计。"①20世纪50年代中后期,以毛泽东为代表的中国共产党人开始意识到"苏联模式"的缺陷,提出要探索马克思主义与中国实际的"第二次结合",力图突破苏联模式的局限,探索符合中国国情的社会主义建设道路。毛泽东提出的关于实行马克思主义同中国实际"第二次结合"的历史任务,实际上开启了中国共产党探索历史方位第二次转变的历史进程。

1956年初,毛泽东做了《论十大关系》的报告。这个报告总结了经济建设的初步经验,借鉴了苏联模式的经验教训,提出了"要把国内外一切积极因素调动起来,为社会主义事业服务"的基本

---

① 《毛泽东文集》第8卷,人民出版社1999年版,第305页。

方针。报告概括论述了社会主义建设中应处理好的十大关系问题,并明确提出"向外国学习"的口号,指出一切民族、一切国家包括资本主义国家的长处都要学。这个报告成为中国共产党力图摆脱苏联模式、探索社会主义建设道路的先声,也为中国共产党探索和认识党的历史方位的第二次转变揭开了序幕,并为中共八大的召开做了理论准备。

1956年党的八大提出的一些思想和决议,集中反映了当时党对第二次历史方位转变的积极探索成果。在大会发言中,陈云提出了"三个主体,三个补充"的思想,即国家经营和集体经营是主体,一定数量的个体经营为补充;计划生产是主体,一定范围的自由生产为补充;国家市场是主体,一定范围的自由市场为补充。这一思想写进了大会的决议中,学术界普遍认为,这是经济体制改革的最初尝试。八大还初步提出了对外开放的思想。刘少奇在政治报告中提出,"我们的门是对一切人敞开的"。周恩来也指出:"我们一直在努力扩大同西方国家的贸易,并且愿意把这些国家的科学技术和管理方法中有用的东西吸收过来,为我们的建设事业服务。"[①]如果按照这个思路发展下去,就有可能真正开始党的历史方位的第二次转变。[②]但是,一方面,八大关于经济体制改革的设想,是以完善计划经济体制为目标的,不可能从根本上突破计划经济体制;另一方面,在当时冷战的国际背景下,国际上孤立、封锁中国的势力强大,我们不具备对外开放的条件。由于上述种种原因,这一转变没能真正启动,而是中断了。

1978年党的十一届三中全会全面开始了党的历史方位的第

---

① 《中国共产党第八次全国代表大会文献》,人民出版社1957年版,第151页。
② 参见黄志高:《中国共产党历史方位的演变与认知》,《学术论坛》2004年第6期,第40—43页。

二个转变。十一届三中全会批评了"以阶级斗争为纲"的口号和做法,作出了把党和国家的工作中心转移到经济建设上来、实行改革开放的历史性决策。对外开放对中国共产党而言,是一个全新课题,是中国共产党执政以来面临的最为深刻的伟大变革。改革开放的目标和实质就是要从根本上改变束缚我国生产力发展的经济体制,建立充满生机和活力的社会主义市场经济体制,同时相应地改革政治和其他方面的体制。要实现上述目标,就必须从理论上解决"什么是社会主义,怎样建设社会主义""建设一个什么样的党,怎样建设党""实现什么样的发展,怎样发展"等根本问题。在回答上述问题的过程中,中国共产党人认识到,改革是社会主义社会发展的动力,是社会主义制度的自我完善。计划与市场都是手段,不是社会主义与资本主义的本质区别。建立和发展社会主义市场经济,需要把社会主义基本制度和市场经济结合起来。在中国特色社会主义理论的指导下,我国的经济体制改革从一开始就是以市场为取向的。当然,我们要看到,改革开放仍在深入发展,社会主义市场经济体制的最终确立和完善,是一个长期过程。但总的说来,我们党已经开始在对外开放和发展社会主义市场经济条件下领导国家建设,党的历史方位的第二个转变已初步实现。

由封闭的计划经济体制转向开放的市场经济体制,使执政党的历史方位发生了深刻变化。这种变化是历史发展的必然,不仅带来了机遇,也存在风险和挑战。

其一,对外开放和市场经济带来的社会结构转型挑战。在改革开放前的计划经济时代,我国的社会结构是国家与社会高度一体模式,而在改革开放的市场经济时代,国家减少了对社会的干预,增强了社会的自组织能力和自主性,国家-社会达到了一种动态的平衡,实现了国家和社会的双赢共生。这种社会结构转型要求对我们党的组织形式和领导方式做出相应的调整。

其二,对外开放和市场经济中的经济市场化、利益多元化对执政党的执政能力提出了新的考验。随着经济市场化改革的深入推进,我国经济社会呈现出多样化的结构调整和发展态势。这种多样化发展趋势主要表现在以下几个方面:一是社会经济成分的多样化,以公有制为主体、多种所有制经济平等竞争、共同发展的经济结构已经形成;二是社会阶级、阶层的多样化,传统的工人阶级、农民阶级等社会主流阶级发生了重大变化,更重要的是产生了一大批包含自由职业者、私营企业主在内的新的社会阶层;三是人们利益要求的多样化,不仅物质利益要求不断提升,而且文化利益、政治利益要求也在不断提高;四是人们的思想意识、价值观念的多样化,各种多元文化思潮对马克思主义的主流意识形态地位产生冲击。这些多样化的发展趋势,一方面是我国社会充满生机活力的表现,另一方面也是党的执政能力建设面临的新的环境和挑战。在经济市场化条件下,党执政的经济基础也发生了深刻变化,对党和政府在经济运行中的功能提出了新的要求,更对驾驭市场经济的能力提出了新的考验。经济市场化的另一个结果就是利益多元化,主要表现为利益主体和利益要求的多元化。在中国改革开放初期,我们的一些政策可以让几乎所有的利益主体都受益,社会成员也高度拥护党的政策和执政地位。但是,随着改革开放的推进,社会成员的利益要求出现多元化的发展趋势,那种让所有的社会成员都满意的政策将很少存在,各种不同的利益群体开始出现并进行利益博弈。在这种情况下,党和政府能否均衡、公正地协调好各利益群体和利益集团的关系,尤其是维护社会弱势群体的权益,防止某些利益集团将自己的利益凌驾于公共利益之上,始终代表最广大人民的根本利益,这无疑对执政党的利益整合协调能力、科学民主决策能力等提出了新的挑战。

2. 新时代党的历史方位和历史使命

经过多年的发展,党的十九大报告对党的历史方位作了新的概括,即"经过长期努力,中国特色社会主义进入了新时代,这是我国发展新的历史方位"[①]。这一判断是对党的历史方位的全新概括,蕴含着党的历史使命的新变化。

全面把握新时代的历史方位和历史使命,需要从中华民族发展史、社会主义运动史以及人类文明发展史等多维度入手。从中华民族发展史来看,中华文明是世界四大原创文明之一,中华民族曾经创造了辉煌灿烂的物质文明和精神文明。但是,近代以来,中华民族从世界文明的中心舞台走向边缘。实现中华民族的现代复兴,成为历代中华儿女孜孜以求的中国梦。中国特色社会主义进入新时代,意味着近代以来久经磨难的中华民族迎来了从站起来、富起来到强起来的伟大飞跃,迎来了实现中华民族伟大复兴的光明前景。这个时代,中国人民将全面建成小康社会,并逐步实现全体人民共同富裕;这个时代,中国将全面建设社会主义现代化强国,并奋力实现中华民族伟大复兴的中国梦。

从社会主义运动史来看,社会主义从空想到科学、从理论到实践、从一国到多国,已有500多年的历史。以《共产党宣言》的发表为标志,科学共产主义运动也有了170多年的历史。在这一

---

① 习近平:《决胜全面建成小康社会 夺取新时代中国特色社会主义伟大胜利——在中国共产党第十九次全国代表大会上的报告》,人民出版社2017年版,第10页。

历史进程中,社会主义运动有过高潮,也经历了重大挫折。尤其是20世纪80年代末90年代初,东欧剧变后,"社会主义失败论""历史终结论"等论调一度甚嚣尘上。中国特色社会主义进入新时代,意味着科学社会主义在21世纪的中国焕发出强大生机活力,在世界上高高举起了中国特色社会主义伟大旗帜。

从人类文明发展史来看,人类文明在千年之交面临许多重大问题。这些问题是西方发达国家主导的文明模式所无法解决的。千年之交,人类文明呼唤新智慧、新方案。中国特色社会主义进入新时代,意味着中国特色社会主义道路、理论、制度、文化不断发展,拓展了发展中国家走向现代化的途径,给世界上那些既希望加快发展又希望保持自身独立性的国家和民族提供了全新选择,为解决人类问题贡献了中国智慧和中国方案。这个时代是我国日益走近世界舞台中央、不断为人类作出更大贡献的时代。

全面把握新时代的历史方位和历史使命,关键是要正确把握我国社会主要矛盾的变化。新中国成立以来,中国共产党对不同历史时期我国社会主要矛盾的认识,有一个逐渐深化的过程。

新中国成立初期,伴随着土地改革的基本完成,我国社会的主要矛盾发生了变化。"新民主主义革命在全国胜利和土地制度改革在全国完成以后,国内的主要矛盾已经转为工人阶级和资产阶级之间、社会主义道路和资本主义道路之间的矛盾。"[①]以此为据,我们党制定了"过渡时期"的总路线,即在一个相当长的时期内,逐步实现国家的社会主义工业化,并逐步实现国家对农业、手工业和资本主义工商业的社会主义改造。

1956年,"三大改造"完成,中国确立社会主义制度。同年,党

---

① 《改革开放三十年重要文献选编》上册,人民出版社2008年版,第188—189页。

的八大召开,对我国社会主要矛盾的变化进行了概括:生产资料私有制的社会主义改造基本完成以后,我国国内的主要矛盾不再是工人阶级和资产阶级之间的矛盾,而是人民对于建立先进的工业国的要求同落后的农业国的现实之间的矛盾,是人民对于经济文化迅速发展的需要同当前经济文化不能满足人民需要的状况之间的矛盾。这一矛盾的实质,在中国社会主义制度已经建立的情况下,也就是先进的社会主义制度同落后的社会生产之间的矛盾。所以,大会提出,党和全国人民当前的主要任务,就是要集中力量来解决这个矛盾,把我国尽快地从落后的农业国变为先进的工业国。应该说,党的八大提出的我国社会的主要矛盾和主要任务,是符合当时的实际情况的。

遗憾的是,由于一系列复杂的国内、国际原因,我们党对我国社会主要矛盾的认识出现了反复,给党的事业和国家建设带来严重危害。1958年,党的八届二次会议提出:"整风运动和反右派斗争的经验再一次表明,在整个过渡时期,也就是说,在社会主义社会建成以前,无产阶级同资产阶级的斗争,社会主义道路同资本主义道路的斗争,始终是我国内部的主要矛盾。"[①]这一错误认识导致了后来我们党和国家一系列重大政策和决策的失误。

1978年,党的十一届三中全会召开,开启了我国改革开放的序幕和社会主义现代化建设的新时期。1979年,邓小平在党的理论工作务虚会上就当时我国社会的主要矛盾做了科学论述。他指出:"什么是目前时期的主要矛盾,也就是目前时期全党和全国人民所必须解决的主要问题或中心任务,由于三中全会决定把工

[①] 《中共中央文件选集(一九四九年十月~一九六六年五月)》第28册,人民出版社2013年版,第6页。

作重点转移到社会主义现代化建设方面来,实际上已经解决了。我们的生产力发展水平很低,远远不能满足人民和国家的需要,这就是我们目前时期的主要矛盾,解决这个主要矛盾就是我们的中心任务。"在邓小平这一论述的基础上,1981年召开的党的十一届六中全会对我国社会的主要矛盾做了明确概括:"我国所要解决的主要矛盾,是人民日益增长的物质文化需要同落后的社会生产之间的矛盾。"会议据此提出,今后党和国家工作的重点,必须转移到以经济建设为中心的社会主义现代化建设上来,大大发展社会生产力,并在这个基础上逐步改善人民的物质文化生活。这一主要矛盾和工作重点的科学概括,成为党在改革开放和社会主义现代化建设中制定各项路线、方针和政策的重要依据。

经过改革开放40多年,尤其是党的十八大以来的巨大发展,中国特色社会主义进入新时代,我国社会主要矛盾发生了新的变化。党的十九大指出,新时代中国社会的主要矛盾已经转化为人民日益增长的美好生活需要和不平衡不充分的发展之间的矛盾。党的二十大报告指出,我们经过接续奋斗,实现了小康这个中华民族的千年梦想,我国发展站在了更高历史起点上。我们坚持精准扶贫、尽锐出战,打赢了人类历史上规模最大的脱贫攻坚战,全国八百三十二个贫困县全部摘帽,近一亿农村贫困人口实现脱贫,九百六十多万贫困人口实现易地搬迁,历史性地解决了绝对贫困问题,为全球减贫事业作出了重大贡献。

随着时代的发展,人民对美好生活的需要日益广泛,不断深化。不仅对物质文化生活提出了更高要求,而且在民主、法治、公平、正义、安全、环境等方面的要求日益增长。与此同时,我国社会生产力水平总体上显著提高,社会生产能力在很多方面进入世界前列,甚至在很多生产领域出现了产能相对过剩的问题。生产力和社会经济发展方面,更加突出的问题是发展不平衡不充分,这已经成为满足人民日益增长的美好生活需要的主要制约因素。

新时代我国社会主要矛盾的变化,是一个关系全局的历史性变化,对执政党的建设和国家治理都提出了许多新要求。我们要在继续推动发展的基础上,着力解决好发展不平衡不充分问题,大力提升发展质量和效益,更好满足人民在经济、政治、文化、社会、生态等方面日益增长的需要,更好推动人的全面发展、社会全面进步。

全面把握我国社会主要矛盾的历史变化,还要掌握"变与未变"的辩证法。我国社会主要矛盾的变化,没有改变我们对我国社会主义所处历史阶段的判断,我国仍处于并将长期处于社会主义初级阶段的基本国情没有变,我国是世界最大发展中国家的国际地位没有变。执政党的建设,以及国家治理,都必须牢牢把握社会主义初级阶段这个基本国情,牢牢坚持党的基本路线这个党和国家的生命线、人民的幸福线。

三、 党执政的合法性资源及其变化

"合法性"(legitimacy)是西方政治哲学中经常使用的一个概念。政治哲学中的"合法性"可以从形式合法性和实质合法性两个方面来加以界定。所谓形式合法性,意指在国家的法律中确认执政党的执政地位。现代国家的执政党都符合形式合法性。所谓实质合法性,意指广大民众给予积极支持与认可的政治统治的合理性和正当性。这是合法性的关键方面,也是政治哲学中"合法性"概念的核心内涵。从现代政党政治的发展来看,政党的执政地位不是仅仅靠法律规定就能保证的。例如,苏联1977年宪法第六条中明确规定:"苏联共产党是苏联政治制度以及国家和社会组织的核心。"但是,当苏共不能有效地为人民服务时,苏共执政的合法性受到广大民众的质疑,宪法的这个规定也无法保证苏共的执政地位了。

这里所谈的合法性,主要从实质合法性这个方面展开。早在古希腊时期,亚里士多德就对实质合法性进行了深刻阐述:"一种政体如果要达到长治久安的目的,必须使全邦各部分(各阶级)的人民都能参加而且怀抱着让它存在和延续的意愿。"[①]这一论述表明,政治统治的合法性基础在于民众的支持和认同。政治统治的合法性,只能由广大民众做出评判。最根本的标准就是邓小平同志所说的"人民拥护不拥护""人民支持不支持""人民答应不答应"。

从内容上区分,合法性资源可以分为三类:强制性资源,如军事暴力性资源和法理性资源等;功利性资源,如经济发展业绩等资源;诱导性资源,如领袖魅力、意识形态信仰等资源。[②] 美国学者戴维·伊斯顿在他的政治系统行为理论中指出,由民众的认同带来的合法性支持主要有两种:一种是特定性支持,即由经济发展业绩带来的合法性,这种支持具有功利主义色彩;另一种是散布性支持,由民众对政治体系的认同,如国家象征物、意识形态的认同,而形成的一定的政治情感,民众的这种认同和支持,建基于

---

① 〔古希腊〕亚里士多德:《政治学》,吴寿彭译,商务印书馆1965年版,第88页。
② 参见 Amitai Etzioni, *The Active Society: A Theory of Societal and Political Processes*, New York: The Free Press, 1968, pp. 357–359。

政治信仰和激情,即便经济发展处于波动时期也能延续,因而没有功利性。

根据伊斯顿的理论,结合上文对合法性资源的三种区分(强制性资源、功利性资源和诱导性资源),笔者认为,中国共产党执政的合法性资源基础可以概括为以下若干方面:军事合法性、领袖个人魅力合法性、意识形态合法性以及发展业绩合法性等。

第一,军事合法性。"力量赢得权利"(might makes right)的法则,在政治哲学思想史上由来已久。柏拉图的《理想国》中,塞拉西马邱斯就宣称"正义是强者的权益"。这一思想衍生出两个极为相似的现代版本:一个是毛泽东的箴言"枪杆子里面出政权";另一个则是现代政治哲学家汉娜·阿伦特在《论暴力》中提出的一个观点,她认为通过"枪杆子"发出的命令是最有效的命令,它能以最快的速度使被征服者服从。恩格斯也对暴力权威的作用有了精辟的说明:"文明国家的一个最微不足道的警察,都拥有比氏族社会的全部机构加在一起还要大的'权威'。"[1]中国共产党执政的合法性基础首先来自暴力革命中形成的军事合法性。中国建立现代政治社会的努力始于孙中山领导的辛亥革命。辛亥革命推翻帝制,试图建立民主共和制度。但是,民主制度并不牢固,孙中山病逝后,军阀混战主导了中国政局,军事权力成为唯一的合法性基础。毛泽东在"八七会议"中提出"枪杆子里面出政权"的号召,在随后的南昌起义中中共开始走上武装夺取政权的革命道路。经过漫长而艰苦的军事斗争,相继实现了民族独立、人民解放,取得了新民主主义革命的胜利。新中国成立后,又先后在东北、西南以及北方边境打赢了几次主权保卫战。这些构成了中

---

[1] 《马克思恩格斯选集》第4卷,人民出版社2012年版,第188页。

国共产党执政的军事合法性基础。

第二,个人魅力合法性。马克斯·韦伯认为,"以具有异常天赋和权力的个人为中心的有魅力的运动","广泛存在于政治和宗教,……甚至于经济企业之中"。这种建立在个人权威之上的合法性资源很强大,因为"真正有魅力的权威是基于追随者对领袖使命的忠诚与信仰,而领袖通常要求追随者无条件地奉献与服从"。由此,"有魅力的权威在综合性和强度上通常超过其他非强制性权力和权威形式。特别的是,它并不像韦伯的其他两类合法性——传统的合法性和理智与法律的合法性那样,受传统和法规的限制"[①]。中国共产党在长期的革命和建设过程中,涌现出一些拥有非凡个人魅力的党和国家领导人,他们的个人魅力也是执政的重要合法性来源。这些党的领袖在中国人民心目中享有崇高威望。实际上,个人权威式的统治魅力,在许多发展中国家,都是一种政治合法性资源。

第三,意识形态合法性。在政治合法性中,意识形态扮演着重要的角色,"国家作为第一个支配人的意识形态力量出现在我们面前"[②]。政党是意识形态的载体,执政党所确立的意识形态,经过一定的社会心理过程,内化于社会成员的心理之中。社会成员政治心理趋向的合力,又可以形成一种政治力量。《管子·心术》有言:"心安,是国安也;心治,是国治也。"人心向背,构成政治合法性的社会心理基础。中国共产党以马克思主义为理论指导,具有强大的意识形态力量。难能可贵的是,以毛泽东、邓小平、江

[①] 〔美〕丹尼斯·朗:《权力论》,陆震纶、郑明哲译,中国社会科学出版社2001年版,第70页。

[②] 《马克思恩格斯选集》第4卷,人民出版社2012年版,第259页。

泽民、胡锦涛和习近平为代表的中国共产党人成功实现了马克思主义的中国化,分别产生了毛泽东思想、中国特色社会主义理论体系和习近平新时代中国特色社会主义思想。这就从意识形态上解决了既吸收西方文化又保持民族自尊心和优越感的问题。总结中国共产党执政70多年的经验,最根本的一条就是坚持把"马克思主义作为立党立国的根本指导思想",同时,坚持"在指导思想上的与时俱进,用发展着的马克思主义指导新的实践",不断谱写马克思主义中国化时代化新篇章。

第四,发展业绩合法性。马克思主义认为,"一切政治权力起先都是以某种经济的、社会的职能为基础的"[①]。对于中国这样的后发型现代化国家而言,在由传统社会向现代社会的转型过程中,由于政治制度还不完善,执政业绩对执政党的合法性基础具有非常重要的意义。塞缪尔·亨廷顿曾经指出,政绩的合法性在第三波新兴民主化国家中扮演着重要角色。执政主体的合法性基础需要显著的政绩来支撑,显著的政绩为合法的权力赋予权威,而权威才能在广大民众中产生凝聚力和号召力。新中国成立以来,中国共产党领导全国各族人民进行社会主义改造和社会主义建设事业,在经济、社会、政治、文化领域取得了伟大成就,这些发展业绩构成中国共产党70多年执政道路的坚实基础。中国共产党执政的重要经验之一,就是坚持"抓好发展这个党执政兴国的第一要务,把发展作为解决中国一切问题的关键"[②]。

执政合法性资源有两个流动方向:减量耗散和增量发展。中国共产党在自身历史方位的转变过程中,一些因素影响着执

---

① 《马克思恩格斯选集》第3卷,人民出版社2012年版,第563页。
② 《改革开放三十年重要文献选编》下册,人民出版社2008年版,第1437页。

政传统合法性的基础,导致执政合法性资源面临减量耗散的挑战。具体而言,中国共产党执政地位合法性资源面临以下变化和挑战。

第一,军事合法性的消解。"枪杆子里面出政权"的论断,揭示了执政合法性非常本质的一面。但是,毛泽东的这句格言"仅仅指权力最初是靠力量赢得的,并非指权力在任何地方总是主要靠武力威胁,靠出于害怕威胁而服从来维持的"①。卢梭曾概述光靠武力统治的局限性:"即使是最强者也决不会强得足以永远做主人,除非他把自己的强力转化为权利,把服从转化为义务。"②其一,军事强制性权威虽是很有效的权力形式,但代价很高,需要在武力手段、训练使用武力手段的社会组织、监视全体人民的手段上进行大量投资。其二,军事合法性实质上是一种"胜者为王,败者为寇"的强者逻辑,它没有持久性。因此,任何一个政党在实现革命党到执政党的历史方位转变后,不能长时期将执政合法性的实现寄希望于军事合法性。

第二,意识形态困境。意识形态合法性是政治合法性的一种形式,但其作用不能无限夸大。在市场经济时代,意识形态作为精神性的力量,它势必受到物质力量的制约。正如马克思所指出的:"占统治地位的思想不过是占统治地位的物质关系在观念上的表现,不过是以思想的形式表现出来的占统治地位的物质关系。"③执政党面临的意识形态困境,主要源于市场经济条件下的社会转型。意识形态的最基本特点就是将世俗的目标化为神圣

---

① 〔美〕丹尼斯·朗:《权力论》,陆震纶、郑明哲译,中国社会科学出版社2001年版,第99页。
② 〔法〕卢梭:《社会契约论》,何兆武译,商务印书馆2003年版,第9页。
③ 《马克思恩格斯选集》第1卷,人民出版社2012年版,第178页。

的信仰,同时在追随者中间形成一种强大的凝聚力和义务感。改革开放以来,随着市场经济体制逐步发展健全,个人利益意识普遍觉醒,意识形态开始世俗化和理性化,人民已习惯于根据自身的经常性利益来评价政治。因此,对民众需求的满足程度已经成为能否赢得政治忠诚和支持的重要因素。这种变化大大消解了意识形态强大的政治合法性支持功能,使得一些传统结构下的政治权威受到了巨大挑战。

第三,社会结构发生变化,传统的阶级基础和社会基础受到冲击。第二次世界大战后,随着经济的发展和社会条件的巨大变化,各国阶级分化出现了新的趋向,由传统的哑铃型结构向现代橄榄型结构转变,即新中产阶级的队伍不断扩大,传统的两大阶级人数减少,这使传统政党赖以生存的社会基础变得薄弱而不确定。20世纪90年代以来,中国社会全面向市场经济体制转型,大量深层次的改革问题开始出现并迅速积累。平均主义的阴影消融之后,社会分化现象扩展;随着转型的加速,社会结构和阶层分化出现新的趋向,在市场化过程中,以民营企业创业人员、外资企业员工和自由职业者等为代表的新社会阶层不断出现,他们不断要求政治权益,以保障其经济利益。如何适应他们的政治诉求是执政党无法回避的问题。此外,市场经济社会中,执政党所能够掌握的经济、组织和文化资源逐渐向民间社会流散,处于公民个体与国家政权之间的第三组织或第三部门占据了更多的社会资源。在新的历史时期,如何应对社会结构出现的变化,努力拓展和巩固执政的阶级和社会基础,这是摆在中国共产党面前的一个新的挑战。

四、积极拓展党的领导的制度优势

古罗马历史学家塔西佗在其名著《历史》一书中用"塔西佗陷阱"来描述执政者面临的公权力信任危机。2014年3月18日,习近平在河南省兰考县委常委扩大会议上的讲话借用了这个说法。他指出,塔西佗提出了一个理论,说当公权力失去公信力时,无论发表什么言论、无论做什么事,社会都会给以负面评价,这就是"塔西佗陷阱"。习近平进一步指出,中国共产党当然没有走到这一步,但存在的问题也不谓不严重,必须下大气力加以解决。如果真的到了那一天,就会危及党的执政基础和执政地位。可见,寻找"塔西佗陷阱"的破解之道,对于巩固党的执政基础、强化党的领导地位、推进国家治理现代化具有重要意义。

在新时代,中国共产党要破解"塔西佗陷阱",拓展党的领导的制度优势,从根本上讲,需要回答和解决两个大的问题:一是在变化了的时代条件下,执政党如何确定、维护和巩固自己的执政基础,即"代表谁"的问题;二是在纷繁的利益诉求和利益争端面前,执政党如何建立回应不同群体的利益要求,化解不同群体的利益争端的决策和行为机制,即"如何代表"的问题。具体说来,应从以下若干方面展开:

第一,坚持人民至上立场,始终代表最广大人民根本利益,不断增强党的阶级和社会基础。

人民立场是中国共产党的根本政治立场,是马克思主义政党区别于其他政党的显著标志。公权力缺乏公信力,最重要的原因在于宗旨意识不牢固、人民立场不坚定。在庆祝中国共产党成立

100周年大会上的讲话中,习近平强调指出:"江山就是人民、人民就是江山,打江山、守江山,守的是人民的心。中国共产党根基在人民、血脉在人民、力量在人民。中国共产党始终代表最广大人民根本利益,与人民休戚与共、生死相依,没有任何自己特殊的利益,从来不代表任何利益集团、任何权势团体、任何特权阶层的利益。"①中国共产党要发挥领导核心作用,必须获得人民的支持。在现代政治社会里,不同的社会阶层对国家权力有两种期待:一是既得利益集团力求影响政府决策,二是一般民众吁求国家权力提供正义。既得利益集团的吁求能力一般很强,而分散的、缺乏组织的普通民众的利益诉求则较为弱小。亚里士多德曾经说过,任何情况下的内乱,不管其目的如何,都源于不平等。从维护社会稳定,促进社会发展的角度来看,执政党必须审慎运用国家权力,彰显国家正义,权衡处理一般民众与其他利益集团之间的博弈。中国目前的社会阶层划分还处于由金字塔结构向橄榄状结构转变的过程中,执政党主要的任务,一是保证塔底大多数人的利益和维护其稳定,二是要积极促进塔底部分民众向中间提升,即培育中间阶层使其发展壮大。其中,由广大农民和工人构成的塔底是基础,这个根本不能丢;由市场新兴主体和自由职业者构成的中间阶层是重点,要高度重视这个新兴的利益群体的诉求;至于塔尖部分,要防止他们权利的无限膨胀,即演变为新的权贵资本主义者。如果塔尖部门的利益扩张无法遏制,塔底的农民和工人等群体的权利无法得到保障,国家权力演化为某些利益集团的代言人,那么,执政党就会逐渐失去以往的执政基础——一般民众的支持和认同。党的十八大以来,执政党在制度设计上更加

---

① 《习近平谈治国理政》第四卷,外文出版社2022年,第9页。

强调始终将最广大人民视为自己的执政基础,并在新的形势下适时调整政治战略,去努力维护和巩固这种执政基础。习近平总书记指出,我们党来自人民、植根人民、服务人民,党的根基在人民、血脉在人民、力量在人民。失去了人民拥护和支持,党的事业和工作就无从谈起。党要继续经受住执政考验、改革开放考验、市场经济考验、外部环境考验,就必须始终密切联系群众。在任何时候任何情况下,与人民同呼吸共命运的立场不能变,全心全意为人民服务的宗旨不能忘,群众是真正英雄的历史唯物主义观点不能丢,始终坚持立党为公、执政为民。

第二,坚持党的全面领导,坚持全面从严治党,强化中国国家治理的制度优势。

中国共产党领导是中国特色社会主义最本质的特征,是中国特色社会主义制度的最大优势。面对改革发展稳定重任,中国制度能够充分发挥效用的一个根本原因就是坚持党的全面领导。首先,要坚持党的全面领导,从根本上扭转过去一个时期党的领导弱化的问题。党的十九大报告强调,要坚持党对一切工作的领导。党政军民学,东西南北中,党是领导一切的。坚持和加强党的全面领导,必须深入学习贯彻习近平新时代中国特色社会主义思想和党的二十大精神,深入理解"坚持党对一切工作的领导"。其次,要坚持全面从严治党,坚决改变管党治党宽松软状况,根本扭转过去一个时期党的建设缺失、全面从严治党不力的局面。十八大以来,以习近平同志为核心的党中央坚定不移推进全面从严治党,党的二十大通过的党章总纲明确提出"坚持党要管党、全面从严治党",这是党的建设的根本方针。古人说:"欲知平直,则必准绳;欲知方圆,则必规矩。"没有规矩不成其为政党,更不成其为马克思主义政党。我们党的党内规矩是党的各级组织和全体党员必须遵守的行为规范和规则。国家法律是党员、干部必须遵守的规矩。党在长期实践中形成的优良传统和工作惯例也是重要的党内规矩。此外,还要加强党的制度建设。习近平总书记在十八届中央纪委五次全会上的讲话中指出,前车之覆,后车之鉴。对于反腐倡廉建设,要从制度上入手。制度好可以使坏人无法任意横行,制度不好可以使好人无法充分做好事,甚至会走向反面。我们要紧密结合这些年发生的腐败案例,寻找漏洞,吸取教训,全面深化改革,全面加强制度建设。有了制度法规,更重要的是坚决贯彻执行。法规制度的生命力在于执行。"盖天下之事,不难于立法,而难于法之必行。"我们一方面要健全、完善法规制度,另一方面更要注意已有的法规制度的严格执行。正是从以上各个方面全面采取措施,十八大以来我们党把方向、谋大局、定政策、促改革的定力和能力显著提高。正是坚持党的全面领导、加强党的建设,才使得各项改革事业有了统筹协调的主心骨,社会共识得到最广泛的凝聚,各项改革决策部署得以高效率高质量落地见效。在新时代,我们必须不断增强党的政治领导力、思想引领力、群众组织力、社会号召力,把党建设成为始终走在时代前列、人民衷心拥护、勇于自我革命、经得起各种风浪考验、朝气蓬勃的马克思主义执政党。

第三,适应人民日益增长的美好生活需要,坚持以人民为中心的发展思想,不断巩固党长期执政的群众基础。

一个政党在革命夺权时期必须加强意识形态宣传,以便"在自身和群众中激起瞬间的狂热。在这瞬间,这个阶级与整个社会亲如兄弟,汇合起来,与整个社会混为一体并且被看做和被认为是社会的**总代表**"①。但是,政党在执政后,不能继续仅仅依靠意识形态宣传,其先进性、合法性应该体现在解放和发展社会生产力的实践工作中。淡化意识形态色彩,主要靠发展业绩来争取民心,是世界政党政治发展中的普遍趋势。譬如美国的共和党和民主党都有很深的意识形态渊源,但是在进行政治活动时,它们很少进行意识形态的宣传和争论,而是把意识形态的观念转化为对具体问题的看法和解决问题的政策,并从中体现出意识形态的灵活性。当然,在面对意识形态困境时,我们也不能像苏共那样搞意识形态虚无化。苏共合法性的丧失,就是从思想意识形态信仰危机开始的。为解决意识形态困境,并以加快发展物质生产力和文化生产力来拓展执政的功利性合法资源,需要采取以下措施:其一,要牢牢抓住发展社会生产力这一根本任务,始终"把发展作为党执政兴国的第一要务";其二,在理论上要破除各种形式的教条主义,反对故步自封,不断推进理论创新,"反对主观主义和形而上学,破除对马克思主义的错误的和教条式的理解"②;同时,反对意识形态虚无化,抵制各种否定马克思主义的错误观点,坚持马克思主义在意识形态领域的指导地位。在新时代,我国社会的主要矛盾是人民日益增长的美好生活需要和不平衡不充分的发展之间的矛盾。习近平指出,人民对美好生活的需要,就是我们的奋斗目标。进入新时代,党中央秉持以人民为中心的发展思想,从人民群众最关心的问题入手,推动一大批惠民举措落地实施,使改革发展成果更多更公平惠及全体人民,人民生活水平得到持续改善。进入新时代十余年来,我们深入贯彻以人民为中心

---

① 《马克思恩格斯选集》第1卷,人民出版社2012年版,第13页。
② 《中共中央关于加强党的执政能力建设的决定》,人民出版社2004年版,第20页。

的发展思想,在幼有所育、学有所教、劳有所得、病有所医、老有所养、住有所居、弱有所扶上持续用力,人民生活全方位改善。居民人均可支配收入从一万六千五百元增加到三万五千一百元。建成世界上规模最大的教育体系、社会保障体系、医疗卫生体系,教育普及水平实现历史性跨越,基本养老保险覆盖十亿四千万人,基本医疗保险参保率稳定在百分之九十五。改造棚户区住房四千二百多万套,改造农村危房二千四百多万户,城乡居民住房条件明显改善。人民群众获得感、幸福感、安全感更加充实、更有保障、更可持续,共同富裕取得新成效。[①] 这一系列实实在在的惠民举措,使人民群众投身改革发展事业的积极性主动性创造性大大增强,也大大巩固了中国共产党执政的群众基础。

第四,坚持走中国特色社会主义政治发展道路,全面发展全过程人民民主,拓展执政合法性的法理性资源。

现代社会的政党执政,必须符合科学执政、民主执政和依法执政的要求,即必须通过"以宪法基础上的'法治'、由通过自由选举产生的国民代表制定法规、通过自由选举产生政府为基本内容的体制,因而它才在价值尺度上被视为'正统'"[②]。其一,科学执政是建设"公民有序参与"的社会主义政治文明的前提,要不断提高党员干部和民众的政治认知能力。这种认知既包括对"执政规律、社会主义建设规律,人类社会发展规律"的认知,也包括对基本政治理念和具体的政治制度的认知。其二,民主执政是建设"公民有序参与"的社会主义政治文明的根本要求。一方面,中国

---

① 参见习近平:《高举中国特色社会主义伟大旗帜 为全面建设社会主义现代化国家而团结奋斗——在中国共产党第二十次全国代表大会上的报告》,人民出版社2022年版,第10—11页。

② 〔日〕山口定:《政治体制》,韩铁英译,经济日报出版社1991年版,第217页。

传统的封建社会是一个"家国同构"的子民社会,"普天之下,莫非王土;率土之滨,莫非王臣",广大民众笼罩在父权、族权和皇权的阴影之下,缺乏独立的政治人格。另一方面,新中国成立后所构建的集中式政治体制也造就了政治人的依附型人格。对此,邓小平曾尖锐地指出:"许多重大问题往往是一两个人说了算,别人只能奉命行事。这样,大家就什么问题都用不着思考了。"①依附型的政治人格与市场经济的发展、民主政治的推行格格不入,要大力提升民众的政治参与意识和参与能力,拓宽制度化的政治参与渠道,以容纳日益高涨的政治参与要求。其三,依法执政是建设"公民有序参与"的社会主义政治文明的重要途径,也是科学执政、民主执政的必然要求和可靠保证。要引导全社会树立法律至上的观念,即要树立法律契约观念,法律是终极的裁判者,任何人不得有超越法律之上的特权。从这个意义上讲,法律并不仅仅具有工具性意义,更是一种价值追求。中国共产党在进行社会管理和行使公共权力时,要在法律框架内依法行政,尽可能多地通过法律手段而不是行政指令来达到政策目标。尤其是在建构社会主义市场经济的过程中,必须通过法律规范使政府和市场之间保持一定的距离,使政府不得随意干预市场主体的微观运作。党的十八大以来,为了适应国家现代化总进程,推进国家治理现代化,我们党全面提升科学执政、民主执政、依法执政水平,提高国家机构履职能力,提高人民群众依法管理国家事务、经济社会文化事务、自身事务的能力,实现党、国家、社会各项事务治理制度化、规范化、程序化,不断提高运用中国特色社会主义制度有效治理国家的能力。党的二十大报告指出,人民民主是社会主义的生命,

---

① 《邓小平文选》第 2 卷,人民出版社 1994 年版,第 142 页。

是全面建设社会主义现代化国家的应有之义。全过程人民民主是社会主义民主政治的本质属性,是最广泛、最真实、最管用的民主。我们要健全人民当家作主制度体系,扩大人民有序政治参与,保证人民依法实行民主选举、民主协商、民主决策、民主管理、民主监督,发挥人民群众积极性、主动性、创造性,巩固和发展生动活泼、安定团结的政治局面。

第九章　中国国家治理的意识形态战略

意识形态作为上层建筑的重要组成部分,在国家治理中具有至关重要的作用。"根据唯物史观,历史过程中的决定性因素**归根到底**是现实生活的生产和再生产。……经济状况是基础,但是对历史斗争的进程发生影响并且在许多情况下主要是决定着这一斗争的**形式**的,还有上层建筑的各种因素:……政治的、法律的和哲学的理论,宗教的观点以及它们向教义体系的进一步发展。"① 当今时代,我国经济基础和社会实践的快速发展,对意识形态建设提出了新要求、新任务。新时代中国特色社会主义建设,必须以更加开放的姿态走近全球化的世界舞台,实现由被动的游戏参与者向主动的游戏规则制定者的身份转换。上述国内、国际两个方面情况的变化,决定了新时代中国国家治理的意识形态战略绝不是简单的局域问题,而是一个涉及国家政治、经济、文化和

---

① 《马克思恩格斯选集》第4卷,人民出版社2012年版,第604页。

社会建设以及国际战略整体变革的问题。这种整体变革给我国的意识形态建设提出了挑战,也带来了前所未有的机遇。推进国家治理现代化,必须有系统完备、切实可行的意识形态战略,坚持马克思主义的指导地位,积极倡导全人类共同价值,加快构建充分反映中国特色、民族特性、时代特征的价值体系。

一、 意识形态建设的新形势

中国的意识形态战略,必须建基于对时代发展新形势、新情况、新趋势的准确把握。世界正处于大发展大变革大调整时期,和平与发展仍然是时代的主题。世界多极化、经济全球化、社会信息化、文化多样化深入发展,全球治理体系和国际秩序变革加速推进。同时,世界面临的不稳定性和不确定性突出,世界经济增长动能不足,局部战争、恐怖主义、重大传染性疾病、气候变化等非传统安全威胁持续蔓延,人类面临许多共同挑战。这些变化和发展趋势,都对意识形态建设提出了新要求、新任务。

1. 和平与发展的时代主题

早在20世纪80年代,邓小平在对世界形势的发展变化进行深入分析后就提出:"现在世界上真正大的问题,带全球性的战略问题,一个是和平问题,一个是经济问题或者说发展问题。和平问题是东西问题,发展问题是南北问题。概括起来,就是东西南北四个字。南北问题是核心问题。"[①]邓小平关于时代主题的判断包含以下内容要点:第一,世界大战在一个相当长的时期内可以

---

① 《邓小平文选》第3卷,人民出版社1993年版,第105页。

避免,我们有可能争取较长时期的和平环境;第二,和平与发展是当今世界两大带有全球性的战略问题,是东西方之间、发达国家与发展中国家之间矛盾全局的集中体现;第三,和平与发展是相辅相成的,世界和平是促进各国共同发展的前提条件,各国的共同发展则是保持世界和平的重要基础;第四,和平与发展成为时代主题,并不意味着这两个问题已经得到解决,相反,这两大问题还需要世界各国人民长期不懈的努力。

时代主题的变化突出表现为:以政治和军事斗争为主导因素的国际交往模式,逐渐转变为以科技、经济、文化交流和合作为主要内容的国际交往模式;在处理双边或多边关系时,都显示出较大的政治灵活性,尽量消除僵硬的意识形态障碍,努力以对方容易接受的方式进行交往;在发生矛盾、争端时,不再首选军事手段而是采取政治和外交途径来加以解决。

时代主题由战争与革命走向和平与发展,具有深刻的历史和现实原因。首先,就世界历史发展的基本规律而言,人类历史发展已经经历和将要经历的若干社会形态,呈现出一种大体的梯次状态,每种社会形态都曾经或将要是更高社会形态的铺垫和基础。也正是在这个意义上,每种社会形态和制度都积累了人类文明发展的某些积极成果。换言之,每种社会制度都有其存在的历史必然性和可取之处。工业革命以来,西方发达资本主义国家科学技术进步很快,也正是科学技术的作用,才使得"资产阶级在它的不到一百年的阶级统治中所创造的生产力,比过去一切世代创造的全部生产力还要多,还要大"[①]。所以,资本主义制度下的科技成果、管理方法值得学习,而社会主义制度代表了更高社会形

---

① 《马克思恩格斯选集》第 1 卷,人民出版社 2012 年版,第 405 页。

态发展的价值要求,其理念也值得资本主义学习。此外,各种社会形态和制度都需要根据自身时代条件和历史特点进行必要的调整、改革,才能稳步向前发展。由此,处于不同社会发展阶段、不同社会制度形态的民族和国家从自身利益出发,逐渐产生了共同的要求,都希望汲取对方有益的技术、经验、方法和价值理念,互相交流、相互借鉴、取长补短。

此外,就世界政治格局的发展形势而言,世界各个国家和政治集团逐渐认识到,仅仅依靠军事力量来维持自身生存和发展的时代已经过去了。一方面,当今世界,各个国家和政治集团都面临一些共同的全球性问题,譬如能源问题、环境问题、人口问题以及恐怖主义的威胁,等等。这些全球性问题的解决,需要世界各国,包括不同社会制度的国家携手一致、共同面对。不同国家、不同政治集团之间,除了和平共处、共谋发展以外,别无他途。另一方面,冷战结束后政治格局的多极化进程使世界各主要力量彼此制衡,对霸权主义的战争政策的牵制力量也不断增强。世界要和平,人民要发展,这是潮流所指、民心所向。进入20世纪以来,两次世界大战的浩劫给人类带来了深重灾难和沉痛教训,世界人民对和平的渴求十分强烈,和平与发展成为世界潮流、民心所向。加速发展、奋起直追、缩小与发达国家的差距是广大发展中国家的首要任务;继续发展、不断创新、保持竞争优势则是发达国家面临的问题。对内求稳、对外思和是多数国家的政策目标,这对抑制战争、促进发展起到了积极作用。

准确判断一个时代的特质与主题,有助于推进社会主义意识形态建设。列宁指出:"只有首先分析从一个时代转变到另一个时代的客观条件,才能理解我们面前发生的各种重大历史事件……只有在这个基础上,即首先考虑到各个'时代'的不同的基本特征(而不是个别国家的个别历史事件),我们才能够正确地制定自己的策略;只有了解了某一时代的基本特征,才能在这一基础上去考虑这个国家或那个国家的更具体的特点。"① 这一认识高度概括了时代主题观与社会主义国家发展战略之间的内在逻辑,为社会主义意识形态建设提供了方法论指导。

任何意识形态都是继承性和发展性的统一。意识形态是对社会存在和社会历史的一种反映,它总是渗透在政治、经济和文化等领域之中,并逐步积淀、凝聚为一种传统,这就是具体的意识形态的继承性;当社会发生变革,社会现实需要意识形态领域依据现实社会的发展要求进行变革时,就需要对意识形态的具体内容进行"扬弃",吸纳新的代表社会发展要求的思想观念,这就是意识形态的发展性。意识形态的这种特性要求意识形态建设必须反映一定时代的特性,体现这个时代的主题。否则,意识形态建设就会脱离现实、脱离时代、失去根基。正因如此,时代主题构成了一定历史时期意识形态建设的总体背景。随着世界矛盾和形势的发展,时代主题也会发生变化,与之相适应,意识形态建设也应做出调整。发展经济和社会,是以过时的意识形态为指导还是以发展的意识形态为指导,这是一个具有重要意义的时代性问题。

革命性和建设性的有机统一,是马克思主义意识形态的重要特征。意识形态同时具有批判性、革命性和科学性、建设性两种不同的功能和取向。在革命与战争的时代主题下,意识形态的批判性、革命性特点居于主导地位;在和平与发展的时代主题下,意

---

① 《列宁全集》第 26 卷,人民出版社 2017 年版,第 142—143 页。

识形态的科学性、建设性居于主导地位。从本质上看,马克思主义是一种革命意识形态,强调对旧社会的革命性批判,强调政治和阶级斗争。但是随着时代主题的变化,支撑意识形态旗帜的不再是政治斗争和阶级对立,而是变成对技术、知识和人才的渴望,对经济发展和社会进步的追求,增加意识形态的建设性、和谐性则是顺应这种历史潮流的必然选择。

因此,社会主义意识形态建设必须从过去单纯强调对抗的环境条件下走出来,适应并推进面向世界的开放环境、和平环境,赋予自身开放性的时代特征;必须坚持以经济建设为中心,大力发展生产力,在内容上实现转换,赋予自身发展性的时代特征。这些转变、发展有一个不断深化、完善的过程,其时代特征也要在实践中不断彰显。和平与发展的时代主题,要求社会主义意识形态建设必须具有开放性、现代性、发展性的时代特征。这一时代主题决定社会主义意识形态的发展必须是一种面向世界、面向现代、面向和平的发展。[①]

此外,即便在和平与发展的时代主题下,我们也不能从片面强调意识形态革命性的极端,走向片面强调意识形态建设性的极端。在和平与发展的时代主题下,中国特色社会主义建设的一项重要任务,就是要建立更加完善的市场经济体制。中国的市场经济采取了社会主义形式,这就意味着借用资本逻辑的方式获取最终扬弃资本的物质基础。因此,社会主义意识形态建设必须坚持破立结合,既批判市场经济和资本力量的负面效应,也要论证社会主义市场经济的合理性和积极作用。

---

① 参见郑永廷:《论当代中国社会主义意识形态的发展及特点》,《学术研究》2003年第5期,第22—26页。

2. 全球化和逆全球化并存的时代潮流

20世纪80年代以来,全球化浪潮深度席卷世界各个地区。近年来,全球化浪潮出现了一些新情况,各种反全球化、逆全球化思潮和运动大量涌现。从15世纪以来全球化发展的历史经验来看,这些反全球化、逆全球化运动只是全球化迈向更高发展阶段的调整而已。从世界历史发展的长远趋势来看,全球化不仅是一种正在生成和发展中的过程或趋势,同时还是一种价值观念和意识形态,表现出矛盾性、开放性、发展性、全面性和渗透性等特点。

第一,全球化的矛盾性。世界各个国家和民族互相渗透与融合的全球化过程,是一个充满矛盾的过程。全球化过程的矛盾性主要体现在两个层面,即全球化的外部矛盾和全球化的内在矛盾。所谓全球化的外部矛盾,指的是全球化的支持力量和反对力量之间的矛盾。全球化作为一种时代潮流,必然冲击原有的世界体系和格局。其中,必然触动原有格局中各个主体间的利益关系,如不同国家、民族或社会阶层的利益关系。利益关系的改变,必然带来全球化的受益者和全球化的受损者之间的矛盾,也就是全球化和反全球化之间的矛盾。所谓全球化的内部矛盾,指的是内在于全球化进程的矛盾,也就是全球化进程中体现出的若干"二律背反"现象:它既包含一体化的趋势,同时又包含分裂化的倾向;既有单一化,又有多样化;既是集中化,又是分散化;既是国际化,又是本土化。总之,全球化就是这样一个矛盾统一体,一个相反相成的过程,这一矛盾过程反映了全球化过程的必然的内在逻辑。全球化的内在矛盾,在当前集中体现为全球化与各种反全球化、逆全球化的矛盾冲突。需要注意的是,各种反全球化、逆全球化的运动和思潮不仅发生于发展中国家,也发生在一些发达国家。无论是英国脱欧,还是美国的"美国优先",都是民族主义甚至民粹主义的当代表现。当然,这些思潮和运动的兴起,看似与全球化潮流背道而驰,实际上是全球化过程中的一种深度调整,是全球化迈向新阶段的过渡时期。

第二,全球化的生成性、开放性。作为一种发展过程和发展趋势,全球化并不意味着这个世界已经实现了政治上的统一、经济上的一体、文化上的同质。全球化是人类历史进入世界历史时期过程中的一种发展趋势,它强化了各个国家、民族在政治、经济和文化等领域的融合与交流。全球化在今天绝不是一种完成形态的世界历史图像。无论是在现实还是在观念层面,全球化都还是一个未尽的过程。正是由于全球化是一个处在不断变化和生成中的过程,其表现出极大的开放性。全球化在经济、政治和文化等三个领域形成了一个矛盾、复杂的共同体,其发展趋势有待进一步观察。但全球化的未来发展不应是一元的、单一的模式,而应是开放的、多元的模式的并存共生。

第三,全球化的全面性、整体性。20世纪80年代以来,在交往全球化和科技全球化的推动下,全球化的领域不断扩展,程度迅速提高,其表现是全方位的、整体性的。在科技领域,高新技术在世界范围内得以交流、推广,科学研究和技术开发的跨国合作进一步加强,科学技术愈来愈成为全球共享的财富,科学技术的全球化趋势为其他领域的全球化提供了强大的物质基础和手段。但是,也要看到有的国家在科学技术上进行保密或实行垄断,并泛化国家安全概念,以此打压和遏制发展中国家在科技领域的进步和发展。在经济领域,经济全球化发展已经成为一种普遍共识,无论是经济体制还是经济活动场所都出现了"全球一体"的雏形。当然,经济全球化过程是漫长而曲折的。一些国家鼓吹经济领域的"脱钩断链""去风险化",阻碍了世界经济的繁荣发展。在政治领域,表现为全球政治协作与政治斗争深化的对立统一。一方面,能源、生态、人口等全球性问题的凸显促进了"同舟共济"和"全球意识"的形成,从而推动了各国政府间的协商对话、共同合作。另一方面,由于不同国家和民族在政治传统、政治观念和政治制度上的不同,全球化也加剧了政治文化差异和政治斗争的深化。尤其是在意识形态方面,各种意识形态之间的对立和斗争将更加尖锐。在文化领域,表现为世界文化趋同和民族文化凸显的对立统一。一方面,世界文化有趋同的情况,这在影视文化、消费文化等领域表现得尤为明显。各民族的文化不断走向世界,传播到其他国家和民族,从而具有了世界性。各民族间的文化通过互相碰撞、融合,正在形成一种世界性的新文化。另一方面,这个过程也同时带来了民族意识的觉醒,体现民族思维方式、价值观念的民族文化也越来越突显,呈现出多种文化并存的状态。

第四,全球化的渗透性。全球化的渗透性包含着两个层面:事实层面和价值层面。前者是一种客观趋势,后者则是一种主观意图。在事实层面,经济全球化正成为当今时代的最主要特征。与此同时,经济政治化和政治经济化互相渗透的趋势也不断加强。在价值层面,作为一种价值观念和意识形态,全球化也表现出了较强的渗透性。对正处于改革开放中的中国而言,全球化的这种渗透性主要表现在,随着改革开放战略的深入实践,我们在建设开放的市场经济、引进先进的科学技术的同时,西方的价值观念也加快了它们渗透的步伐。西方国家较我国具备较强的经济和技术优势,全球化的经济活动和网络化的便捷途径为西方国家输出其生活方式、价值观念和意识形态大开方便之门。西方意识形态的渗透方式越来越多,渗透途径越来越便捷,渗透强度也越来越高。

3. 信息化的技术浪潮

科学技术是第一生产力。兴起于20世纪90年代的信息网络技术,最为准确地体现了新技术的强大影响力。当代社会,随着社会信息化、信息网络化进程加剧,在我们传统的生活空间之外,一个全新的网络世界正日趋形成。网络世界的特殊性在于,它不同于传统的其他技术形式仅仅作为人类生理器官的延伸以及人类实践活动的手段和工具而存在,它引领人类跨越物理时空的局限,拓展生存的时空范围,在网络世界中充分体验自由与无限。它创造出一个信息化交往互动社会,每一个参与者绝不是单纯的主体或客体,即信息的发送者和接受者,而是互主体性的交往者。这些新技术极大改变了人类社会传统的活动方式,潜移默化地改造着我们传统的交往方式、价值观念,乃至整个社会的经济、政治结构及运作方式。具体说来,信息化时代具有如下特点:

第一,信息化传播的开放性。信息的传播具有开放性,不断超越种族、国家的边界。信息的全球性共享是信息时代的重要特点,信息化的实质就是在信息科学技术高度发展的推动下,实现社会的信息化和信息的社会化,从而建立一种超越人类旧时代文明的新文明形式——信息文明。尤其是在网络上,没有疆域边界,没有制度阻隔,不同的思想、观点、价值观念都可以广泛传播。不同种族、不同国籍、不同文化、不同信仰、不同政治立场的人,都可以在网络中吸纳信息、传播信息,从而为开放、多元的文化价值观提供崭新的生存和发展环境。电子空间的自由、开放,使人人都是平等的,人人都有发言权,每个人都可以根据自己的需要自由地选择,这有利于培养自由、民主、创新意识,有利于人的个性和主体能力的发展。信息化已经成为社会主义意识形态建设与发展的全新环境与条件。然而,在社会信息化过程中,各种各样的信息混杂在一起,既可能是一个信息宝库,也可能是一个信息垃圾场。

第二,信息化内容的互动性和单向性并存。信息网络作为一种新型的媒介形式,其数字式的交互传播方式改变了过去传统媒介的单向性传播。信息网络的内容传输是双向的、交互性的,信息内容在传播者和受众之间自由地双向流动,实现了传受双方的互动和以多对多的沟通。每个人既是信息内容的制作者、参与者,又是信息内容的接受者,互动性成为网络传播的显著特征。此外,由于信息传播时的各种不对等,再加上国家利益的需要,信息内容也具有单向性特点。在信息网络这个舞台上,美国等西方大国成为信息内容的主导者。在硬件方面,美国管理着互联网网址分配系统的核心部分。在软件方面,美国力图控制通过全球信息高速公路传输的内容,以英语为主要语言的网络信息铺天盖地,美国流行文化、价值观念和道德观念渗透到其他国家和文化当中。

第三,信息传播的感觉性、工具性以及碎片性特点。当代信息传播的感觉性、工具性使得交往主体的数字化倾向十分突出,这将进一步消解人的情感和价值观念,容易导致人与人之间关系的疏远、情感的淡薄,甚至给人们的伦理、道德带来许多负面影响。信息传播的感觉性、工具性以及碎片性特点,对传统的意识形态的生存环境产生了巨大的冲击,统一性思想、整体性价值观念遭到了前所未有的挑战。此外,社会信息化带来的"信息饥渴症"日益消解着人的主体性力量,使工具性的信息反过来控制了人,人被工具化了。信息化时代,人们对信息的需求骤然增大,但对信息的渴求,并非只是增加了一些可供选择的可能性,而往往变成一种极具强制性的必然要求,逼着人们不能不与之打交道。由于信息的"爆炸"和泛滥,人们深陷于各类信息之中而成为信息的俘虏。这样,信息"拜物教"产生了,信息控制着人的感觉、思想甚至行动。

第四,信息霸权。所谓信息霸权,就是指信息发达国家利用信息技术优势,妨碍、限制或控制他国对信息的自由运用,以谋求政治、经济和军事等利益。开放的信息网络在给我们带来发达国家现代和先进信息元素的同时,也为西方某些发达国家提供了向全球传播政治制度和价值观念,以实现其政治、文化霸权的新舞台。西方发达国家从来没有停止过对我们的政治和意识形态进行渗透,在信息时代,这种渗透变得更加隐蔽、复杂。以美国为首的西方国家利用它们在信息网络上的主导地位,大量输出西方的意识形态和价值观念。在长期潜移默化中,人们对西方社会的价值观念和意识形态,很容易由欣赏走向趋同,从而弱化我们的民族认同感和社会主义信念。

4. 中国社会发展的多样化趋势

当前,随着我国改革开放的深化和社会主义市场经济的不断发展,出现了"四个多样化"趋势,即社会经济成分的多样化、利益主体的多样化、社会组织和生活方式的多样化、思想文化的多样化。这深刻影响了我国政治、经济、社会和文化生活,也向我国的意识形态建设提出了新问题、新挑战。

第一,社会利益主体的多样化。改革开放前,我国建立的是高度集中的计划经济体制,实行"一大二公"的所有制形式与平均主义的分配方式,社会成员身份固定,社会阶层单纯分明,社会组织形式单一。这种高集中低分化的社会制度,为形成高度集中的社会主义意识形态提供了现实基础。改革开放前的社会主义意识形态无须统合多样性,社会出现异质性的可能在意识形态强大的正面宣传和反面批判力量前,几乎微乎其微。改革开放尤其是建设社会主义市场经济以来,社会经济成分的多样化趋势愈发明显,以知识为轴心的新社会阶层开始出现,利益主体的多样化使得各阶层之间的利益诉求差异变大,利益冲突随之出现。各个利益主体为了维护自身的现实利益,并实现更大的利益预期,势必提出更多的经济、政治要求。执政者必须以新的制度设计来尽可能多地满足大多数利益主体的诉求,并通过意识形态建设来论证这种制度设计的合法性和合理性,以此实现不同利益主体的协调和整合。

第二,社会思想文化的多样化。根据马克思主义基本原理,思想文化作为上层建筑的一个组成部分,受经济基础构成成分的影响,同时又有其相对独立性,它与同属于上层建筑的意识形态关系更为密切。改革开放前,我国的思想文化领域同意识形态领域基本同构,社会主义意识形态无须整合文化领域。改革开放以后,随着社会信息化程度大幅度提高以及社会阶层的多样分化,思想文化领域发生了广泛深刻的变化,出现了多样化的思想意识和价值观念。其一,建基于市场经济和市民社会的各种消费文化、生活文化形式多样地迅速发展,一方面充实了人民群众的文化生活,另一方面也使主流意识形态和价值观念面临多样性文化观念冲击。其二，我国传统文化不断借助新的方式传播、发展，既丰富了社会主义文化的内容，也使一些封建主义的文化沉渣泛起。此外，随着对外开放的不断扩展，西方思想文化持续涌入，这既有利于我们开阔视野、兼收并蓄，也不可避免地带来域外文化与社会主义文化的激荡、冲突。社会主义意识形态面对这些分化发展的现实，必须探索新整合方式，增强整合能力。

第三，新的社会阶层意识不断独立，社会主流意识形态面临新的挑战。改革开放前，由于社会阶层结构单一，以工农阶层为代表的主流意识形态代表了社会所有阶层的意识形态，基础广泛，地位牢固。改革开放后，出现了新的社会阶层，其阶层意识不断独立，主要原因有三：首先是新的社会阶层利益独立、社会身份独立，这为产生独立的社会意识提供了基础；其次是一些困难群体由于各种原因没能共享改革开放的成果，因而对社会产生不同程度的失望、抵触和抱怨情绪，主流意识形态的凝聚力有所下降、认同感有所淡化；最后是社会成员的价值评价标准和价值取向趋于务实化、功利化和多元化，社会成员往往以自身的利益得失来评价政治和意识形态。这些都使得传统主流意识形态话语的功能弱化，面临新的挑战。

二、 意识形态话语的复杂格局

中国国家治理的意识形态战略，不仅要在现实层面全面把握时代发展的新形势，还需要在理论层面深刻分析意识形态话语的复杂格局。概括而言，影响我国当前意识形态现状的意识形态话语主要有以下四种。

1. 意识形态终结论

20世纪初期以来,伴随着工业化浪潮的全球蔓延,功利主义哲学大行其道,工具理性取代价值理性,意识形态终结论滋生并不断发展。具体说来,意识形态终结论经历了三个发展阶段。

第一,20世纪初期,以马克斯·韦伯和卡尔·曼海姆为代表。韦伯关于工具理性和价值理性的二分法,埋下了现代化过程中意识形态衰落的伏笔。在韦伯看来,以工业化为主导的现代化运动,使得传统价值理性中蕴含的各种信仰、终极价值遭到工具理性的无情"祛魅"。受韦伯影响,并与20世纪初期的实证主义思潮相对应,曼海姆在1929年出版的《意识形态与乌托邦》一书中指出,在工业化力量的驱使下,工业生产和社会制度出现弹性变化,在一定程度上照顾了社会底层即所谓无产阶级的利益诉求。人们对现实利益的关注,淡化了共产主义和资本主义之间的意识形态冲突。这种变化反映到知识分子阶层及其理论话语中,即表现为知识分子丧失了意识形态和乌托邦冲动,价值理性向工具理性的转变在实证科学的不断兴起中得到了印证。第二,20世纪中后期,以爱德华·希尔斯和丹尼尔·贝尔等为代表。五六十年代,功利主义哲学大行其道,西方展开了一场关于"意识形态终结"的大讨论。1955年9月,美国社会学家爱德华·希尔斯撰文指出,西方社会尤其是西方发达国家已经发展到一个新的时期,即"意识形态终结"时期。在政治领域,这些国家解决政治问题时已不再考虑左与右、社会主义与自由主义等意识形态因素,而是采取一种实事求是的态度,根据各具体事件的性质来处理。在经济领域,人们热切关注的不再是利益的正当性问题,而是利益如何分配的操作性问题。"意识形态终结论"的代表人物还有美国的丹尼尔·贝尔,他在1960年出版的《意识形态的终结》这一论文集中系统表达了"意识形态终结论"的观点。第三,20世纪末,伴随着两极格局的最终消解,"意识形态终结论"达到新的高度。福山在《历史的终结和最后的人》中认为,西方自由民主制度是人类理性最完美的产物,人类已经不可能对其进行实质性的改进,由此,历史终结于自由民主制度。由于自由主义意识形态已占据绝对统治地位,意识形态冲突不复存在,因此,意识形态终结于自由主义。

纵观意识形态终结论的几个发展阶段,可发现其立论依据有二:(1)技术统治,即意识形态让位于科学技术。在当代社会,科学技术越来越成为头号生产力,逐渐改变了传统的合法性基础。过去的意识形态都用某种价值信仰赋予政治统治以合法性,科学技术则以它的客观合理性来证明政治统治的合法性。这种解释政治权力和政治秩序并使它们合法化的新意识形态就是"技术统治论"(technocracy)。对现代化工业社会,只能依据"专家治国"、技术"统治"理论的蓝图来进行设计和管理,而不需要什么意识形态。例如,当代人类面临的全球性生态危机,意识形态已不可能解决,必须让位于"技术的解决办法"。(2)全球趋同,即在全球化的推动下,出现了全球普适发展模式,意识形态也终结于一种形态,这一点与意识形态全球化有共通之处。

2. 意识形态全球论

随着经济全球化的高歌猛进,西方发达国家鼓吹"意识形态全球化",其意图在于用西方社会的意识形态代替马克思主义的意识形态,提倡意识形态泛化。意识形态全球论的表现形态很多,其中需要引起重视的是看似相互矛盾却又互相支持的两种论调。

第一,主张"全球思维",解构"欧洲中心"。这种论调表面上承认多元方式存在的合理性,主张全球"共同繁荣","全人类的利益高于一切",鼓吹以"全球思维"来构建全球化的意识形态。实际上,全球化运动的意识形态特性是十分明显的。解构欧洲中心的背后,资本主义在经济、军事、国际政治上的霸权依然如故。更为复杂的变化还在于,欧美资本主义将自己的经验伪装为全人类的经验,向欠发达地区倾销,从而卸掉"欧洲中心主义"可能带来的指责。无论是科技浪潮、可持续发展、知识经济,还是全球化本身,都是资本主义世界产生的话语,它们都具有强大的渗透力。

第二,后现代主义思潮。作为反全球化的认识论诉求,后现代主义思潮强调差异、例外、边缘、多元和无中心。弗雷德里克·詹姆逊(詹明信)一针见血地指出:"关于后现代的理论……具有明显的意识形态使命,为了自我解脱,它们论证说,这种新社会的构成不再遵从古典资本主义的法则,即工业生产的首要地位和阶级斗争的无处不在。"① 在此意义上,意识形态全球论与意识形态终结论相互呼应,共同为西方价值观念摇旗呐喊。

意识形态全球论具有很强的隐蔽性和迷惑性。其一,它以表面上客观现实的全球化运动来掩盖自己的意识形态诉求;其二,它以反意识形态的面目来掩饰自己本身的意识形态特点。通过所谓"全球文明""文化全球化"的巧妙包装,西方国家将其意识形态产品向全世界倾销,影响和支配包括社会主义文化在内的非西方文化的生产及发展,并对其他意识形态实施渗透和解构。正如一位美国学者所言,"美国流行文化的传播是长久以来人们为实

---

① 〔美〕詹姆逊:《快感:文化与政治》,王逢振等译,中国社会科学出版社1998年版,第154页。

现全球统一而作出的一连串努力中最近的一次行动。它代替了罗马帝国和基督教徒推行的拉丁语以及(共产党政府推行)的马克思列宁主义"①。通过话语霸权和网络技术"于无声处"推广其文化和生活方式,这也是全球化时代资本主义意识形态的隐蔽性特点。

3. 意识形态多元论

在全球化的今天,有人提出意识形态"多元论"。意识形态多元论把"多元论"当作观察社会问题的一般观点、方法。这种观点认为,多元化的概念对于实现民主化这一目标极为重要,承认多元——包括经济利益、社会利益、政治利益和意识形态诸方面的多元——是现代社会的重要标志。"多元论"主张放弃所谓"正统"及"一元化"观念,以现代文明所遵循的一般规范为准则,超越意识形态的各种羁绊。针对社会主义国家的政治制度,主张消解、废除"国家意识形态"或"国家哲学"。

有的意识形态多元论者还将这种观点强加于马克思主义。国际学界有论者认为,存在科学的马克思主义和意识形态的马克思主义的区分。马克思主义是一种思想文化,抑或一种社会科学,但马克思主义不是意识形态,列宁主义才是意识形态。这种观点还主张"开放的马克思主义",即认为不需要一种统一的、正统的马克思主义,可以对马克思主义"进行各种各样的解释",这种解释往往是自由的、任意的,这种"开放的马克思主义"又被称为"自由的马克思主义"。

---

① 转引自李慎明:《全球化与第三世界》,《中国社会科学》2000年第3期,第9—10页。

4. 意识形态复归论

意识形态复归论具有保守主义色彩,其基本致思方向就是到中国传统的意识形态资源中寻求具有当代合法性的意识形态话语。意识形态复归论所借重的资源各不相同,有儒学复归论者,有道学复归论者,也有儒释道合流复归论者。其中,儒学复归论的影响力更大些。儒学复归论包含各种理论主张,比较有代表性的一种是力图将儒学重塑为与现代社会生活相适应的现代宗教。还有论者认为,中国的历史文化传统中,儒家学说中的仁政理论可以成为当代政治合法性的重要理论。复归论者还提出应将儒学发扬光大,惠及世界,建立超越民族国家界限的"文化中国"。这种观点认为,复兴中华文化的核心是复兴儒家文化。在这个全球化时代,复兴儒家文化能够为建立一个超越民族国家的"文化中国"奠定基础,甚至能够为人类世界提供启示。

三、意识形态话语批判

要构建新时代中国国家治理的意识形态战略,必须首先从理论层面展开对上述四种错误的意识形态话语的批判,在此基础上,才能构建既能应对各种理论挑战,又能符合新时代社会主义建设现实需要的意识形态。

1. 意识形态终结论批判

各种意识形态终结论都有一个共同的立论依据:马克思将意识形态归为"虚假的意识"和关于意识形态的无产阶级立场。终结论者抓住了马克思对意识形态虚假性的刻意强调,认为意识形态在本质上是以终极的普遍观念面貌出现的"虚假的意识"。终结论者还抓住马克思将意识形态归为"无产阶级革命意识"的理解,认为带有强烈革命色彩的意识形态概念已经不符合世界格局的和平发展趋势。

这个理论依据实际上是不成立的。认真梳理马克思的意识形态理论,尤其是马克思在《德意志意识形态》中的论述,有助于我们认清这一点。在该书中,"虚假的观念体系"的确是马克思关于"意识形态"的基本内涵之一。但除了"虚假的观念体系"外,书中关于意识形态的含义至少还有两种:其一,指统治阶级的思想,亦即占统治地位的思想。马克思认为:"占统治地位的思想不过是占统治地位的物质关系在观念上的表现,不过是以思想的形式表现出来的占统治地位的物质关系;因而,这就是那些使某一个阶级成为统治阶级的关系在观念上的表现……"[①]由此可见,意识形态谈不上"虚假",因为它本身就是现存统治关系的组成部分,也必定成为现存社会制度和社会关系的一部分。简言之,作为统治阶级思想的意识形态,实际上就是"制度化的思想体系"。其二,指革命阶级的阶级意识,亦即每一个领导革命的阶级借以认清使命、团结群众的思想观念及口号,是革命得以成功的舆论基础。马克思说:"因为每一个企图取代旧统治阶级的新阶级,为了达到自己的目的不得不把自己的利益说成是社会全体成员的共同利益,就是说,这在观念上的表达就是:赋予自己的思想以普遍性的形式,把它们描绘成唯一合乎理性的、有普遍意义的思想。"[②]这种革命阶级的阶级意识与统治阶级的思想存在根本不同,它将超越意识形态的阶级局限,成为全体社会成员意识形态的代表。

此外,意识形态终结论者还以技术统治论作为自己的立论依

---

① 《马克思恩格斯选集》第 1 卷,人民出版社 2012 年版,第 178 页。
② 同上书,第 180 页。

据,这一点也是站不住脚的。马克思指出,科学技术属于知识形态的生产力,是构成生产力的重要因素,但不能归入意识形态的范畴,而是将它称为"头等生产力"。科学技术和意识形态是有区别的。爱因斯坦说:"科学只能断定是什么,而不能断定应该怎样。""应该怎样"属于价值判断。科学可以说明人是怎样活着的,却不能回答"人为什么活着"这个人生观、价值观问题,这属于意识形态判断的范畴。因此,意识形态的作用,是科学所不能代替的。

由此,我们可以看到,意识形态终结论的根本错误在于,只是从否定意义上理解意识形态,忽略了意识形态的肯定意义。实际上,人类不能没有意识形态,意识形态作为定向框架和价值理想也永远不会"终结",人类可以用一种意识形态来超越另一种意识形态,而不能超越意识形态本身,这是一种没有"终结"的超越。尤其需要指出的是,意识形态终结论在某种程度上是西方世界埋下的一个陷阱。一方面,打着科技进步的旗号,以科技知识分子要求自身利益、权利为形式的现代技术统治论,不过是掩饰现代资本主义国家合法性危机的"补偿纲领",为其提供新的合法性的意识形态。另一方面,许多西方国家对意识形态工作从来都是强化而不是弱化,更不是"非意识形态化"。非意识形态化只能导致国家解体和社会动荡,它在实质上是要求马克思主义丧失、放弃意识形态功能。所以,意识形态终结论实质是要终结马克思主义的指导地位,而不是终结西方意识形态。[①]

2. 全球化意识形态论批判

同意识形态终结论一样,全球化意识形态论的实质也是一种

[①] 参见侯惠勤:《马克思关于意识形态虚假性之判断与当代意识形态之争论》,《河南大学学报》2002年第2期,第1—6页。

虚假的观念体系,是西方发达国家全球利益的观念体现。西方发达国家以此掩盖自己在后殖民时代的全球利益扩张,并为之进行合法性辩护。

实际上,对于全球化意识形态的虚幻性,资本主义世界的知识分子也有深刻论述。"全球化"绝不只是客观的描述,而是"力求根据资本主义现代性所勾勒的幻景来改造世界"。它"表达了对全球政治经济权力关系的一种构想,即通过霸权排除不同于其发展主义前提的其他一些可能性考虑"①。今日全球一体化也"决不是某种自然规律或某种不容选择的线性技术进步的结果。倒不如说,这不过是西方工业国一个世纪以来曾有意识地推行的并且至今仍在推行的政府政策的必然结果"②。"这种全球化对于大多数国家来说是一个被迫的过程,这是它们无法摆脱的一个过程。对于美国来说,这却是它的经济精英和政治精英有意识推动并维持的过程。"③

全球化意识形态论的错误还在于没能区分规律性全球化与西方全球化模式的差异。随着生产力和交往的普遍发展,人类趋向全球化是一种规律,但各个民族和国家走向全球化的模式可以多种多样。今日全球化既具有客观规律性的一面,又有西方资本主义有意识推广的一面,即排斥一切非西方的发展模式。所以,我们既要主动置身于全球化之中,又要对西方主导的全球化模式的合理性进行反思,绝不能听之任之,甚或亦步亦趋。由此,我们

---

① 〔美〕德里克:《全球主义与地域政治》,王春梅、王怡福译,《马克思主义与现实》1998年第5期,第41页。
② 〔德〕马丁等:《全球化陷阱:对民主和福利的进攻》,张世鹏等译,中央编译出版社2001年版,第148页。
③ 同上书,第297页。

应对全球化进程中西方的意识形态渗透保持清醒认识,尤其是对依托于前沿技术的文化侵略与生活方式颠覆,应采取有效的应对策略。全球化不仅带来了经济安全问题,而且也带来了文化安全问题。面对全球化背景下的西方强势文化和"文化霸权主义"对中国文化产业发展构成的威胁和挑战,必然要构筑国家文化安全体系。①

3. 意识形态多元论批判

意识形态多元论总是与马克思主义多元论相联系的。从形式上看,意识形态多元论谈的是马克思主义与其他意识形态之间的关系,亦即马克思主义在诸意识形态中的地位问题;马克思主义多元论谈的则是马克思主义内部各种形式或各个流派之间的关系问题。一个是马克思主义的外部关系问题,一个是马克思主义的内部关系问题,二者好像谈的是两个不同的问题。但在本质上,意识形态多元论和马克思主义多元论是一致的,它们都是要取消马克思主义的指导地位。区别仅仅在于,马克思主义多元论不像意识形态多元论那样直接地提出要取消马克思主义的指导地位,而是企图通过否定一种统一的马克思主义的存在而实际达到否定马克思主义指导地位的目的。

意识形态多元论的要点有二:第一,马克思主义思想有无"公认的共同点"或标准？必须承认,不同的民族、国家和人群,对马克思主义可能有不同的理解,各个民族和国家的马克思主义理论实践也会有不同的特色。但这并不能推导出马克思主义就没有任何规定性,就可以形成多元马克思主义的理解。马克思主义作为一种思想体系,有其内在的"公认的共同点"或标准。这个标准

---

① 参见沈湘平:《全球化的意识形态陷阱》,《现代哲学》1999年第2期,第44—48页。

不是马克思主义经典作家的某部著作或某句话,而是马克思主义基本原理,包括马克思主义的立场、观点和方法。美国学者罗伯特·L.海尔布隆纳认为,马克思主义思想有一些"可识别的同一性":对知识本身的辩证法、历史唯物主义、依据马克思的社会分析而得出的针对资本主义的一般看法、坚持社会主义信念。① 当然,我们不一定认同这些西方学者提出的判断马克思主义思想的标准,但是,在承认是否有一个判断马克思主义的理论标准这一点上,我们是一致的。

第二,马克思主义具体化是否等于马克思主义多元化? 马克思主义具体化不是马克思主义多元化。马克思主义的具体化就是在承认马克思主义"一元"的前提下,坚持马克思主义与各国具体实践相结合,从而呈现出各国在运用马克思主义基本原理解决实际问题上的多样性,即其特性或特色。所谓俄国的马克思主义、法国的马克思主义、美国的马克思主义、中国的马克思主义,都是马克思主义具体化的概念。它们的实际含义都是指马克思主义在这些国家的运用及其特色,而不是说这些国家各有各的、互不相干的马克思主义。②

4. 意识形态复归论批判

由于意识形态复归论披着民族主义的外衣,人们对之难辨其实。实际上,复归论由于自身存在一些缺陷,难成其功。就儒学复归论而言,儒学不等于儒教。儒学是不是宗教是一个争议颇多的话题。近代以来,确有人力图将儒学阐释为宗教,也确有人以

---

① 参见〔美〕罗伯特·L.海尔布隆纳:《马克思主义:赞成与反对》,马林梅译,东方出版社2016年版,第5—7页。
② 参见亮思:《意识形态"多元论"与坚持马克思主义》,《思想理论教育导刊》2002年第2期,第47—50页。

宗教的虔诚践行儒学。但是,儒学还是难成宗教,其根本原因在于儒学缺乏一些基本的宗教因素。儒学具有太过强烈的入世情怀,而缺乏一个与此岸世界相对应并作为此岸生活归宿的彼岸世界。此外,它没有提供宗教修炼的基本准则,缺乏宗教修为的神秘体验。它也缺乏一个具有殉道色彩和神秘气质的教主。同释迦牟尼和耶稣基督等教主比较起来,人们更愿意承认孔子是一个现世智者和入世导师。儒学以"仁政"为核心的政治理论不能提供当代政治的合法性基础。仁政理论从本质上来说是一种前近代的思想学说,它所面对的社会政治制度是建基于农业文明的皇权政治,这决定了它对现代社会具有一种天然的否定力量,现代新儒家对它的改造也没能从根本上消解掉这种属性。因此,它不可能为现代社会的政治文明提供合法性基础。儒学复归论者自身还存在难以自洽的逻辑矛盾。儒学奠基之初,在对人性的基本预设上就有性善论和性恶论的冲突,这使得后期儒学理论的发展大都带有此种冲突。儒学复归论者也受此影响,存在意识形态设计上的高远理想主义和现实政治操作上的极端保守主义之间的矛盾。基于对性善的期许,不管是大同社会,还是太平盛世,历代儒家都会为我们悬置一个理想社会目标。然而,出于对性恶的警惕,他们又大都会设计出强大甚至残暴的训诫教化机制。中国封建社会出现的这种历史图像,以吊诡的方式体现着儒学复归论的理论矛盾。简言之,在建设中华民族现代文明的过程中,必须建立并巩固我们的文化主体性。但是,不能把这种文化主体性等同于传统文化的复归。传统文化不等同于中华优秀传统文化。中华优秀传统文化要发挥在建设中华民族现代文明中的积极作用,也需要实现创造性转化和创新性发展,不可能只是简单的"复归"。

四、 构建中国化时代化的马克思主义意识形态

推进中国国家治理现代化,必须采取切实可行的意识形态战略。这一战略的目标,就是要构建中国化时代化的马克思主义意识形态。习近平《在文化传承发展座谈会上的讲话》中指出:"在五千多年中华文明深厚基础上开辟和发展中国特色社会主义,把马克思主义基本原理同中国具体实际、同中华优秀传统文化相结合是必由之路。"①这一重要讲话,为当代中国意识形态建设指明了方向。具体而言,构建中国化时代化马克思主义意识形态,需从以下若干方面着手:

第一,在指导思想上,坚持马克思主义的主流意识形态指导地位,与时俱进地推进马克思主义意识形态现代化和中国化。

有人认为,马克思主义在一个多世纪的苏俄化、中国化过程中曾遭遇各种失误和挫折。这些失误与挫折是马克思主义意识形态化的结果,并将"左"的失误归结为超越现实,从而归结为意识形态的理想主义,因而纠正"左"的失误就是要取消意识形态,只有这样才能恢复马克思主义的科学本性。

这种将马克思主义的意识形态属性和科学属性对立起来的观点是错误的,其后果是不仅不能捍卫马克思主义的科学性,而且自我放弃了马克思主义的意识形态辩护功能。将马克思主义的科学属性与意识形态属性真正统一起来,取决于这样两个方面:一是扩大意识形态所为之辩护的利益,二是夯实意识形态所激发的政治热情的现实基础。因此,马克思主义的意识形态性和

---

① 习近平:《在文化传承发展座谈会上的讲话》,《求是》2023年第17期,第4—11页。

科学性的统一问题,就转化为有无现实的普遍利益,以及有无建立在历史规律性基础上的理想信念问题。在各种意识形态话语不断冲击马克思主义的今天,放弃马克思主义的意识形态辩护功能无异于自掘坟墓。另外,从新时代中国特色社会主义建设的实践出发,马克思主义的意识形态辩护功能非但不能削弱,而且要加强。中国特色社会主义建设是一项系统工程,自然更加需要一定的意义系统的支撑与维系。正如丹尼尔·贝尔所言:"每个社会都设法建立一个意义系统,人们通过它们来显示自己与世界的联系。这些意义规定了一套目的,它们或像神话和仪式那样,解释了共同经验的特点,或通过人的魔法或技术力量来改造自然。""在这些领域里丧失意义就造成一种茫然困惑的局面。这种局面令人无法忍受,因而也就迫使人们尽快地去追求新的意义,以免剩下的一切都变成一种虚无主义或空虚感。"[①]

现实主义和理想主义、科学精神和批判精神的有机统一,是马克思主义意识形态的重要特征,这是构建中国化的马克思主义意识形态的理论基石。在新时代中国特色社会主义建设过程中,必须坚持马克思主义主流意识形态的主导地位。这是中国近现代历史发展的必然,也是中国当代社会实践的需要。马克思主义意识形态中对于现实世界的准确理解、对于理想社会的科学描绘、对于人类自由的不懈追求,都是今天推进马克思主义意识形态现代化和中国化必须借重的思想资源。

第二,在内容建构上,开阔视野,兼收并蓄。

构建"中国化的马克思主义意识形态"必须吸纳如下几个方

[①] 〔美〕丹尼尔·贝尔:《资本主义文化矛盾》,赵一凡、蒲隆、任晓晋译,生活·读书·新知三联书店1989年版,第197页。

面的内容:中国传统的思想文化;中国近现代的各种思想文化;域外传入的各种思想文化;等等。

从历时层面看,构建中国化的马克思主义意识形态,必须做到古今并重。历史唯物主义告诉我们,正如每个时代都存在自身的局限性一样,每个时代也都有自身的超越性。所以,必须予以不同时代的思想文化同等的重视。古代文化传统源远流长、纵横交错,不仅包含某种原始的完整性,更在几千年的发展流变中不断丰富。它们不仅开阔我们的思想视野,还能提供我们观照当代生存局限的历史坐标,因此,我们必须予以尊敬和重视。譬如,博大精深的中国古代文化思想,就包含着大量的有助于解决今人生存困境的超越性内容。"民胞物与"的思想对当代生态危机的重要启示就是一例。当然,我们不是复古主义者,也要看到中国近现代实践开拓了前人所不及的生存境况和认识感知,极大扩充、提升了人类文明的内涵和层次。所以,在构建当代中国化的马克思主义意识形态时,要做到古今并重。

从共时层面看,构建中国化的马克思主义意识形态,必须做到中外并重。根据地域差别,前述三个方面的思想文化大体可分为本土和域外两大部分。所谓的本土部分指的是古今中国的思想文化,所谓的域外部分指的是其他所有国家的思想文化,但最主要的是指西方世界传入中国的思想文化。在构建中国化的马克思主义意识形态时要中外并重,这种必要性是显而易见的。众所周知,中外思想文化各有优长和缺失。对于各自的优缺点,很多研究者都有概括,如有人认为中国文化重体悟和统合,而西方文化重思辨和分析,等等。这些说法不一定完全正确,却指出了二者各有特色以及互相补充的必要。所以,在构建当代中国化的马克思主义意识形态时,还应做到兼收并蓄。

第三,在价值取向上,破立结合,坚持意识形态批判功能和建构功能的统一。

新时代中国特色社会主义建设的一项重要任务,就是要建立更加完善的社会主义市场经济体制。实际上,这是以融入资本逻辑的方式获取最终扬弃资本的物质基础。这决定了我们在建设社会主义市场经济时,一方面要按照资本和市场的逻辑行事,另一方面又要超越资本和市场逻辑的局限。与此相应,构建与社会主义市场经济相适应的意识形态,在价值取向上,就要破立结合,坚持意识形态批判功能和建构功能的统一。具体说来,构建当代中国化的马克思主义意识形态,一方面应坚持市场化的战略选择,为发展我国经济、构建市民社会提供物质基础,强化马克思主义意识形态关于社会主义市场经济合理性的论述;另一方面应坚持马克思主义对资本和市场的批判和超越,以便为中国甚至人类的未来发展寻找新道路、开拓新境界。在中国现代化的过程中,这两手意识形态策略应该并重和长期坚持。

要做到这一点,有赖于马克思主义理论,尤其是马克思主义的意识形态理论在自我反思和自我批判中不断发展。自20世纪70年代以来,中国马克思主义哲学经历了真理标准的讨论、人道主义的论争、主体性问题的研究、实践唯物主义的讨论,等等。这些讨论和论争,在实践上带来了一次又一次的思想解放,推动着中国社会不断发展进步。今天,在构建中国化马克思主义意识形态时,必须从理论上回答马克思主义意识形态与市场经济的关系问题。更直接地讲,就是中国化的马克思主义意识形态能不能批判市场经济的问题。

20世纪90年代以来,理论界对这个问题的理解存在较为严重的偏颇,总是用"社会主义市场经济"去论证中国市场经济的合理性,并由此逐渐放弃了马克思主义意识形态对资本和市场的批判、超越功能。相反,自由主义和新儒学却分别从对市场经济的不完善性和非人性批判中,获得了普遍的社会认同。所以,今天我们在坚持马克思主义意识形态正面的建构功能的同时,必须发挥其批判、超越功能。马克思主义作为一种意识形态,不是单纯地去论证社会主义市场经济的合理性和合法性,而是要通过批判市场经济的负面效应,揭示市场经济的本质,校正人们对市场经济的认识,从而建立起一种新的价值理念,引导中国的市场经济向健康的方向发展,克服由市场经济的负面效应引发的普遍的价值认同危机。在这一点上,西方马克思主义的意识形态理论给我们提供了有益启示:第一,我们要区分意识形态的价值功能和理论功能,以意识形态的价值功能,深化对中国意识形态的民族性和时代性的研究,发现中国市场经济的问题和内在矛盾,从而明确中国的市场经济哪些是需要批判的,哪些是需要进一步发展的。第二,西方马克思主义哲学以对文化意识形态的批判发展了马克思主义哲学的批判传统,表明对大众文化和人们的日常生活进行文化批判,是市场经济条件下马克思主义哲学的意识形态功能。[①] 中国的市场经济虽然采取了社会主义形式,但是它仍然不可能根本克服市场经济本身的弊端。综述之,构建中国化的马克思主义意识形态,在价值取向上既要发挥马克思主义正面的建构功能,更要恢复马克思主义意识形态的批判功能。唯如此,马克思主义意识

---

① 参见何萍:《论构建和谐社会的马克思主义哲学资源》,《学术月刊》2006年第9期,第25—26页。

形态才能应对自由主义和新儒学思潮的挑战,才能掌握意识形态领域的主导话语权。

第四,在发展战略上,既要有本土关怀,也要有全球视野。

构建中国化的马克思主义意识形态,必须置身于全球化的时代背景。"思考在全球,行动在地域"(thinking globally, action locally),后殖民主义理论的这句口号正是马克思主义意识形态发展战略的恰当表述。作为一个文化古国和现代大国,中国的意识形态发展战略,既要有本土关怀,着力解决中国自身的问题,也要有全球视野,为人类文明的未来发展贡献一己之力。我们既不能像传统的保守主义者那样关起门来自说自话,满足于保存普遍性中的特殊性;也不应该被动地照搬西方新自由主义的意识形态话语,推卸中国文明在当代应该承担的世界历史责任。我们应当对人类命运共同体建设做出更大贡献,为千年之交人类文明的发展贡献中国智慧和中国方案。

概言之,构建中国化时代化的马克思主义意识形态,在发展战略上必须坚定文化自信,秉持开放包容,坚持守正创新。第一,坚定文化自信。有文化自信的民族,才能行稳致远。中华文明历经数千年而绵延不绝,这是人类文明的奇迹,也是我们自信的底气。坚定文化自信,就是要立足中华民族伟大历史实践和当代实践,用中国道理总结好中国经验,把中国经验提升为中国理论,既不盲从各种教条,也不照搬外国理论,实现精神上的独立自主,建构中华民族现代文明的文化主体性。第二,秉持开放包容。中华文明的博大气象,就得益于中华文化自古以来开放的姿态、包容的胸怀。秉持开放包容,就是要更加积极主动地学习借鉴人类创造的一切优秀文明成果。无论是对内提升先进文化的凝聚力感召力,还是对外增强中华文明的传播力影响力,都离不开融通中外、贯通古今。我们必须坚持马克思主义中国化时代化,传承发展中华优秀传统文化,促进外来文化本土化,不断培育和创造新时代中国特色社会主义文化。第三,坚持守正创新。对意识形态建设来说,守正就是要坚持马克思主义在意识形态领域的指导地位,坚持中国共产党的文化领导权和中华民族的文化主体性;创新就是要创立新思路、新话语、新机制、新形式,要在马克思主义指导下真正做到古为今用、洋为中用、推陈出新,实现传统与现代的有机衔接。新时代的意识形态工作必须以现代传媒,特别是互联网为传播载体,进行马克思主义意识形态的媒介传播。要促使马克思主义的意识形态内容以数字形式在虚拟空间流通传播,不断扩大影响,包括对资本主义国家的现实影响。这既有利于应对资本主义意识形态的媒介传播,也有利于拓展马克思主义意识形态的传播方式。

第十章　全球治理的中国方案①

伴随着全球化进程的推进和世界性问题的凸显,全球治理成为当今世界引人关注的核心问题之一。当前,世界之变、时代之变、历史之变正以前所未有的方式展开。一方面,和平、发展、合作、共赢的历史潮流不可阻挡,人心所向、大势所趋决定了人类前途终归光明。另一方面,恃强凌弱、巧取豪夺、零和博弈等霸权霸道霸凌行径危害深重,和平赤字、发展赤字、安全赤字、治理赤字加重,人类社会面临前所未有的挑战。世界又一次站在历史的十字路口,何去何从取决于各国人民的抉择。② 全球性问题的新趋向、逆全球化浪潮、全球治理"失灵"等重大挑战,呼唤全球治理的新理念、新方案。党的十八大以来,中国对全球治理的参与和重视达到前所未有的高度。

---

① 李应瑞助理教授参与本章内容写作,谨致谢忱。
② 参见习近平:《高举中国特色社会主义伟大旗帜　为全面建设社会主义现代化国家而团结奋斗——在中国共产党第二十次全国代表大会上的报告》,人民出版社 2022 年版,第 60 页。

习近平在国内、国际多个场合围绕变革全球治理体系、完善全球治理新格局等问题系统阐述了中国主张,明确了全球治理的中国方案。"构建人类命运共同体"作为完善全球治理的中国方案,以共商共建共享的全球治理观为指导,以推动建设持久和平、普遍安全、共同繁荣、开放包容、清洁美丽的世界为目标路径,以世界各国人民对美好生活的向往为旨归,充分彰显了中国作为负责任大国的自信、担当。共建"一带一路"聚焦于发展这一根本性问题,是完善全球发展模式和全球治理、推动构建人类命运共同体的重要实践平台。全球治理的中国方案,从历史和哲学高度深刻回答了人类从哪里来、现在在哪里、将到哪里去的基本问题,顺应了变革全球治理体系、提升全球治理能力的时代要求,对于发展21世纪马克思主义、促进世界共同繁荣发展有着重要的理论价值和现实意义。

一、 当前全球治理的挑战

所谓全球治理,是指"通过具有约束力的国际规制(regimes)和有效的国际合作,解决全球性的政治、经济、生态和安全问题,以维持正常的国际政治经济秩序"[①]。全球治理是人类社会发展到全球化阶段的产物,也将伴随着社会生产和交往关系的发展而不断演进。第二次世界大战以来,世界各国共同建立了以联合国为主体,包括国际货币基金组织、世界银行、世界贸易组织等机制在内的全球治理框架,形成了以主权国家为基础、以国际组织和

---

① 俞可平:《全球治理的趋势及我国的战略选择》,《国外理论动态》2012年第10期,第7页。

国际准则为支撑的全球治理体系,为促进世界和平与发展发挥了重要作用。但是,随着时代发展,尤其是世界多极化、经济全球化、社会信息化的新趋向,当今世界正处于大发展大变革大调整时期,世界百年未有之大变局加速演变,各种不稳定性不确定性因素日益增多,和平赤字、治理赤字等突出问题成为摆在全人类面前的共同挑战,现有全球治理体系已经难以适应形势发展需要,变革和完善全球治理成为时代必然。

第一,全球性问题的集中显现。全球治理的兴起,表明了世界各国对全球化时代所面临的共同问题的担忧,对共同命运的觉醒。现有全球治理体系便是对两次世界大战惨痛教训进行反思的产物。然而,一个时代有一个时代的问题,随着全球化进程的深入推进和国际格局的加速演变,先前存在的诸多全球性问题还没有得到解决,各种新问题、新挑战又进一步凸显,新旧问题相互交织、相互影响,给人类社会带来严峻挑战。2008年金融危机以来,"世界经济增长乏力,金融危机阴云不散,发展鸿沟日益突出,兵戎相见时有发生,冷战思维和强权政治阴魂不散,恐怖主义、难民危机、重大传染性疾病、气候变化等非传统安全威胁持续蔓延"①,传统安全威胁与非传统安全威胁相互交织,全球性问题集中爆发,呈现出集中化、复杂化等新趋向、新特征。特别是近年来,俄乌冲突等事件的外溢影响日益凸显,涵盖了国际安全、难民、粮食、能源等方面,尤其是对能源和粮食领域影响最大。这些问题对现有的全球治理体系带来了严重冲击,现有全球治理机制的内在结构性缺陷进一步显现。

---

① 习近平:《习近平主席在出席世界经济论坛2017年年会和访问联合国日内瓦总部时的演讲》,人民出版社2017年版,第21页。

第二,逆全球化浪潮的严重冲击。全球治理是全球化发展趋势的必然产物。早在19世纪四五十年代,马克思、恩格斯通过对资本主义生产方式的深入考察,揭示了人类社会从民族历史走向世界历史的必然趋势:"各民族的原始封闭状态由于日益完善的生产方式、交往以及因交往而自然形成的不同民族之间的分工消灭得越是彻底,历史也就越是成为世界历史。"①在马克思、恩格斯看来,人类社会将在世界历史中发展成为统一联合体,形成"**统一的政府**、**统一的法律**、**统一的民族阶级利益和统一的关税的统一的民族**"②。虽然人类社会还没有发展到马克思、恩格斯所预示的发展阶段,但是全球化确实已经成为当今世界的最显著特征,各个国家和地区相互联系、相互依存的程度空前加深,世界各国和地区处于具有共同组织架构、共同行为准则、共同价值原则、共同利益诉求的全球治理体系之中。然而,在全球化进程中,也出现了逆全球化的动向。特别是2008年金融危机爆发以来,贸易保护主义倾向有所抬头,部分资本主义国家经济上贸易保护主义、政治上民粹主义、社会上排外主义、外交上孤立主义大行其道,对国际秩序和全球治理体系带来严重冲击。近年来,美国奉行"美国优先"政策,对一些国际组织和国际公约,合则用,不合则弃。特别是美国以所谓"国家安全""人权"等为借口肆意对他国实施单边制裁、极限施压、"长臂管辖",大打科技战、贸易战,"筑墙设垒""脱钩断链",给世界经济一体化带来严重损害,对全球治理产生了极其恶劣的消极影响。

第三,全球治理滞后诱发"治理赤字"。2018年,习近平在会

---

① 《马克思恩格斯选集》第1卷,人民出版社2012年版,第168页。
② 同上书,第405页。

见联合国秘书长古特雷斯时指出:"国际上的问题林林总总,归结起来就是要解决好治理体系和治理能力的问题。"①随着国际格局的变化,原本就具有结构性缺陷的全球治理机制已经难以应对世界大趋势的冲击,导致出现严重的"治理赤字"。从治理主体来看,现有全球治理体系以主权国家为基础,但是伴随着经济全球化以及世界依存度的空前加深,国际非政府组织、跨国公司、国际社会运动等新兴力量在国际事务中的作用愈发重要。特别是,"各民族之间的相互关系取决于每一个民族的生产力、分工和内部交往的发展程度"②,国际经济力量对比在过去数十年间已经发生深刻变化,"新兴市场国家和发展中国家对全球经济增长的贡献率已经达到80%",呈现出东升西降的发展趋势。然而,"全球治理体系未能反映新格局,代表性和包容性很不够"③,已经难以满足多元主体尤其是新兴国家参与全球治理的现实需要。从治理对象来看,由于世界性问题的关联性、复杂性,尤其是多元主体、多层领域之间利益的交互性、差异性,原先看似相对清晰的治理对象日趋模糊化,原先单纯的政治问题或者经济问题、社会问题已经不再局限于单一领域,而是多主体、多领域、多层次问题的相互交织、相互影响。这就使得原先的一些治理主张,难以透过复杂表象把握到问题之症结而难以真正地发挥治理效用。从治理规制来看,大国合作、全球治理组织架构、共同国际准则是全球治理的重要条件。但是,近年来大国合作意愿有所消减,尤其是部分大国奉行霸权主义、强权政治和新干涉主义,对国际组织事

---

① 《习近平会见联合国秘书长古特雷斯》,《人民日报》2018年4月9日,第1版。
② 《马克思恩格斯选集》第1卷,人民出版社2012年版,第147页。
③ 《习近平谈治国理政》第二卷,外文出版社2017年版,第479页。

务横加干涉甚至直接抛开国际组织单独行动,一定程度上削弱了全球治理的合法性,带来全球治理合法性赤字。同时,现有国际机构设置、国际规则没能跟上形势发展需要,表现出治理机制封闭化、规则碎片化等突出问题,进一步加剧了治理效率赤字。简言之,当前的全球治理机制展现出代表性不足、合法性不足、有效性不高等顽疾,已经难以满足解决日益突出的全球性问题的客观需要。

总体说来,当前的全球治理体系不可持续,必须加以改变,已日益成为国际共识,加强全球治理、推动全球治理体系变革已经成为大势所趋。随着中国综合国力的显著提升和国际影响力的日益扩大,诸多新兴国家和发展中国家甚至发达国家愈发希望中国能够承担大国责任、履行大国义务,为推动全球治理体系变革、促进世界共同繁荣发展贡献中国智慧、中国方案。

二、 全球治理中国方案的理论建构

面对"世界怎么了、我们怎么办?"的时代之问,中国立足自身发展实际,深入分析国际形势的演变规律,深刻把握世界历史发展新趋势,明确了"贡献完善全球治理的中国方案,为人类社会应对 21 世纪的各种挑战作出自己的贡献"①的时代使命。2017 年,习近平在联合国日内瓦总部发表的《共同构建人类命运共同体》主题演讲中,正式向国际社会宣示了完善全球治理的中国方

---

① 习近平:《出席第三届核安全峰会并访问欧洲四国和联合国教科文组织总部、欧盟总部时的演讲》,人民出版社 2014 年版,第 36 页。

案——"构建人类命运共同体,实现共赢共享"①。习近平在党的十九大报告中指出:"中国人民愿同各国人民一道,推动人类命运共同体建设,共同创造人类的美好未来!"②在党的二十大报告中,习近平再次强调:"中国始终坚持维护世界和平、促进共同发展的外交政策宗旨,致力于推动构建人类命运共同体"③,"构建人类命运共同体是世界各国人民前途所在"④。"推动构建人类命运共同体"这一中国方案,顺应了时代发展需要,反映了世界各国人民变革全球治理体系、实现共同繁荣发展的一致追求。这一方案,从历史和哲学高度深刻解答了人类从哪里来、现在在哪里、将到哪里去的基本问题,蕴含着深厚的理论逻辑、历史逻辑和现实逻辑。

第一,"构建人类命运共同体"有着深厚的思想渊源。全球治理中国方案不是凭空出现的,而是历史与现实、理论与实践交汇的产物,是对马克思主义基本原理的继承与发展,是对西方世界主义传统、中华优秀传统文化的创造性转化和创新性发展,同时还是遵循近现代国际关系演变规律、对新中国外交实践经验进行理论升华的结果。一是对马克思主义世界历史理论和共同体思想的继承与发展。马克思、恩格斯起初是从人的发展视角来探讨共同体问题的,认为"只有在共同体中才可能有个人自由"⑤,即个

---

① 习近平:《习近平主席在出席世界经济论坛2017年年会和访问联合国日内瓦总部时的演讲》,人民出版社2017年版,第22页。
② 习近平:《决胜全面建成小康社会 夺取新时代中国特色社会主义伟大胜利——在中国共产党第十九次全国代表大会上的报告》,人民出版社2017年版,第60页。
③ 习近平:《高举中国特色社会主义伟大旗帜 为全面建设社会主义现代化国家而团结奋斗——在中国共产党第二十次全国代表大会上的报告》,人民出版社2022年版,第60页。
④ 同上书,第62页。
⑤ 《马克思恩格斯选集》第1卷,人民出版社2012年版,第199页。

人只有在共同体之中才能获得全面发展其才能的手段,进而深入考察世界历史发展规律,区分了"虚假共同体"和"真实的共同体",揭示出人类社会从民族历史走向世界历史的必然趋势,强调只有到了"每个人的自由发展是一切人的自由发展的条件"①的"自由人联合体"阶段,人类社会才能真正地实现人与自然、人与社会、人与自身的关系和解,每个人才能获得自由而全面的发展。虽然马克思、恩格斯所构想的"自由人联合体"仍然是全人类为之不懈奋斗的崇高理想,但是人类社会处在你中有我、我中有你的世界历史阶段,全球化使人类社会相互依存、命运相连,表现出"自由人联合体"的一些阶段性特征。"构建人类命运共同体"这一中国方案,本质上便是中国创造性地运用和发展马克思主义世界历史理论和共同体思想以寻求解决全球治理问题新方案的时代产物。二是对西方世界主义传统和中华优秀传统文化的创造性转化。世界主义作为一种古老理想始终贯穿于西方文明发展历程,强调人类兼具民族国家成员、人类社会成员双重属性,每个人作为人类社会成员都拥有某些不可剥夺的基本权利。②康德作为世界主义理论的集大成者,主张通过法律形式实现国家与国家之间有秩序的和平,他以"自由国家的联盟制度"为基础的和平的国际秩序构想便构成了国际联盟、联合国等国际组织得以建立的重要思想基础和理论基础。同时,中国自古以来便有着"世界大同,天下一家"的天下观、"天下为公,万国咸宁"的公平观、"以义为先,义利并举"的义利观、"以和为贵,和而不同"的文明观、"天

---

① 《马克思恩格斯选集》第1卷,人民出版社2012年版,第422页。
② 参见复旦大学当代国外马克思主义研究中心编:《当代国外马克思主义评论(8)》,人民出版社2010年版,第380—392、421—422页。

人合一,道法自然"的自然观等优秀传统文化理念,为"构建人类命运共同体"提供了丰富的传统文化滋养。三是遵循近现代国际关系演变规律、深入总结新中国外交实践经验的产物。近现代以来,国际社会为了建立公平合理的国际秩序目标而积极探索实践,既有成功经验,也有惨痛教训。在这一过程中,逐步形成了一些国际关系的基本原则。新中国成立后,中国始终高举和平、发展、合作、共赢的旗帜,恪守维护世界和平、促进共同发展的外交政策宗旨,积极参与国际事务,为世界和平与发展贡献中国力量,积累了丰富的外交经验。2017年,习近平在联合国日内瓦总部的主旨演讲中,从历史角度总结回顾了主权平等、和平和解、法治正义、开放包容、人道主义、和平共处五项原则等国际关系基本原则,指出这些原则"应该成为构建人类命运共同体的基本遵循"。这些实践探索和共同原则,为"构建人类命运共同体"这一全球治理中国方案提供了理论源泉和实践经验。

第二,"构建人类命运共同体"以共商共建共享的全球治理观为指导。随着全球治理体系与国际关系变化不相适应的地方越来越多,世界各国人民呼唤新的全球治理理念。2014年,习近平在中国-阿拉伯国家合作论坛第六届部长级会议主旨讲话中,提出了共商共建共享原则:"共商,就是集思广益,好事大家商量着办,使'一带一路'建设兼顾双方利益和关切,体现双方智慧和创意。共建,就是各施所长,各尽所能,把双方优势和潜能充分发挥出来,聚沙成塔,积水成渊,持之以恒加以推进。共享,就是让建设成果更多更公平惠及中阿人民,打造中阿利益共同体和命运共同体。"[①]这一原则充分展现了党的十八大以来中国积极参与全球

---

① 《习近平谈治国理政》第一卷,外文出版社2014年版,第316页。

治理体系改革和建设、推进全球治理朝着更加公平合理方向发展的基本理念。随着中国积极参与全球治理进程的推进,共商共建共享原则逐步发展成为中国的全球治理观,成为中国推动全球治理体系变革、建立新型国际关系的基本遵循。习近平在党的十九大报告中指出:"中国秉持共商共建共享的全球治理观,倡导国际关系民主化,坚持国家不分大小、强弱、贫富一律平等,支持联合国发挥积极作用,支持扩大发展中国家在国际事务中的代表性和发言权。"[①]他在党的二十大报告中进一步强调:"中国积极参与全球治理体系改革和建设,践行共商共建共享的全球治理观,坚持真正的多边主义,推进国际关系民主化,推动全球治理朝着更加公正合理的方向发展。"[②]不同于传统全球治理是以发达国家为主导、更多体现大国强国的利益诉求,共商共建共享的全球治理观主张"世界命运应该由各国共同掌握,国际规则应该由各国共同书写,全球事务应该由各国共同治理,发展成果应该由各国共同分享"[③]。这一全球治理观作为中国积极参与全球治理体系变革和建设的基本遵循,深刻回答了全球治理"谁来治理""怎么治理""为什么治理"等重大问题[④],为破解全球治理难题贡献了中国智慧,"构建人类命运共同体"的中国方案便是这一全球治理观的鲜

---

① 习近平:《决胜全面建成小康社会 夺取新时代中国特色社会主义伟大胜利——在中国共产党第十九次全国代表大会上的报告》,人民出版社2017年版,第60页。

② 习近平:《高举中国特色社会主义伟大旗帜 为全面建设社会主义现代化国家而团结奋斗——在中国共产党第二十次全国代表大会上的报告》,人民出版社2022年版,第62页。

③ 习近平:《习近平主席在出席世界经济论坛2017年年会和访问联合国日内瓦总部时的演讲》,人民出版社2017年版,第24页。

④ 参见秦亚青、魏玲:《新型全球治理观与"一带一路"合作实践》,《外交评论》2018年第2期,第2页。

明表达。

第三,"构建人类命运共同体"以建设持久和平、普遍安全、共同繁荣、开放包容、清洁美丽的世界为目标路径。2011年,国务院新闻办公室发布的《中国的和平发展》白皮书首次用"命运共同体"概念形容国际关系。2012年,党的十八大报告首次提出"倡导人类命运共同体意识"。十八大以来,习近平先后在党的十九大、二十大和纽约联合国总部、联合国日内瓦总部、二十国集团峰会等多个国内国际场合,深刻阐述了人类命运共同体的思想内涵及其政策方案,从政治关系、安全格局、经济发展、文明交流、生态建设五个方面系统阐释了构建人类命运共同体的目标路径。政治关系层面,就是坚持国家不分大小、强弱、贫富一律平等,相互尊重、平等协商,坚决摒弃冷战思维和强权政治,走对话而不对抗、结伴而不结盟的国与国交往新路,推动建设一个持久和平的世界;安全格局层面,就是坚持共建共享,以对话解决争端、以协商化解分歧,统筹应对传统和非传统安全威胁,反对一切形式的恐怖主义,推动建设一个普遍安全的世界;经济发展层面,就是坚持合作共赢,彻底抛弃贸易保护主义倾向,坚持同舟共济,促进贸易和投资自由便利化,推动经济全球化朝着更加开放、包容、普惠、平衡、共赢的方向发展,尤其是妥善解决好发展失衡、数字鸿沟等突出问题,推动建设一个共同繁荣的世界;文明交流层面,就是坚持交流互鉴,弘扬和平、发展、公平、正义、民主、自由的全人类共同价值,促进各国人民相知相亲,尊重世界文明多样性,以文明交流超越文明隔阂、文明互鉴超越文明冲突、文明共存超越文明优越,推动建设一个开放包容的世界;生态建设层面,就是坚持环境友好、绿色低碳,合作应对气候变化,保护好人类赖以生存的地球家园,推动建设一个清洁美丽的世界。① 这五方面内容深刻阐明了中国所推动构建的人类命运共同体是一个什么样的世界、如何建设这一世界的基本目标及其实践路径,有着鲜明的问题导向、目标导向和实践导向。

第四,"构建人类命运共同体"以促进世界共同繁荣发展、实现世界各国人民对美好生活的向往为旨归。早在19世纪四五十年代,马克思、恩格斯在揭示资本逻辑的实践中指出,资本主义的发展"使农村从属于城市","使未开化和半开化的国家从属于文明的国家,使农民的民族从属于资产阶级的民族,使东方从属于西方"②。据此,马克思在批判解构资本主义社会的实践中提出了无产阶级政党的政党观,即共产主义旨在实现无产阶级为主体的全人类彻底解放,共产党人不是少数人的或者为少数人谋利益的,而是绝大多数人的、为绝大多数人谋利益的。中国共产党是以马克思主义为根本指导思想的无产阶级政党,天然地承接了马克思主义政党的使命观和政党观,"中国共产党是为中国人民谋幸福的政党,也是为人类进步事业而奋斗的政党。中国共产党始终把为人类作出新的更大的贡献作为自己的使命"③。党的十八大以来,面对发展失衡、公平赤字等全球性突出问题,习近平强调"不论是国内治理,还是全球治理,都要以人民的获得为目标"④,

---

① 参见习近平:《决胜全面建成小康社会 夺取新时代中国特色社会主义伟大胜利——在中国共产党第十九次全国代表大会上的报告》,人民出版社2017年版,第58—59页。
② 《马克思恩格斯选集》第1卷,人民出版社2012年版,第405页。
③ 习近平:《决胜全面建成小康社会 夺取新时代中国特色社会主义伟大胜利——在中国共产党第十九次全国代表大会上的报告》,人民出版社2017年版,第57—58页。
④ 《习近平会见联合国秘书长古特雷斯》,《人民日报》2018年4月9日,第1版。

提出"要让发展更加平衡,让发展机会更加均等、发展成果人人共享"①。2017年,习近平在中国共产党与世界政党高层对话会的主旨讲话中指出,人类命运共同体"就是每个民族、每个国家的前途命运都紧紧联系在一起,应该风雨同舟,荣辱与共,努力把我们生于斯、长于斯的这个星球建成一个和睦的大家庭,把世界各国人民对美好生活的向往变成现实"②。"把世界各国人民对美好生活的向往变成现实",这是全球治理中国方案的根本出发点和落脚点,也是中国方案区别于自身利益至上的传统全球治理方案的根本之处。2021年,习近平在第76届联合国大会一般性辩论上明确提出全球发展倡议。全球发展倡议以"六个坚持"为主要内容,坚持发展优先、坚持以人民为中心、坚持普惠包容、坚持创新驱动、坚持人与自然和谐共生、坚持行动导向。全球发展倡议将"以人民为中心"作为核心内容,充分尊重世界各国人民对美好生活的共同向往,要求在全球发展中不让任何一国掉队,要求在全球治理中保障各国人民在发展过程中享有权利公平、机会公平、规则公平,增强民众的获得感、幸福感、安全感,构建共同创造人类社会财富、共同分享发展成果的人类命运共同体。③ 质言之,中国推动构建人类命运共同体并不是谋一己之私,而是旨在促进世界共同繁荣发展、实现世界各国人民对美好生活的共同向往。这一旨归,是中国推动构建人类命运共同体的根本出发点和落脚点,

---

① 《习近平谈治国理政》第二卷,外文出版社2017年版,第482页。
② 习近平:《携手建设更加美好的世界——在中国共产党与世界政党高层对话会上的主旨讲话》,人民出版社2017年版,第4页。
③ 参见周文章:《全球发展倡议:中国提供全球人权治理新理念》,《光明日报》2023年5月8日,第12版。

也是"构建人类命运共同体"中国方案能够受世界各国特别是发展中国家普遍欢迎的重要原因。

三、 全球治理中国方案的实践探索

"构建人类命运共同体"这一中国方案不是单纯的理论建构,不仅仅是在解释世界,更在于改变世界,为解决全球治理问题贡献中国智慧、中国力量。进入新时代以来,中国坚定维护以联合国为核心的国际体系、以国际法为基础的国际秩序、以联合国宪章宗旨和原则为基础的国际关系基本准则,积极探索更好地参与全球治理体系改革和建设、推动全球治理朝着更加公正合理方向发展的途径和方式。"一带一路"建设,从最初的经济合作倡议逐步发展成为中国参与全球开放合作、改善全球经济治理体系、促进全球共同繁荣发展、推动构建人类命运共同体的中国方案,为推动构建人类命运共同体提供了重要实践平台。

第一,共建"一带一路"聚焦发展这一根本性问题,明确了和平繁荣开放绿色创新文明的发展愿景。唯物主义历史观强调经济原因对社会生产关系、交往关系的根本决定作用。当今世界面临的全球治理问题,本质上是在发展过程中产生的,也需要在社会生产中寻找解决路径。就全球治理而言,"全球治理格局取决于国际力量对比,全球治理体系变革源于国际力量对比变化"[1]。新兴国家和发展中国家经过第二次世界大战以来数十年的发展,对世界经济增长的贡献率已经达到80%,在全球化进程中扮演着

---

[1] 《习近平谈治国理政》第二卷,外文出版社2017年版,第449页。

越来越重要的角色,国际经济格局已经发生深刻变化。然而,当今世界仍是以西方发达国家为主导,广大发展中国家的社会生产力发展水平、内部交往水平与发达国家相比还有较大差距,要求将发展摆在更加突出的位置,将发展视为消灭贫困、消减贫富差距、解决难民问题等世界性问题以及推动全球治理体制变革、完善全球治理体系的关键。此外,社会生产力的发展并不是孤立存在的,生产关系、交往关系也会反作用于社会生产。发展问题往往与政治、社会、文明、生态等问题紧密相关,这就要求在发展实践中必须妥善处理好人与自然、人与社会等关系。正是在此认识基础上,习近平在国内国际多个场合强调,共建"一带一路"既要聚焦经济发展这一根本性问题,妥善应对经济增长动力不足、需求不振、金融市场反复动荡、国际贸易和投资持续低迷等风险和挑战,又要坚持以和平合作、开放包容、互学互鉴、互利共赢为核心的丝路精神,打造对话不对抗、结伴不结盟的伙伴关系,推动构建公正、合理、透明的国际经贸投资规则体系,以文明交流超越文明隔阂、文明互鉴超越文明冲突、文明共存超越文明优越,着力将"一带一路"建设成为和平之路、繁荣之路、开放之路、绿色之路、创新之路、文明之路。① 与某些发达资本主义国家搞针对特定国家的阵营化和排他性的小圈子相区别,共建"一带一路"不是搞零和博弈,不是搞地缘政治联盟或军事同盟,也不是关起门来搞小圈子或者"中国俱乐部",而是超越了不同政治制度、意识形态、文明传统的"朋友圈"。

第二,共建"一带一路"为完善全球治理、推动构建人类命运共同体提供了实践平台。"全球治理以规则为基础,以机构为依

---

① 参见《十九大以来重要文献选编》上册,中央文献出版社2019年版,第641页。

托，规则与机构是全球治理一软一硬两大重要元素。"①变革全球治理体制、完善全球治理并不是空洞的口号，而是要以相应的行动机制、实践平台为支撑。"共建'一带一路'不仅是经济合作，而且是完善全球发展模式和全球治理、推进经济全球化健康发展的重要途径"，"为完善全球治理体系变革提供了新思路新方案"②，是推动构建人类命运共同体这一中国方案的重要实践平台。从治理主体来看，虽然共建"一带一路"仍然是以主权国家为基础，但是国际组织、跨国公司、国际社团等多元主体也被纳入，满足了多元主体共同参与的现实需要。"一带一路"倡议自2013年提出以来，得到越来越多的国家和国际组织的积极响应，成为当今世界深受欢迎的国际公共产品和国际合作平台。截至2023年6月底，中国已与150个国家、30多个国际组织签署了200多份共建"一带一路"合作文件。从治理规制来看，"一带一路"倡议坚持共商共建共享原则，坚持国家不分大小、强弱、贫富一律平等，充分兼顾各方利益和关切，消除了强权政治、霸权主义的干涉，共建"一带一路"各种体制机制建设逐渐成形。在共商共建共享原则下，中国着力打造共商国际化平台与载体，"一带一路"国际合作高峰论坛成为"一带一路"框架下最高规格的国际合作平台。从治理价值来看，"一带一路"倡议不是某一家的"独奏"，而是相关国家的"大合唱"，致力于释放各方发展潜力，实现经济大融合、发展大联动、成果大共享，致力于实现各国人民对美好生活的共同

---

① 李丹：《论全球治理改革的中国方案》，《马克思主义研究》2018年第4期，第58页。
② 《习近平在推进"一带一路"建设工作5周年座谈会上强调：坚持对话协商共建共享合作共赢交流互鉴 推动共建"一带一路"走深走实造福人民》，《人民日报》2018年8月28日，第1版。

向往,不是单纯满足某一国利益需要。在共建"一带一路"框架下,中国积极深化同各方发展规划和政策的对接。在全球层面,"一带一路"倡议同联合国2030年可持续发展议程有效对接,形成了促进全球共同发展的政策合力。在区域层面,"一带一路"倡议与《东盟互联互通总体规划》、非盟《2063年议程》、欧盟"欧亚互联互通战略"等区域发展规划或合作倡议有效对接,达成促进互联互通、支持区域经济一体化进程的共识。同时,伴随着共建"一带一路"的推进,与之相关的机构、制度、准则也逐步建立,"一带一路"相关国家在维护地区安全、反恐、反腐败、消除贫困等世界性问题方面通力合作,构建人类命运共同体的诸多理念在此过程中得以落地生根。

第三,共建"一带一路"的显著成效证明了全球治理中国方案的可能性。实践是检验真理的唯一标准。根据国家发展改革委公布的数据,中欧班列作为中国与"一带一路"共建国家互通互惠互联的有效载体,自2013年中国在国际范围内提出"一带一路"倡议以来,截至2024年3月,中欧班列累计开行超过8.5万列,通达欧洲25个国家、219个城市,运输服务网络逐步"连点成线""织线成网",覆盖了欧洲全境,形成了贯通亚欧大陆的国际运输大动脉,开创了国际物流运输合作新局面,成为推动区域经济发展的重要支撑。中欧班列逐步成为共建"一带一路"的旗舰项目和标志性品牌,成为共建国家广泛认同的国际公共物流产品。中欧班列跨越亚欧大陆的地理间隔,把中国制造和中国机会与世界共享。与此同时,中国与"一带一路"共建国家的境外合作工业园区项目稳步推进,成为经贸合作的重要载体,中白工业园、泰中罗勇工业园、中国印尼综合产业园区青山园区、中柬西哈努克港经济特区、中国埃及泰达苏伊士经贸合作区、中国埃塞俄比亚东方工业园等一大批园区凭借自身优势迅速发展,在承接中外企业合作、解决当地民众就业、带动东道国经济发展等方面发挥了积极作用。这些成果充分表明,共建"一带一路"不仅对促进发展中国家的繁荣发展产生了重大影响,而且对整个世界的经济发展、经济合作具有重要价值,在传统全球治理框架之外找到了全球治理的新机制、新平台,切实促进了世界共同繁荣发展。随着全球科技革命和产业革命的深入推进,人类生产模式、生活方式、价值理念等发生深刻变化,要在继续保持良性发展的基础上,推动"一带一路"建设向高质量发展,更好发挥其效用。

四、全球治理中国方案的重要意义

党的十八大以来,中国积极参与和完善全球治理,秉持共商共建共享的全球治理观,推动构建相互尊重、公平正义、合作共赢的新型国际关系,明确了以推动构建人类命运共同体、共建"一带一路"为主要内容的全球治理中国方案。中国方案顺应了世界历史发展趋势,体现了世界各国尤其是广大发展中国家人民对美好生活的向往、建立更加公正合理的国际秩序的不懈追求,对于变革全球治理体制、完善全球治理和发展21世纪马克思主义、实现中华民族伟大复兴具有重要的理论价值和现实意义。

第一,推动发展21世纪马克思主义,助力实现中华民族伟大复兴。马克思、恩格斯在探寻无产阶级解放条件时指出,共产主义不仅以社会生产力的高度发展和物质财富的极大丰富为基础,而且只有在世界历史的意义上才具有现实的可能。伴随全球化进程的深入推进,人类社会越来越成为你中有我、我中有你的命运共同体。世界各国人民的利益相互交织、密不可分,没有哪一个国家能够独自应对人类面临的各种挑战,也没有哪一个国家能够脱离世界历史而实现高度发展。同时,"构建人类命运共同体"这一全球治理中国方案作为习近平新时代中国特色社会主义思想的重要组成部分,是马克思主义中国化时代化最新成果的重要内容,是马克思主义世界历史理论、共同体思想等基本原理的当代呈现和鲜明表达,意味着科学社会主义在21世纪焕发新的生机活力。党的二十大报告作为马克思主义纲领性文献,集中阐述了习近平新时代中国特色社会主义思想的世界观和方法论。其中,最能体现马克思主义世界史观和唯物史观的就是"坚持胸怀天下"。中国共产党是为中国人民谋幸福、为中华民族谋复兴的党,也是为人类谋进步、为世界谋大同的党。全球治理的中国方案站在世界历史高度,深刻把握全球化的人类社会发展规律,深刻洞察人类发展进步潮流,将中国发展放到世界历史进程中,积极回应各国人民普遍关切,为解决人类面临的共同问题作出贡献,以海纳百川的宽阔胸襟借鉴吸收人类一切优秀文明成果,推动建设更加美好的世界。

第二,为完善全球治理、实现世界共同繁荣发展提供了中国智慧和中国方案。当今世界,伴随着全球化进程的深入推进,人类社会共同面临的世界性问题日益增多,而现有全球治理机制建立在20世纪四五十年代,存在诸多内在结构性缺陷,已经难以应对时代挑战。近年来,一些国家逆全球化潮流而动,坚持自我利益至上的对外政策,贸易保护主义、民粹主义倾向不断抬头,进一步加剧了全球性问题。人类社会处于合作还是对抗、开放还是封闭、互利共赢还是零和博弈的十字路口,人类社会面临"未来怎么走、怎么办"的时代之问。随着全球性挑战增多,加强全球治理、推进全球治理体制变革已是大势所趋。中国提出"一带一路"倡议、建立以合作共赢为核心的新型国际关系、坚持正确义利观、构建人类命运共同体等理念和举措,顺应时代潮流,符合各国利益,增加了我国同各国利益汇合点。在这一过程中,必须推动全球治理理念创新发展。中国提出的构建人类命运共同体主张,积极发掘中华优秀传统文化中的积极元素,探寻其同当今时代全球治理理念的共鸣点。总体而言,以共商共建共享的全球治理观为指导、以推动构建人类命运共同体和共建"一带一路"为主要内容的中国方案,深刻把握人类社会发展规律,明确了世界各国共赢共享的发展方向,为解决世界性问题、促进人类社会共同繁荣发展提供了方法和路径。同时,全球治理中国方案的诸多思想与中国"五位一体"总体布局等现代化路径是相通的,给世界上那些既希望加速发展又希望保持自身独立性的国家和民族提供了全新选择,找到了通往现代化的全新路径。

第三,体现了中国始终是世界和平的建设者、全球发展的贡献者、国际秩序的维护者。改革开放以来,随着中国综合国力的显著提升和国际影响力的日益扩大,部分国家仍然囿于狭隘的冷战思维,戴着意识形态的有色眼镜来看待中国的发展,所谓"中国威胁论""中国陷阱论"等论调不绝于耳。全球治理的中国方案,高举和平、发展、合作、共赢旗帜,坚持和平共处五项原则,着力推动建设相互尊重、公平正义、合作共赢的新型国际关系。这一方案旨在"让和平的薪火代代相传,让发展的动力源源不断,让文明的光芒熠熠生辉"①,与某些资本主义国家的强权政治、新霸权主义、贸易保护主义区别开来,打破了国强必霸的传统思维。党的十九大系统阐释了"推动构建人类命运共同体"的基本主张,十九大将"明确中国特色大国外交要推动构建新型国际关系,推动构建人类命运共同体"作为习近平新时代中国特色社会主义思想的基本内容、将"坚持推动构建人类命运共同体"作为习近平新时代中国特色社会主义思想的基本方略写入了党章。2018年3月,十三届全国人大一次会议表决通过的《中华人民共和国宪法修正案》也将"推动构建人类命运共同体"写入宪法序言,使得"人类命运共同体"理念上升到国家宪法层面,从国家根本法的高度彰显了其重要性。党的二十大报告进一步强调,中国式现代化是走和平发展道路的现代化,中国不走一些国家通过战争、殖民、掠夺等方式实现现代化的老路。西方一些国家的现代化道路,损人利己、充满血腥罪恶,给广大发展中国家人民带来深重苦难。推动构建人类命运共同体,是中国式现代化的本质要求之一。中国坚定站在历史正确的一边、站在人类文明进步的一边,高举和平、发展、合作、共赢旗帜,在坚定维护世界和平与发展中谋求自身发展,又以自身发展更好维护世界和平与发展。质言之,全球治理的中国方案着眼于解决人类共同面临的世界性问题,反映了世界各国人民普遍认同的价值理念的最大公约数,充分表明了中国始终是世界和平的建设者、全球发展的贡献者、国际秩序的维护者,有力回击了所谓"中国威胁论"和各种恶意抹黑中国的不良意图。

同时,我们必须深刻认识到,虽然全球治理的中国方案在国

---

① 习近平:《习近平主席在出席世界经济论坛2017年年会和访问联合国日内瓦总部时的演讲》,人民出版社2017年版,第21—22页。

际上受到越来越多的国家、国际组织的认可,诸多理念已经被写进国际组织有关文件,诸多政策方案也已经落到实处并发挥显著效用,但是任何一种机制、体制的变革都不是一帆风顺的,全球治理的中国方案也不例外。特别是当前以美国为首的一些西方国家极力抹黑"一带一路"倡议,制造各种绊脚石,共建"一带一路"仍然面临着诸多挑战。当前以及今后一个时期,中国要继续坚持以经济建设为中心,不断发展壮大自身实力,提升国际话语权,讲好中国故事,更加积极参与全球治理体系改革和建设,为推动全球治理中国方案的落地生根创造更加有利条件。